自助社会を終わらせる

自助社会を終わらせる

新たな社会的包摂のための提言

宮本太郎 編
阿部彩
千田航
野口定久
丸谷浩介
山口二郎
山崎望
川島佑介
本田由紀
須田木綿子
大沢真理

岩波書店

目次

III部 包摂型社会を展望する

装丁・森 裕昌

序章　自助社会をどう終わらせるか

宮本太郎

リーマンショック、大震災、気候変動も背景となった自然災害など、今世紀に入ってからの日本は、これまでも幾度となく足下から揺さぶられるような危機に見舞われてきました。誰もが社会の根幹に関わるリスクを共有していて、いわば巨大なダモクレスの剣のもとで生きている。この事実を、私たちは何度も突きつけられてきました。

そのたびにメディアには「つながり」、「絆」、「支え合い」といった言葉が踊り、多くの論者たちが、今後は連帯と協力に基づく社会に向かわざるを得ないという見通しを述べました。

でもどうだったでしょうか。

個々の事態が沈静化に向かうと、いつも弱い立場の人たちがもっとも甚大な被害を受け、立ち上がれないままに置き去りにされている現実が浮き彫りになりました。その繰り返しのなかで、自分の身は自分で守るしかない、という感覚が社会のなかに広がってきたのではないでしょうか。

そしてコロナ禍です。日本社会でもともと制度の支援が届いてこなかった生活困難層に、経済的打撃が集中しました。多くの人が苦難に直面するなかで、今度こそ自助の社会の終わりの始まりではないか、という期待も芽生えました。しかし、転換の兆しはありません。

コロナ禍の最中に就任した当時の菅首相が、「まず自助でやってみる」などと言うのを聞いて、驚いた人もいたと思います。パンデミックから半年経った段階の調査でも、ウイルスへの感染それ自体を「自業自得」とみる人が日本では一一%を超えていて、イタリアの二・五一%、アメリカの一%など顕著な差がありました(『読売新聞』二〇二〇年六月二九日朝刊)。こうした社会的な烙印は、時には身体への負荷以上に感染の恐怖を増幅させてきました。

なぜ自助頼みの社会になってしまうのか。

本書では、自助社会を終わらせることを焦眉の課題と考える論者たちが、学際的な議論を展開しています。自助社会の転換にはどのような施策が必要なのでしょうか。

この序章では、まず前半部分で、自助と自己責任ばかりを迫る社会の成り立ちについて、掘り下げていきます。私たちの社会に根強い「自助神話」の背景を考え、ケアの役割をきちんと評価してこなかった帰結をみます。新自由主義が席巻しているからこそ自助が押しつけられるという議論が多いのですが、もう少し問題の根は深いのではないか。こうした視点から自助社会の構造を分析します。

後半部分では、自助社会を終わらせるための施策として、社会的包摂という処方箋について検討します。

なぜ単に弱者に給付をするというのではなく、社会的包摂などという「面倒くさい」言い方をするのかと思う人もいるでしょう。そもそも「自助社会に包摂する」ということになってしまってはいけないのです。それでは、自助で頑張れという「無理ゲー」を押しつけることになってしまいます。包摂される当の人たち（排除された人たち）というのは、こうしたルールの犠牲になってきたのですからなおさらです。実際にイギリスなどでは、そのような社会的包摂がおこなわれ、実態としては新自由主義に近いかたちになってしまいました。

こうしたことを繰り返してはなりません。ほんとうの包摂のためには、自助社会を転換しながら人々をそこに迎え入れていく、あるいは、誰もが参加できる条件を広げることで自助社会を終わらせていく、というやり方が必要です。逆にいえば、いろいろな困難を抱えたさまざまな属性の人たちが働き、居場所を得ることができる社会は、そのような人々を包摂していく政策や制度によってこそ実現するのです。

1　自助社会とは何か

オイディプス神話と人生の三つのリスク

自助社会の成り立ちを考えたいと思います。

社会は多様なリスクに満ち、私たちはいとも簡単に誰かの支えなくしては生きていけない状況に陥ります。にもかかわらず、私たちはこれまた簡単にそのことを忘れ、「自助幻想」に囚われがちです。

「朝は四本足、昼は二本足、夜は三本足、この生き物は何だ?」というなぞなぞはお馴染みでしょう。ハイハイをしていた赤ちゃんがやがて「自立」し、最後は老いて杖をつくという人の一生を問うたものです。

このなぞなぞは、もともとは古典的悲劇の題材となった「オイディプス神話」のなかで、スフィンクスが道行く旅人たちに投げかけたものです。男性が主と思われる旅人たちは、ケアを受けていた子どもの頃のことは思い出したくもなく、ケアがまた必要になる先のことは考えたくもない。「成育と老いのリスク」を忘れ、人間は自助でやっていくと思っている。だからこのなぞなぞに答えられず、スフィンクスに食べられてしまうのです。

このエピソードは、「ケアレスマン・モデル」という言葉を想起させます。ケアレスマン・モデルとは、多くの男性が育児や介護に自ら携わらないゆえに、人間にとってのケアの価値が分からず、自助幻想に囚われることを指します(杉浦 二〇一〇)。ケアに関わらないケアレスマンは、ケアの価値にケアレス(無関心)となってしまうがゆえに、スフィンクスの餌食になってしまう、ともいえるでしょう。

さて、このなぞなぞを解いてスフィンクスを退治し、都市国家テーバイの王になることができたのがオイディプスでした。彼は、人生につきものの「成育と老いのリスク」は見通していた、ということができます。

しかし、王になり栄華を極めたかにみえたオイディプスを待ち受けていたのは、「家族のリスク」でした。オイディプスが旅の途中で実父である先代の王をそれと知らず殺してしまい、その后であった実の母と結婚してしまっていたというのが、この悲劇の中心です(ソポクレス(藤沢令夫訳)『オイディプス王』岩波文庫)。オイディプスの家族関係はたしかに突飛なものです。けれども、もともと家族というものは人々の心のあり方、経済状況や社会的威信などに関するリスクの固まりなのです。社会がこうした問題に対処しなければ、人生はまさに「親ガチャ」となります。

この「家族のリスク」を契機に、オイディプスは王位を失い、自身の眼を潰して喜捨を求めて生きるべく荒野にさまよい出ます。社会階層の階梯を一挙に滑り落ちたことになります。誰にでもありうる「困窮のリスク」に極端なかたちで遭遇し、老いを待たずして杖をつく「三本足」となるとはオイディプス自身まったく予想できないことでした。

ギリシア神話の専門家からすれば偏った読み方でしょうが、「オイディプス神話」の悲劇は、「成育と老い」「家族」「困窮」という人生の三つのリスクが交差するなかで生きることと深く関わっていると思います。

ちなみに、息子たちに見放されたオイディプスが放浪の旅に出るにあたり、父のケアを担って旅に同行したのは、(ここでもジェンダーバイアスがあって)娘のアンティゴネーでした。

アンティゴネーは、今日でいえば自らを犠牲にしてケアに携わる若者、つまり「ヤングケアラー」でした。その後、オイディプスの死でケアを終えた彼女は、オイディプスに代わって王位についた叔父クレオーンが独裁的になるなか、兄が受けた仕打ちに抗議して命をかけて闘います。アンティゴネーは、家族をめぐる深い葛藤を乗り越えていったようにみえます(ソポクレース(中務哲朗訳)『アンティゴネー』岩波文庫)。

このことと関連して、今日問題になっている「ヤングケアラー」という言葉については、ある福祉団体の若いリーダーが、この言葉にもケアへの低評価が隠れているのではないかと述べていたことが印象的です。「若いのにケアなどさせられて可哀想」といったトーンで語られているのではないかというのです。子どもや若者であれ誰であれ、人生を犠牲にケアを強いられたらそれは大問題ですが、ケアに携わること自体は、アンティゴネーにみられたように人を成長させうる。ケアの価値を見直し、ケアを担う条件を確保することこそ重要です。

共助と公助はどうなっているのか

さて、自助社会を論じるのにギリシア神話から説き起こしたのでは、社会保障も福祉もない時代の話ではないか、と怒られてしまうかもしれません。自助社会といっても今は福祉国家で、共助や公助の制度があります。「成育と老い」「家族」「困窮」のリスクも対応がされているのではないか、と考える人も少なくないでしょう。

そのとおりです。実は日本にはなかなか立派な共助や公助の仕組みがあるのです。ここで共助とは、厚生労働省の用語法にしたがって、主には社会保険を指すことにします。地域での支え合いなどを共助ということもありますが、こちらには互助という言葉も使われます。そして公助というと生活保護などの公的扶助がまず挙げられます。

社会保険については、日本は国民誰もが医療保険と老齢年金に加入できるかたちをいち早くつくった国です。皆保険・皆年金と呼ばれる体制です。生活保護の制度も、無差別平等・必要即応といって、緊急性が高ければ誰にでも開かれた制度として設計されていました。これらの点では決して諸外国に劣ってはいないのです。

にもかかわらず、なぜここまで支え合いの実感が乏しいのか。まず、こうした諸制度が本来のかたちで機能せず、共助としての社会保険でも、公助としての生活保護でも、支え合いの制度であるのに自助原理が強調される傾向があるからです。次に、社会保険に加入できず、生活保護のような福祉の制度も利用できない、「新しい生活困難層」ともいうべき人たちが急増しているからです。医療や介護、さらには障害者福祉のサービスの一部までが社会保険に紐付けされており、教育費も家計負担が大きいために、多くの人が生活を支えるサービスの利用に困難を感じています。

まず社会保険について考えましょう。医療保険や老齢年金などの社会保険は、安定して働けていて社会保険料をきちんと納めている人たちが、主には「成育と老いのリスク」および「困窮のリスク」に備える仕組みとされてきました。妻子を養う男性稼ぎ主の貯金箱のようなイメージです。

しかし、そもそも男性稼ぎ主が安定雇用に就けたのは、企業を潰さないためのさまざまな仕掛け（行政指導や企業集団内の株式の相互持合等）に支えられていたからです。また、保険料で運用されるのが社会保険の原則ですが、基礎年金や国民健康保険の財源にはたいへんな額の税金が投入されているのです。日本の社会保障予算の大半は、社会保険の財源を補塡することに使われているといって過言ではありません。社会保険制度間で支援金や負担金を出しあう財政調整もおこなわれています。

ところがこうした行財政による支援や支え合いの実態は表には出ないために、多くの男性稼ぎ主が「自助幻想」に囚われてきました。そして彼らの年功賃金で扶養される家族は、大量消費の舞台となる標準世帯として理想化され、「家族のリスク」は覆い隠されていきました。

次に、公助としての生活保護や福祉について考えます。こちらは「困窮のリスク」に対処できたのでしょうか。税の大半が社会保険財源の補塡に充てられていることもあり、公助には十分な財源が確保されずにきました。したがって給付対象は絞り込まれ、現実には受給世帯のほとんどが高齢、障害、疾病などを抱えた世帯となっています。

ところが生活保護法では第一条で「自立を助長すること」が目的であるとされていて、一部の政治家やSNS上の生活保護バッシングもあって、経済的に自立するべき(自立できる)人たちが依存しているのが生活保護であるかの外観がつくりだされてしまっています。この外観がよけいに生活保護に「恥ずかしいこと」というレッテルを貼ることになるという悪循環がすすみます。

さらに支え合いの実感を乏しくしているのは、いろいろな困難を抱えているのに、こうした共助や公助の制度を利用できない人たちが増大していることです。私はこうした人たちを「新しい生活困難層」と呼んでいます。

非正規雇用やフリーランスで不安定な就労に就いている人たちの多くが、社会保険には加入できないままです。子どもが発達障害でケアが必要で、自らもメンタルヘルスなどの困難を抱えていても、障害者福祉の制度の基準を満たさず、サービスを利用できないことがしばしばです。なんとか就労できていて、たとえば年収が二〇〇万円台後半くらいならば、なかなか生活保護の受給には至らないでしょう。

日本が社会保障の制度を備えているにもかかわらず、自助社会となってしまう背景がまずここに見いだせます。

不信が自助を広げる

自助社会としての日本社会を考える場合、もう一つ大事なことは、この社会にはびこる不信という問題です。頼れるのは自分および自分と深い関係にある仲間しかいないと考えさせてしまう、そのような不信です。ここでは、市民間の「ヨコの不信」と市民が政府の制度に抱く「タテの不信」が相互に密接に関連しています。

前の項で、今日の日本社会は、相対的に安定した仕事に就いて社会保険に加入できる層、生活保護など福祉の受給層、「新しい生活困難層」に分断されていることを説明しました。この分断関係から、まず「ヨコの不信」が強まっています。

とくに「新しい生活困難層」は、生活保護を受給している人たちが自助でやれるはずという誤解もあり、自分たちも苦しいのになぜ彼ら彼女らだけが扶助を受けられるのかと疑念をもちます。また、この層は多くが非正規雇用であることからも、正規雇用で安定就労できている人たちに対しては、なぜこれだけ処遇が違うのかと不公平感を強めます。

こうした「ヨコの不信」は、税の使われ方や制度のあり方をめぐる不信でもあり、政治や行政に対する「タテの不信」と一体です。安定就労層は、社会保険財源への税補塡などを受けているにもかかわらず、それが見えにくいこともあり、税はとられるだけだと考えがちです。「新しい生活困難層」は、税の恩恵に与ることがいちばん少なく、制度への不信は強くなりますし、その不信が一部の政治家などから煽られることもあります。さらに生活保護や福祉を受給している人たちも、支援なき経済的自立の圧力や差別的なレッテル貼りに苦しんでいます。

ではきちんと税金を集めて、とくに「新しい生活困難層」に届くような給付をおこなえば、分断は解消に向かうのではないか。日本の税負担率は先進国(OECD諸国)のなかでも下から五番目と低いのだから、税金をしっかり集めていく余地は大きいのではないか。

ところがそれが困難なのです。日本はこれまで、税をしっかり集めて還元することをしてこなかったがゆえに、税金はとられるだけだという「痛税感」が強いのです(佐藤・古市 二〇一四)。中間層の痛税感は、スウェーデンより強いという調査結果もあります。

日本政府の債務残高は先進国で最大ですので、税金は集めたそばから借金返済に充てられてしまい、直接に生活を支える使い方がされません。二〇一九年一〇月から社会保障に使うという約束で消費税が一〇%になりました。消費税が五%であった時と比べて、二〇二一年度の増収分は一四・三兆円でした。でもそのうち五・八兆円が借金返済に、三・五兆円が基礎年金の財源となり、本来の趣旨で社会保障の機能強化に使われたとされるのは約四兆円に留まります。

しかも、前述のとおり社会保険財源に税が補塡される関係で、これまた先進国一位の高齢化率に引っ張られて社会保障の税支出は自動的に増大するのですが、このような税の使われ方は還元感が得にくく、そもそも社会保険に加入できないことなどからその恩恵に与れない人が多いのです。

このような事情から、税への信頼は低下するばかりです。ゆえに増税は、消費税であろうと所得税であろうときわめて難しくなります。

このように社会の分断からくる「ヨコの不信」と、政治や行政そして税に対する「タテの不信」が、いわば相乗的に強まって、結局は自助しかないと誰もが考えることになってしまうのが、現在の日本なのです。

自助社会で増殖するボス依存

社会保障制度の支援が届かず、「ヨコの不信」と「タテの不信」が絡まり合いながら広がることで、「自己責任でやるしかない」と多くの人が追い詰められる自助社会。このような社会は、一見、バラバラの個人から成り立っているように思えます。

しかしその実態は、かなり異なります。自助だけで人生を生きていくことなど誰にもできないがゆえに、家族、企業、地域、市場に、ケアやリスクに対処する機能が埋め込まれていかざるをえない。しかし、それは相互信頼に基づく対等な関係ではなく、男性優位のジェンダー秩序や金銭的な関係、あるいは親分・子分関係などによる依存関係です。

スウェーデンの政治学者ボー・ロトシュタインは、市民間の「ヨコの不信」が政府への「タテの不信」に連動し、自助頼みになることが、結局は親分・子分的あるいはマフィア的関係を増殖させることを、映画『ゴッドファーザー』のエピソードから説明しています(Rothstein 2000)。

この映画の冒頭、マフィアのボスであるドン・コルレオーネをイタリア系移民の葬儀屋が訪ねてきます。彼の娘が二人のアメリカ青年に暴行され、警察に行って裁判になるも青年たちはＷＡＳＰ(アングロサクソン系の白人プロテスタント)ゆえに無罪放免になったという。彼らに制裁を加えることを懇願する男に対して、ドンはアメリカ的価値を信じた「愚かさ」をなじり、その依頼に応えることを約束した上で、この借りはいつか返すようにと申し渡します。

日本社会がマフィアの社会と同じだと言いたいのではありません(けっこう似たところもありますが)。ここで強調されているのは、自助社会は、いろいろなリスクを私的に解消していくための、さまざまな権力的な相互依存関係を不断に生み出していくのだということなのです。

社会心理学者の山岸俊男は、日本社会における相互信頼関係について国際比較の視点から分析し、日本社会が「信頼社会」になりえていないことを実証的に明らかにしました。同時に山岸は、日本には信頼の代わりに裏切ることが難しいような「コミットメント関係」を形成することで、社会の不確実性を減少させ、安心を得ようとする傾向が強いことを指摘しています(山岸 一九九九)。このような指摘もまた、ロトシュタインの議論とも重なるでしょう。

自助社会とは、ここかしこに、こうした歪んだ依存関係を生み出し、ジェンダー、人種、階層などをめぐる権力関係を増幅させていく社会なのです。

新自由主義をどう批判するのか

自助社会などという言い方をせず、その根本にある新自由主義を批判しなければならないのだ、という声も聞こえてきそうです。市場原理主義の観点から社会保障の削減と規制緩和をすすめる新自由主義は、人々に経済的自立と自己責任を迫ります。今日の日本が自助社会の度合いを高めていっている背景として、たしかに新自由主義は重要な役割を果たしていると言ってよいでしょう。

ただし、新自由主義が支配的になっているとはいかなる事態を指すのか、新自由主義と闘うとはどのような対決を意味するのかについては整理しておく必要があります。もし価値原理として新自由主義を信奉する人たちがどんどん増えて、政治や行政を牛耳っている、ということであれば話はむしろ単純です。そのような新自由主義者たちに退場を求めればよいのですから。

しかし、実際には新自由主義を信奉する人たちが政治や行政にゴロゴロしている、というわけではありません。厚労行政の政策過程に関して言えば、財政当局の行政官を含めて新自由主義的な信念で政府支出を切り詰めているという場合は少ない、というかあまり見かけません。財政的な制約、政治的な圧力、地方自治体との関係などを勘案すると、デフォルトとして歳出抑制の決定に傾斜する、というのが実情なのです。その一方で新自由主義そのものについては、岸田文雄首相でさえ、「新しい資本主義」を提起するにあたって、新自由主義を見直さなければならないと主張しています。

私は、とくに新自由主義的な信念をもっていなくても、政策や制度が新自由主義的な方向に引き寄せられてしまう条件を「磁力としての新自由主義」と呼んでいます。その条件とは、人々の社会保障制度や税への不信、財政的な制約、政策実施にあたっての自治体の体力(人手や財源の不足)などであり、その上に成り立つ自助幻想や自己責任論です。新自由主義者が意のままに振る舞っているというより、見方によってはより深刻なのですが、新自由主義的な圧力というのはもっと社会の奥底から現れていると考えられるのです(宮本 二〇二二)。

新自由主義的とみなされる政治家は、そのような「立派な」信念をもっているわけでもありません。政治家として成功するために、人々の間の不信をかきたて、そのエネルギーを利用しようとしているということでしょう。「ヨコの不信」を煽るのが生活保護バッシングであり、「タテの不信」をかきたてているのがお馴染みの「大きな政府」批判です。

したがって、新自由主義や自助社会を批判するに際しても、制度への信頼を高め、税をきちんと機能させていくビジョンを抜きに、いたずらに税や制度への批判を強めても空回りします。それがかえって新自由主義的施策の正当性を高めてしまうという場合すら考えられるのです。

2 社会的包摂の光と影

「福祉から就労へ」の陥穽

新自由主義の磁力が社会の奥底から発生している、などというと、自助社会の転換は不可能なのだという議論に聞こえてしまうかもしれません。決してそうではないと思います。

ではどうするか。公助を強めればよいだけだ、という声もあるでしょう。しかしその場合の公助とは具体的に何をすることでしょうか。やはりその理念と方法が問題なのです。社会保障の制度や税への根強い不信が、自助社会を支えている重要な要因の一つであることは見てきたとおりです。このような状況を念頭において、自助社会を転換していくために重視されるべきは、社会的包摂という考え方です。

社会的包摂とは、困窮や格差の広がりに対して、誰も排除することなく社会の一員として迎え入れることができるように、施策をすすめようという考え方です。

こうした考え方がとくに強調されるようになったのは、一九九〇年代の半ばのイギリスでした。福祉国家を構築してきたはずのイギリスで、それまでの社会保障や福祉に対する不信が広がり、その不信に乗じるかたちでマーガレット・サッチャー首相が率いる新自由主義的な政治勢力が台頭、自己責任や自助の原理を強く打ち出し、改革をすすめたことが背景となりました。

このような状況のもと、福祉国家を擁護しようとする陣営から提起されたのが、社会的包摂の考え方でした（宮本 二〇一三）。イギリスでは、公助にそれなりの支出がおこなわれていたために、納税者が福祉の受給層に対して抱く不信が問題となりました。したがって、この不信を解消するためにも、単に困窮層に現金を給付して保護するのではなく、就労支援などの包括的な施策で社会の一員として迎え入れる（包摂する）ことが目指されるべきとされたのです。

ではそのような条件とはどのように準備できるのか。この時期に新自由主義に対抗しながら社会的包摂を打ち出したのは旧来の福祉国家路線と一線を画するという意味も含めてニューレーバー（新労働党）を名乗ったイギリス労働党でした。

またスウェーデンでは以前から、社会的包摂という言葉こそ使われていなかったものの、性別や障害の有無にかかわらず、誰もが就労できる条件を提供する普遍主義的な福祉が福祉国家の重要な目標とされていました。そしてそのための公共職業訓練、保育サービス、生涯教育に力が注がれ、また、教育や訓練を受けたり子育てをしている間の所得保障を充実させていったのです。

スウェーデン出身の政治学者スタファン・クムリンらは、こうした給付が社会における信頼を高めていったことを実証しています。クムリンらは、信頼（社会関係資本）の度合いが、国や地域ごとに決まってしまっているという決定論に反対します。そして、こうした普遍主義的な福祉のサービスや給付を利用した経験こそが、制度への信頼のみならず人々の間の信頼を高めることを示したのです。他方で特定の人を保護対象として選び出す選別主義的な制度は、逆に人々の不信を強めることも明らかにしました(Kumlin and Rothstein 2005)。

イギリスでも当初は、スウェーデンのような普遍主義的な手厚い支援による社会的包摂が目指されました。ところが、労働党が政権に就いた後になると、財政的な制約もあって、しだいに「福祉から就労へ」というスローガンが前面に出るようになります。そして失業手当などを削減することで、就労への意欲を高めようとするやり方もとられるようになります。

あげくの果てには、病気などで就労が困難であっても、就職活動を続けていなければ扶助が受けられないといったことすら起こります。「福祉から就労へ」という施策がどのような事態をもたらしてしまったかは、ケン・ローチ監督の映画『わたしは、ダニエル・ブレイク』でリアルに描かれているとおりです。いくら納税者としての中間層の不信を解消するためとはいえ、新自由主義と対抗するはずであった社会的包摂の施策が、新自由主義に接近してしまっては意味がありません。

日本でも、たとえば二〇〇二年の児童扶養手当改革において、ひとり親世帯への支援の見返りに就労を求める施策が導入されました。ただ、すでに述べたように、日本では就労の可能な現役世代はそもそも福祉給付の対象となることは稀で、児童扶養手当を受給するひとり親もすでに八割以上が働いています。したがって、幸か不幸か、「福祉から就労へ」という施策そのものが成り立たない、あるいは導入しても空回りしてしまうというのが実情なのです。

インターディペンデンスの社会

さて、自助と自己責任の社会を終わらせるためには、社会的包摂はどのようにあるべきでしょうか。イギリスなどで社会的包摂が新自由主義に接近してしまったことを反省し、当初の理念に帰るというのはまず考えられるでしょう。すなわち、育児や介護のサービス、職業訓練などを手厚くする一方で、生活が成り立つ条件での就労機会を拡大していくことを目指す、ということです。たしかにこれは大事なことです。しかし、社会的包摂の理念をほんとうに自助社会の終焉に役立てるためには、さらに踏み込んだ刷新が求められると思います。

非正規雇用や一部のフリーランスなど不安定な就労が広がるなか、さまざまな困難を抱えた人に限って、劣化した就労に就かざるを得ないようになっています。犯罪学者のジョック・ヤングは、このような排除圧力を維持したままで人々を包摂しようとする社会を、吐き出すために飲み込んでいるという意味で、「過食症社会」と呼びました（ヤング 二〇〇七、二〇八頁）。こうした社会を転換していくことと平行してでなければ、社会的包摂は成り立たないのです。

自助社会を転換しながら、人々をそこに迎え入れていくためにはいかなる施策が必要か。まずその前提になる社会のかたちについて考えておきたいと思います。

これまでの社会的包摂論は、手厚い支援で社会に迎え入れたとしても、その後は「自立」をしてやっていってもらう、という考え方が基本になっていました。「支えられる」側が支援を受けて「支える」側に回ることを目指す点で、「自立」か「依存」かという二分法を前提にしていたともいえるのです。

これに対して、ケア論の分野で「インターディペンデンス」をキーワードにする動きがあることに注目したいと思います。インターディペンデンスとは、ディペンデンス(依存)でもなく、インディペンデンス(自立)でもなく、依存しつつ自立するという意味です(ケアコレクティブ 二〇二一)。

ケアコレクティブというケア研究のグループによる提言などで使われている言葉で、翻訳書では「相互依存」と訳されていますが、「相互実現的自立」と訳される場合もあります(原田 二〇二二)。「依存」と「自立」両面を統合するこの言葉を日本語にしていくのはなかなか難しそうです。

ケアコレクティブが提起するのはインターディペンデンスの社会と政治です。私たちは皆、誰かに依存することによって自立できるのであり、お互いの傷つきやすさを前提にケアの相互関係を実現するのが政治の課題なのです。

こうした社会像の転換を、より原理的に詰めていくと、哲学者の國分功一郎が、「中動態」について議論をしていることともつながってくると思います。中動態とは、能動態でもなく受動態でもない、つまりただ主体的であるわけでも、ただ受け身であるわけでもない、という意味です。國分がフランスの言語学者エミール・バンヴェニストに依拠して説くところによれば、能動態と受動態のみが対立するようになったのは後世のことで、古代ギリシア語などではもう一つ中動態という「態」が重要な役割を果たしていました。中動態では主体がある関係の「なか」で制約されつつも成立しているものとされます。

議論が急に抽象的になった印象があるかもしれませんが、ここにも「自立」と「依存」を超えた関係への視点が拓けています。この中動態の理論と障害者福祉における当事者研究との対話が始まっていることには必然性を感じます。当事者研究というのは、北海道浦河町の障害者の活動拠点「べてるの家」から始まり、大きく広がった障害当事者の運動です(國分・熊谷 二〇二〇)。

当事者研究は、単に自立的であるための支援が大事であるということだけではなく、人々が抱えたさまざまな困難をその社会的要因との関連で位置づけ、理解し、打開していくことを目指します。この取り組みは、自助社会の排除圧力に晒されてきた人々が、自らの症状にそうした圧力への防御機制を見いだしつつ、社会との関係を再考しながら自分自身を模索しようとする運動なのです。

よく考えると、中動態というのは決して特殊なことではない、むしろ、人と社会のあたり前のあり方であるような気がしてきます。にもかかわらず、このような思考のフィルターをくぐらないと気がつかないほど、私たちは、言語や社会の制度によって、能動(自立)か、受動(依存)かという二分法を強いられてきたわけです。

3　新しい包摂型政策のための視点

社会的包摂の刷新のためには、就労支援や保育サービスだけではなく、雇用、地域、住宅、教育など関連施策を組み合わせていくことが大事になります。

けれども、ここでこうした施策を並べると、たいへん大きな話になってしまうので、当面もっとも重要と思われる点に限って考えたいと思います。では、何から着手されるべきなのでしょうか。以下、所得保障、サービスについての大きな方向性と当面の課題について述べ、そして本章のまとめも兼ねて、こうした政策と包摂の場としてのコモンズとの関係を考えます。

(1) 所得保障

これまでの社会的包摂、とくに「福祉から就労へ」のかけ声のもとですすめられたイギリスにおける社会的包摂の展開では、子どもの貧困率が減少したなどの成果もありました(今井 二〇一八)。ただし就労が実現しても離職率が高かったことなどは無視できません。不安定な就労で働き続ける困難など、社会からの排除圧力は軽減できなかったようです。まして、新卒一括採用のルートに乗らないと安定的就労が難しい日本で同じことをやろうとするのは、あまりに無謀です。

社会的包摂を刷新するにあたって、所得保障は次の三点で不可欠のものとなります。

① 分断を超える所得保障

安定就労を前提にした社会保険と、給付対象が絞り込まれた生活保護等の公的扶助が分岐するなかで、いずれの制度の活用も困難な「新しい生活困難層」が増大しています。このような分断状況と制度不信が自助への圧力を高めています。

ここで社会保険・公的扶助の分断を超え、「新しい生活困難層」に支援を届かせるためにも、「切れ目」のない所得保障の制度を考えていくべきです。私もこのような課題を提起していましたが、こうした所得保障の構想を体系的に示しているのが、岩田正美の提起です(岩田 二〇二一、宮本 二〇二一)。

日本がかなりの税を投入してでも皆保険・皆年金を早期に実現したこと、その分、公的扶助の対象を絞り込んできたことを先に述べました。その結果、生活保護制度はある特定の人たちの属性であるかのように括り出されてしまいました。これに対して岩田は、八つの扶助（生活、教育、住宅、医療、介護、出産、葬祭、生業）のパッケージとなっている生活保護を「解体」し、社会保険制度や生活保護の外部にあった諸制度とそれぞれの扶助を連結させ、「溶け込ませる」ことで、より普遍的で包括的な制度に再編することを提案します。

皆保険・皆年金といっても、自力で保険料を負担できない人は当時からたくさんいました。でも国としては、できるだけ多くの低所得層を社会保険の側、あるいは生活保護の外に留めたかったとされます。なぜなら、これも先にみたとおり、社会保険は自助に基づく共助として打ち出されているからです。したがって、社会保険制度には、保険料の軽減・減免や福祉年金などのさまざまな低所得者対策がもちこまれました。あるいは生活保護制度の外部に、生活困窮者自立支援制度や求職者支援制度などが導入されてきました。

岩田は、生活保護の扶助をパッケージではなく個別に給付できるようにしながら、こうした生活保護外部の諸制度と分野ごとに連結させていくことを提起します。たとえば、国民健康保険のなかに保険料や自己負担がゼロの仕組みをつくり生活保護の医療扶助を置き換える。あるいは、生活困窮者自立支援制度の住居確保給付金の制度を生活保護の住宅扶助とも一体化しつつ住宅手当の制度として発展させる、などです。

こうしたかたちで、所得保障を再編成していくことは、制度に関わる人々の相互不信を解消しつつ自助社会を脱却していくためにきわめて重要です。

② 選択を可能にする所得保障

ただし岩田は、イギリスにおける「福祉から就労へ」政策の失敗もふまえ、生活保護改革にあたって就労支援等による社会的包摂の展望を示すことにはきわめて慎重なようです。

こうした社会的包摂の劣化については本章でも指摘してきました。そして、排除された人々を迎え入れながら社会そのものが変わっていく、という新たな包摂ビジョンが求められていることを強調しました。実は所得保障はそのためにこそ重要なのです。

包摂する側の社会を変えること、とくに職場、家族、コミュニティから一方的な権力関係や排除圧力をなくしていくことは、容易なことではありません。その構成員となる人がきちんと意見がいえて、歪みを是正できる条件が必要です。いざという時は退職、離婚、離脱できる生活保障は構成員の発言力を大きく高める点でその条件の一つです。

こうした条件を整えた国として、スウェーデンの社会保障と雇用や家族の関係を考えましょう。スウェーデンは共同決定法や労働者重役制度などで、職場における民主主義の確立に力を入れ、また女性や障害がある人たちが雇用から排除されないように、オンブズパーソンの制度も整えられました。

その背景として、ゲント制の失業手当制度の存在が指摘されています。ゲント制とは、失業手当の給付水準を決めるのに労働組合が関与する制度で、失業手当の給付水準は、(算定所得に上限はありますが)現行の賃金の八割という水準を維持してきました。解雇されても当面の生活は持続できることは働き手の声を格段に強めて、職場環境の改善につながりました(宮本 一九九九)。同様に、児童手当等で子育てのコストが抑制され、また母親もフルタイムで働けて男性稼ぎ主への依存がなくなれば、生活維持のための婚姻を無理に続ける必要はなくなり、家族も蘇ります。

③ 補完型の保障

見てきたように、スウェーデンなど北欧の所得保障は、すべての人を対象としつつ、とくに失業、職業訓練、子育てなどで離職をしている際に給付されるかたちが多いという特徴があります。「普遍主義的で離職保障型」であるといってよいでしょう。

アメリカやイギリスで前面に出た所得保障（税額控除を除く）は公的扶助であり、困窮層を選別し、生活費を代替的に保障するものでした。「選別主義的で代替型」が基本であったといえるでしょう。

スウェーデンのような所得保障が、職業訓練や職業紹介などで包摂につなげると同時に、場合によっては就労から離脱することを可能にして、働き手の声を強めてきたことは述べたとおりです。同時にここでは、いったん就労した後は、賃金で生活が成り立つことが前提となっていました。

生活が成り立つ賃金は、社会的包摂の基本であり、揺るがせにされてはいけません。とくに日本では、最低賃金を生活可能な水準に引き上げ、全国一律とするべきです。その一方で、さまざまな事情で短時間しか就労できない人々が増大し、あるいは年金を受給しながら働く高齢者も珍しくなくなるなかで、勤労所得を補完する所得保障の重要性が高まります。「就労福祉給付（In-work Benefits）」という呼び方もされます。「自立」している人の勤労所得か、「依存」している人のための所得保障かという二分法を超えるかたちです。

その際に、その所得保障が低所得を条件とする点では選別的であっても、給付対象が決まるプロセスが、行政の裁量によってではなく、所得減少等によって自動的に決まっていくことが大切です。誰でも所得低下に応じて給付対象となり、勤労所得を補完されるという点で、「選別的普遍主義による補完型」の保障ともいえるでしょう(星野 二〇〇〇)。

選別が普遍主義的になされる仕組みとしては、ある税額控除を定めて、低所得で控除しきれない世帯に現金給付をおこなう給付付き税額控除が挙げられます。また住宅手当なども、補完型の所得保障として組み込みやすい制度です。

(2) 社会サービス

次に、社会的包摂の刷新に必要な新たなサービス給付のかたちについて述べたいと思います。

① サービスの包括化

「福祉から就労へ」といったスローガンで社会的包摂が語られた時には、包摂のためのサービスは職業訓練や保育サービスに限定されてしまう傾向がありました。

新たな包摂ビジョンのもとでのサービスの課題は、人々が抱えるより多様な困難に対処し、就労以外にもさまざまな居場所へつなげる、ということです。したがって、医療、就労支援、障害者福祉、住宅などのサービスが、それぞれの当事者の事情に合わせてパッケージとして提供されることが求められます。

自助社会における福祉サービスは、縦割りが特徴でした。制度の縦割りはよくないということはずっといわれてきたのですが、続いてきたのには理由があります。対象が厳しく絞り込まれるため、なぜその人を「保護」するのか説明できることが重要だったのです。そのために、人々の困難を、高齢、障害、困窮といったように分別し、人為的な基準を当てはめる必要があったのです。

しかし、人々を社会につなげる上では、こうした縦割りは有害無益です。雇用や住宅、教育と福祉をつないだ上で、さらに福祉内部の縦割りについても包括化をすすめることが求められます。日本での取り組みの実例から考えましょう。

まず雇用と福祉の連携についてです。「福祉から就労へ」と圧力をかけるのではなく、いろいろな働きがたさを抱えた人たちが就労できる条件をつくりだすことこそ大事です。大阪府豊中市の就労支援は先駆的な実践です。豊中市では、ハローワークとは別に、市が無料職業紹介事業をおこない、求人票は一部は公開せずにおいて、就労を希望する人とのマッチングを重視します。それぞれの人を求人先につなげるにあたり、体験実習をおこない、事情に応じて業務内容を調整してくれるように企業に働きかけたりします。いったん就労した後も、定着支援に取り組みます。福祉的支援と連携したオーダーメイド型の雇用機会創出ともいえます。

福祉のなかでの連携についても、各自治体でさまざまな取り組みがすすんでいます。国もまた、各自治体での取り組みをふまえて、二〇二一年から「重層的支援体制整備事業」を開始しました。

これまでは、たとえば相談支援は、介護保険制度の地域包括支援センター、生活困窮者自立支援制度の自立相談支援、障害者福祉の指定相談支援などが縦割りとなってきました。ところが相談する側からいえば、高齢であることから障害を得て、生活困窮に陥っていることがしばしばなのです。重層的支援体制整備事業では、こうした縦割りを超えた包括的な相談を実施する自治体を、交付金や補助金の支給を柔軟にするなどで支援しようとしています。

② ケアへの参加

介護保険制度が生まれ、子ども・子育て支援新制度が施行されても、ケアを担う働き手の処遇が改善されません。単にこれを自治体や民間事業者の仕事とするだけではなく、これまで貶められてきたケアの価値を根本から見直すことこそが必要です。

ケアを公共の責任としてその専門性を高めることと、誰もがケアに携わることは、矛盾しないどころか、相乗的に発展させるべき事柄といえます。

育児、介護、看護などで、ケアを受ける当事者をよく知る家族や友人は、良いケアで当事者を元気にできる条件があります。その条件を活かすためには、勤務先などからケアの時間を保障され、専門的なサポートも受けて、ケアを押しつけられることなく、自発的にケアができることが必要です。

「ワーク・ライフ・バランス」が提唱されています。でもケアはどこに行ったのでしょうか。ケアは、ライフという一見積極的な言葉にまとめられていますが、ライフとは、休憩時間であったり、睡眠時間であったり、趣味の時間であったりするはずです。そこに育児、介護、看護のケアも一緒にされてよいのでしょうか。ケアの時間はワークとライフと並んで人生に大事な時間として別立てで保障される必要があります。「ワーク・ライフ・ケア・バランス」こそ追求されなければなりません。

スウェーデンの保育サービスでは、イタリア由来の「レッジョ・エミリア方式」という保育法が用いられていますが、その特徴の一つに子どもの発言や行動を細かく記録し、両親と共有し、その日の活動を家でも振り返るなど、保育園と両親の協働をすすめる考え方があります。同じくスウェーデンの障害者福祉サービスにおける「アシスタンス補償法」では、障害者自身が公的な財源で知人を介助者に雇用することが可能になっています。官僚的専門化のイメージが強いスウェーデンの福祉国家で、あくまでケアの質を高めるために、家族や知人の関与が制度化されていることは興味深いことです。

誰もがケアに関わることは、家族や友人の範囲に限定されるものではありません。育児や介護では、むしろそれまで接点のなかった高齢者と子ども、障害者の出会いの場を積極的につくりだす「幼老型」「共生型」のケアが広がっています。長野県で始まった「宅幼老所」や富山市から広がった「共生型デイサービス」などがその例です。また若者の就労支援や孤独・孤立の解消へ多様な住民の関わりを広げようとする「静岡方式」の取り組みも注目できます（津富 二〇一一）。

こうして多くの人々が相互のケアに携わるなかで、支える側（自立）と支えられる側（依存）の境界線が乗り越えられ、支援している人たちも実はその活動をとおして社会に包摂されている、ということにもなります。まさにインターディペンデンスです。

念のために付け加えると、日本ではこうした取り組みについて、国の責任を曖昧にして家族や地域に責任を押しつけるもの、という批判があります。そのような懸念について、杞憂に過ぎないと片付けることはできません。

自助社会においては、いわゆる「やりがいの搾取」は起こりうるのです。であるからこそ、社会的包摂を刷新し自助社会を終わらせるビジョンを固めていくことが急務です。そして、スウェーデンの例にみられるように、あくまでケアの価値と専門性を高めつつ、多様な人々がケアに参加できる条件を広げることが大事なのです。

(3) コモンズをアセットに

社会的包摂とは、当事者を変えるというより、まず誰でも参加し活躍できるように社会が変わることです。みてきたように、包摂の場を選択できるようにして関係の歪みを正す制度条件や、誰でもケアに参加できるサービス供給のかたちは、そのために不可欠です。

人々を社会に、すなわちコモンズにつなげるという課題は、このように社会が変わることと一体ですすめられなければなりません。ここでコモンズとは、誰もが必要とするが誰のものでもないがゆえに誰かが勝手に蹂躙しかねない、そのような財です。自然環境やITネットワークなどに加えて、コミュニティとしての社会は代表的なコモンズです。

コモンズに身を置くことは、人々にとって権利でもあります。なぜならそれは、J・ロールズがもっとも重要な基本財とした「自尊(self-esteem)」の社会的基盤だからです(ロールズ 二〇一〇、五一九頁)。だからこそ、所得保障に関わるベーシックインカムや、サービス給付についてのベーシックサービスをふまえつつも、コモンズという財も給付対象に加えようという「ベーシックアセット」という提起がなされているのです(Demos Helsinki 2019)。

もちろん人々が参加する場としてのコモンズは、切り分けて配分することはできません。したがってこれをアセットとするということの意味は、所得保障やサービス給付で人々をコミュニティにつなげるということです。そしてその際に、コミュニティが開かれたコモンズとなり、人々の自尊の社会的基盤として機能する条件が整えられることが重要になります。そのようなコミュニティ形成のためにもオーダーメイド型の就労機会を創出したり、コミュニティを選び直す条件を整えていくことが不可欠なのです。

コモンズへの包摂とか、ベーシックアセットの保障を、などというと、抽象的な理想論を説いているような印象を与えてしまうかもしれません。

決してそうではありません。要するに、日々の人々の暮らしと生活が実現するようにしていく、ということなのです。この点については憲法二五条第一項の、「健康で文化的な最低限度の生活」というご存じの条文も想起できます。

本章は、社会保障が社会保険（防貧）と公的扶助（救貧）に二極化して、「新しい生活困難層」にも対処できておらず、日本社会が三層に分断されているという指摘から議論を始めました。実は憲法二五条についてもこれを分断して解釈しようとする流れがあります。たとえば、児童扶養手当と障害福祉年金の併給をめぐって争われた堀木訴訟における控訴審判決（大阪高裁一九七五年一一月一〇日判決）は、二五条の第一項は救貧に、「国は、すべての生活部面について、社会福祉、社会保障及び公衆衛生の向上及び増進に努め」るとした第二項を防貧に関したものとして「分離論」に立ち、その後のいくつかの憲法裁判の判決でも継承されました。

この「分離論」の前提として実際の制度が分断されてしまっている、という事実があるのです。この分断を超えるためにも、改めて強調するべきは、憲法二五条が保障しているのは（第一項、第二項ともに）「生活」をとおしての生存であり、最低限度であっても生活（まして健康で文化的なそれ）はコモンズとしてのコミュニティに居場所を得て、自尊の感情を伴って成り立つものだ、ということです。

憲法二五条のとくに第一項が幾多の憲法裁判で、ぎりぎりの生存を守る防波堤として活用されてきたことには深く敬意を払うものです。同時にそのことは、「健康で文化的な最低限度の生活」がぎりぎりの生存（必要なカロリー量や居住面積）とイコールであってよい、ということを意味しません。現金給付のみならずサービスとインフラによってコモンズとしてのコミュニティにつながり、自尊の感覚を維持し広げることができること。税負担をめぐる損得勘定から中間層の支持を引き出すのではなく、中間層を含めて誰もが納得のできる「生活」のかたちを示し、その実現のための条件形成へ合意を広げることこそが、自助社会を終わらせるのです。

参考文献

今井貴子 二〇一八、『政権交代の政治力学――イギリス労働党の軌跡 1994-2010』東京大学出版会。
岩田正美 二〇二一、『生活保護解体論――セーフティネットを編みなおす』岩波書店。
ケア・コレクティブ、岡野八代・冨岡薫・武田宏子訳 二〇二一、『ケア宣言――相互依存の政治へ』大月書店。
國分功一郎・熊谷晋一郎 二〇二〇、『〈責任〉の生成――中動態と当事者研究』新曜社。
佐藤滋・古市将人 二〇一四、『租税抵抗の財政学――信頼と合意に基づく社会へ』岩波書店。
杉浦浩美 二〇一〇、「「労働する身体」とは何か――「ケアレス・マン」モデルからの脱却」『人間文化研究所紀要』四、東京家政大学人間文化研究所。
津富宏＋NPO法人青少年就労支援ネットワーク静岡 二〇一一、『若者就労支援「静岡方式」で行こう!!』クリエイツかもがわ。
原田正樹 二〇二一、「日本における伴走型支援の展開」奥田知志・原田正樹編『伴走型支援――新しい支援と社会のカタチ』有斐閣。
星野信也 二〇〇〇、『「選別的普遍主義」の可能性』海声社。

宮本太郎 一九九九、『福祉国家という戦略——スウェーデンモデルの政治経済学』法律文化社。
宮本太郎 二〇一三、『社会的包摂の政治学——自立と承認をめぐる政治対抗』ミネルヴァ書房。
宮本太郎 二〇二一、『貧困・介護・育児の政治——ベーシックアセットの福祉国家へ』朝日選書。
山岸俊男 一九九九、『安心社会から信頼社会へ——日本型システムの行方』中公新書。
ジョック・ヤング、青木秀男・伊藤泰郎・岸政彦・村澤真保呂訳 二〇〇七、『排除型社会——後期近代における犯罪・雇用・差異』洛北出版。
ジョン・ロールズ、川本隆史・福間聡・神島裕子訳 二〇一〇、『正義論　改訂版』紀伊國屋書店。
Demos Helsinki 2019, *Universalism in the Next Era: Moving Beyond Redistribution*, Next Era Papers, Demos Helsinki.
Kumlin, Staffan and Bo Rothstein 2005, “Making and Breaking Social Capital: The Impact of Welfare State Institutions”, *Comparative Political Studies*, Vol. 38, No. 4.
Rothstein, Bo 2000, “Social Capital and Institutional Legitimacy”, A paper presented at the 2000 Annual Meeting of the American Political Science Association, Marriott Wardman Park, Washington, DC, August 31-September 3, 2000.

I部　自助社会の揺らぎと包摂型政策

1　ガラパゴス化する日本のワーキング・プア対策

阿部　彩

1　「子どもの貧困」対策の弊害

子どもの貧困が日本の政策課題として取り上げられてから、すでに一〇年近い歳月が流れました。筆者が、『子どもの貧困――日本の不公平を考える』と題する岩波新書を出させていただいたのは二〇〇八年でした。当時はこれほどまでに「子どもの貧困」という言葉が普及するようになるとは夢にも思っていませんでした。それから一〇年余、曲がりなりにも、日本のなかの貧困が一般市民にも認識されるようになったことは大きなステップです。一方で、過去一〇年間の子どもの貧困政策を見ると、何か違うんじゃないか、という違和感が否めません。

たしかに、ここ一〇年間で、貧困世帯の子どもの高等教育無償化、返済不要の給付型奨学金の設立、就学前教育（保育）の無償化など、かつては到底実現しないであろうと思っていた政策が実現しています。また、ＮＰＯなどの民間の取り組みが活発化し、「子ども食堂」や「無料学習支援」が日本各地で始まりました。子ども食堂は、すでに全国で六〇〇〇を超える団体によりおこなわれています（むすびえ 二〇二二）。政府も、これら民間の取り組みを後押しするために、「子供の未来応援国民運動」を二〇一五年に立ち上げ、一五億円を超える寄付金（二〇二〇年度末時点、子供の未来応援国民運動推進事務局 二〇二二）を個人や企業から集め、子どもの貧困に関する市民活動等を支援しています。まるで、子どもの貧困について、国民一丸となって「力を結集して全ての子供たちが夢と希望を持って成長していける社会の実現」（子供の未来応援国民運動発起人 二〇一五）に取り組んでいるように見えます。

これらの活動は、どれも貴重な取り組みであり、これらを批判する根拠はまったくありません。しかしながら、これらの取り組みが脚光を浴びるなかで、何か大事なことを忘れてしまっているような大きな違和感があるのです。

違和感の根源は、貧困やその対策の議論において、貧困の定義ともいえる「金銭的資源の欠如」に関する議論が欠けていることから来ています。(1) 議論の対象を「子どもの貧困」に限ったとしても、「子どものいる世帯において、最低限必要なお金が足りない」という根幹についての議論がすぽんと抜けているのです。子ども食堂の増加は、貧困によって食生活が脅かされている子どもの存在の認知が広まったことの現れですが、日本の子どもの保護者のほとんどが働いているなかで、なぜ、労働者が働いているのに、家族を十分に食べさすことさえできないのか、という疑問と怒りが日本の社会からあがってきていないのです。比喩的に言うと、子ども食堂は、出血している傷口にバンドエイドを貼るようなものです。しかし、なぜ、ワーキング・プアの人々は、毎日、毎日、新しい傷を負うのでしょうか。彼らが傷を負わずに生きていけるようにする、根本的な社会の治療が必要なのではないでしょうか。

働いていても貧困から脱却できないという状況は、二〇〇〇年代に「ワーキング・プア」問題として、一時期、脚光を浴びました。二〇〇六年には、NHKスペシャルがこの問題を取り上げ、その後、タイトルに「ワーキング・プア」を掲げた多くの学術書も出版されました(岩田 二〇〇七、大沢 二〇一〇等)。しかし、二〇〇八年のリーマンショック後、政権交代が失敗し、貧困が「古い社会問題」となると、「ワーキング・プア」が改めて政策議論に取り上げられることが少なくなってきました。これは、「子どもの貧困」がにわかに脚光を浴び、子どもの貧困対策法(子どもの貧困対策の推進に関する法律)が二〇一三年に制定されてからも変わっていません。二〇〇六年からすでに一五年の月日がたった現在においても、ワーキング・プアに日本は真摯に向き合ってきていません。低所得者の生活水準を保障する政策は、基本的に七〇年前からほとんど変わっていない生活保護制度だけであり、同制度は実質的に働けない人々に対する制度となっています(岩田 二〇二二)。二〇一五年から始まった生活困窮者自立支援法における支援についても、就職活動に対する支援や、職を失った人に対する支援メニューはありますが、働きながら十分な所得が得られないというワーキング・プアの生活保障の機能は果たしていません。しかしながら、本章で後述するように、他の国々においては、二〇〇〇年代以降、ワーキング・プアに対するさまざまな対策が取られてきました。七〇年前の制度から抜け出せていない日本は、さながら、貧困対策の「ガラパゴス」です。

本章では、日本の貧困対策、とりわけワーキング・プア対策の「ガラパゴス化」を、二つのエビデンスから論じていきます。一つは、韓国、台湾、香港といった東アジア諸国との比較です。これまで、日本の貧困や社会保障制度は、欧米諸国と比較されることが多かったのですが(たとえば、UNICEF, Abe & Takezawa 2013)、福祉国家の「優等生」である北欧などとの比較では日本が劣っていても「しかたがない」といった考えに陥りがちです。それに比べ、東アジア諸国は福祉国家レジーム論のなかでも同じ「Productivist」(Holliday 2000, Peng 2000)、家族主義的(Osawa 2007, Ochiai 2015)とカテゴライズされ、日本の読者の多くも「同じ仲間。でも、早くに経済発展した日本の方が福祉政策は進んでいる」と思っているのではないでしょうか。ちなみに、「Productivist」福祉国家とは、福祉政策よりも経済政策を中心に置き、経済発展による福祉の充実を目指す国の類型です。しかし、二〇一〇年以降は、東アジア福祉国家のなかにおいても、社会の底辺の人々に対するさまざまな生活保障制度が拡充されてきており、一概に「Productivist」と言えなくなってきています(Choi 2012, Yang & Kühner 2020)。また、筆者が参加している最新の国際比較研究からも、日本の貧困政策が、「後続」であった東アジア諸国の政策に追い越されてしまったことが、明らかになってきました。

もう一つのエビデンスは、相対的貧困率の時系列分析です。ここでは、とくに、再分配前、すなわち市場所得における貧困率の推移に着目します。データの制約の関係で、分析は一九八五年から二〇一八年の三三年間となりますが、この三三年間が「失われた三三年間」どころか「後退する三三年間」であったことを示します。

2　貧困の現状

(1)　貧困率とワーキング・プア率

本節では、まず、日本の貧困の現状を、相対的貧困率とワーキング・プア率の韓国、台湾、香港との比較から見ていきます。表1-1は、日本、韓国、台湾、香港における相対的貧困率(全年齢)と、一八—六四歳のワーキング・プア率を示しています。ここで用いられている相対的貧困率の定義は、手取りの世帯所得(世帯員全員の所得の合計)が、社会全体の中央値の五〇%に満たない世帯に属する人の割合です。世帯所得は世帯人数で調整した値を用います。ワーキング・プア率も同様に計算しますが、こちらは、一八—六四歳の何らかの就労をしている個人のなかで相対的貧困の人の割合となります。

表1-1を見ると、日本の相対的貧困率は、韓国、香港に続き三番目となっていますが、台湾に比べると五ポイント以上高い数値となっています。日本の相対的貧困率の高さは、一部は日本の高齢化率(表内の[参考])が他の三カ国に比べて高いからでもあります。一般的に、公的年金制度などの社会保障制度が発展途上の国では、高齢者の方が勤労世代よりも貧困率が高い傾向があり、このような状況下では高齢化率が高い国の方が相対的貧困率も高くなります。日本は、四カ国のなかでもっとも高齢化率が高いのにもかかわらず、比較的に相対的貧困率を低く保てているので、その点では優等生と言えるでしょう。実際に、六五歳以上の貧困率は、日本は二〇・〇%であるのに対し、韓国では四

表 1-1　日韓台香の相対的貧困率とワーキング・プア率(2018 年)

(単位:%)

	日本	韓国	台湾	香港
相対的貧困率(全年齢)	15.4	16.3	10.0	15.8
ワーキング・プア率(18-64 歳)	10.8	7.0	3.7	7.3
高齢者の相対的貧困率(65 歳以上)	20.0	43.4	22.6	32.0
【参考】高齢化率(2020 年)	28.8	15.7	16	18.5

出所:相対的貧困率とワーキング・プア率は Abe et al. (forthcoming). 元データは, 日本は厚生労働省「2019 年国民生活基礎調査」, 韓国は Survey of Household Finances and Living Conditions 2020, 台湾は Luxembourg Income Study の 2016 年データ, 香港は Poverty Situation Report in 2019 (Census and Statistics Department 2020). 高齢化率は 65 歳以上人口割合. 出所は, 日本, 韓国, 香港は The World Bank Databank, 台湾は CIA World Factbook. 高齢者の相対的貧困率の出所は, 韓国, 日本は OECD stat, 台湾は Luxembourg Income Study 2016, 香港は Poverty Situation Report in 2019 (Census and Statistics Department 2020).

三・四%と大幅に高く、香港も三二・〇%と日本よりも高い数値となっています。これは、日本では一九六一年に国民皆年金が達成されたのに対し、韓国では一九八八年と比較的に最近であり、台湾、香港では、いまだに全国民がカバーされる公的年金が整備されていないことにあります。

一方で、勤労世代のワーキング・プア率を見てみましょう。表1―1のワーキング・プア率を見ると、日本は四カ国中のなかでもっとも高い一〇・八%となっています。韓国、香港では七・〇%台、台湾では三・七%と日本の貧困率の三分の一ほどです。すなわち、日本では働いていても貧困線以下の所得の世帯に属している人が一〇人に一人ということになります。ワーキング・プア率は、働いている勤労世代の貧困率なので、子どもの貧困にも直結します。ここからも、他の三カ国に比べて、日本の貧困は、働いていない高齢者や失業者の問題というよりも、働いている若年・中年世代の問題ということが分かります。

このように、日本の勤労世代の貧困率が韓国、台湾、香港よりも高く、高齢者の貧困率が低い理由の一つは、一九八〇年代から二〇二〇年にかけて、日本における貧困層の年齢構造の転換があったからです。図1-1は、日本における年齢二層別の貧困率の推移を一九八五年から二〇一八年にかけて示したものです。とくに男性高齢者においては、貧困率が一九八五年の二〇・八%から減少し、二〇〇九年には一五・〇%となっています。女性高齢者の貧困率は、男性高齢者のような減少は見られないものの、それでも一九八〇年代に比べ、二〇一〇年代は低い値となっています。一方、勤労世代の貧困率は、高齢者の貧困率と反応するように増加傾向を見せています。その結果、二〇〇九年には高齢女性を除いて、日本の年齢層別の貧困率がほぼ同一となります。ここが、日本の貧困率の動態の一つの転機であることが分かります。

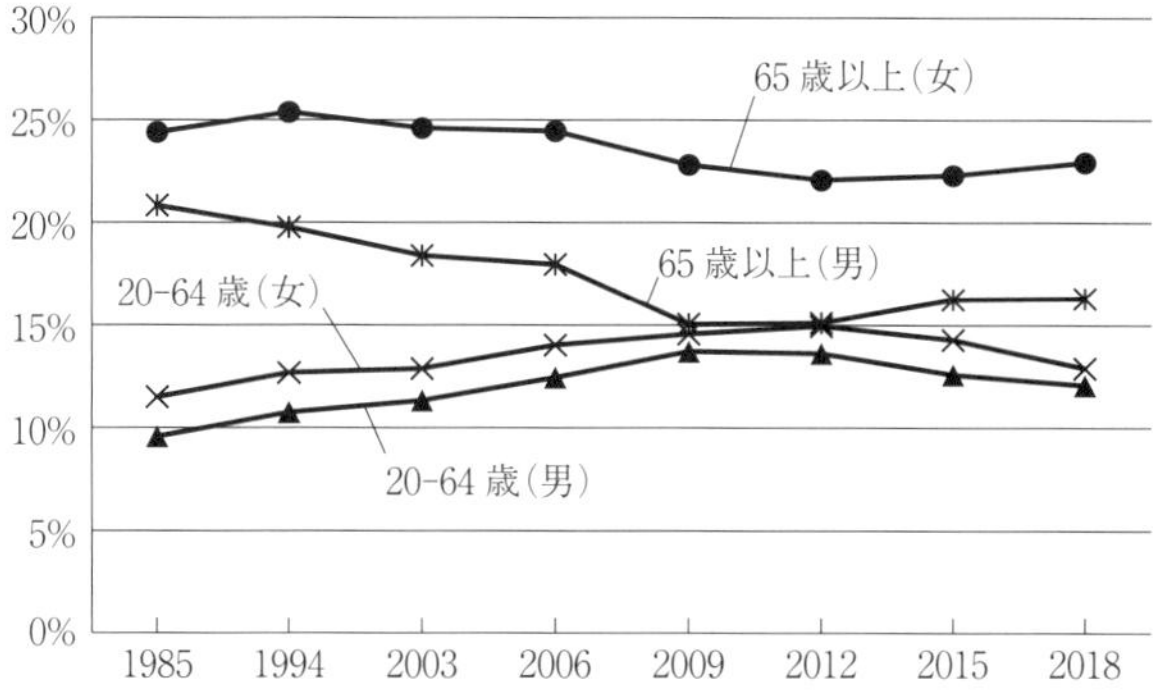

図 1-1　日本の相対的貧困率の推移(年齢 2 層別)：1985-2018 年
出所：貧困統計ホームページ(2022/3/31).

　しかし、二〇〇九年からは、それまでの推移とは異なる傾向を見せます。二〇一二年、一五年、一八年にかけては、好景気が続いたこともあり、勤労世代の貧困率は回復傾向となります。しかし、その回復の度合いは、一九八五年からの増加には及ばず、データがある最終年の二〇一八年に一二―一三%となっています。気がかりなのは、高齢者の貧困率が男性は二〇〇九年、女性は二〇一二年以降、再び上昇していることです。日本の高齢者の貧困率が、他の三カ国に比べて比較的に低いことが、日本における公的年金制度が他国に比べて成熟しているからだとすれば、二〇〇九／二〇一二年以降はその恩恵が徐々に効かなくなってきていると考えられます。同時に、勤労世代の貧困率の回復も芳しくなく、二〇一八年時点でワーキング・プア率が四カ国中もっとも高いことも考慮すると、日本はどの年齢層も心配な状況です。

（2）購買力平価でみる所得

しかし、相対的貧困率やワーキング・プア率は、あくまでも各国内において相対的に決められるものなので、日本の率が高いことを問題と思わない人もいるかもしれません。「日本の所得レベルが高いから、そのなかで相対的に貧困であっても、他の東アジア諸国の貧困ほど深刻ではない」と考えるからです。しかし、これは大きな間違いです。それを示すために、絶対的な物差しとしてＰＰＰ（購買力平価）調整後のドル単位で揃えて、日本の状況を見てみましょう。ＰＰＰドルを用いると、各国の物価の違いを考慮して、所得を比較することができます。すなわち、各国の生活水準を比較することができるのです。ここでは、子どものいる世帯を対象とした分析の結果を紹介します。

図1‐2は、日本を含めた一〇カ国の先進諸国における子どものいる世帯の可処分所得をＰＰＰドルで示したものです。薄い棒グラフは、すべての子どものいる世帯の可処分所得の中央値、濃い棒グラフは可処分所得が低い下位二〇％の子どもの世帯の可処分所得平均です。まず、驚きであるのは、欧米諸国をはじめ、韓国、台湾といったアジア諸国と比べても、日本の子どものいる世帯全体の平均

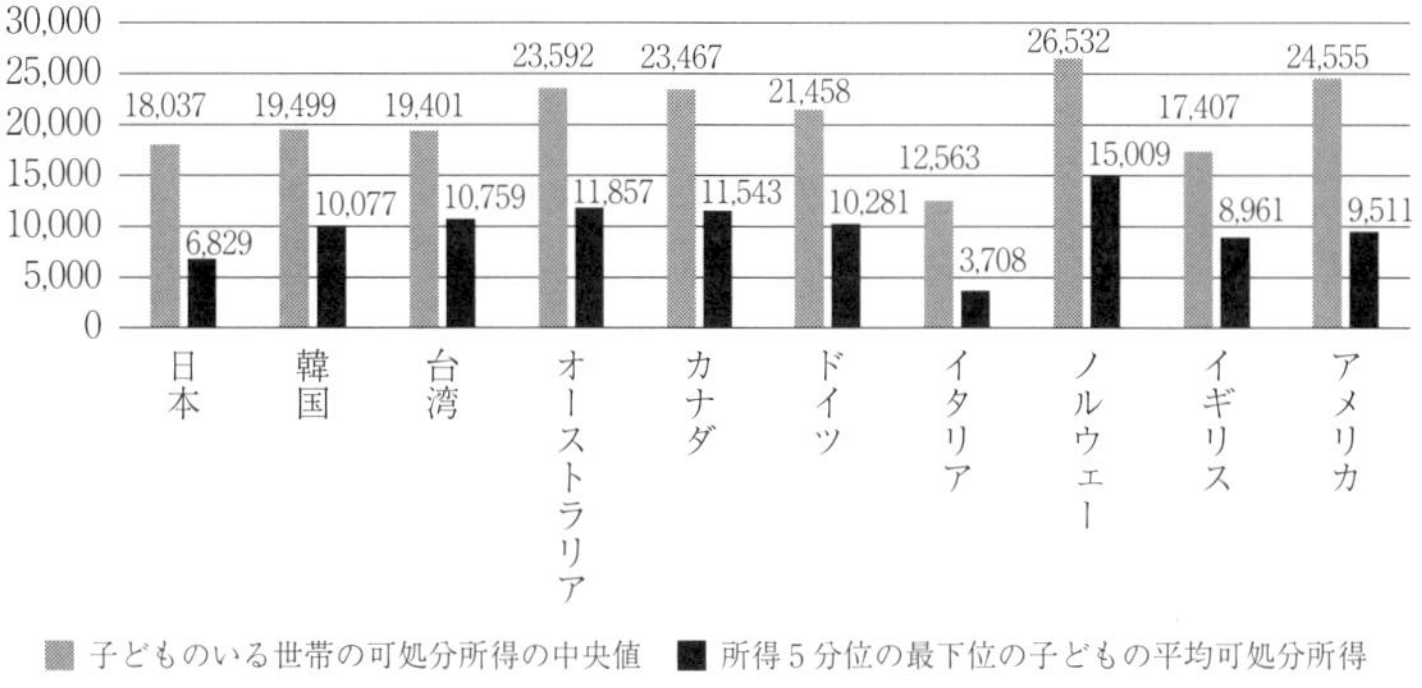

図 1-2　子どものいる世帯の可処分所得(2017 年，PPP ドル)：子ども全体の中央値と下位 20% の子どもの平均値

出所：Bradbury et al. (forthcoming).

所得は、低い傾向にあることです。日本より低いのは、イタリアとイギリスのみです。すなわち、平均的な日本の子どもは、平均的な韓国や台湾の子どもよりも低い生活水準で暮らしています。そして、より深刻なのは、これを下位二〇%(世帯所得が低い下の五分の一)の子どもたちに限定してみると、彼らの世帯所得は、イタリアを除く他の八カ国よりも大幅に低いことです。下位二〇%の日本の子どもの世帯所得が平均六八二九PPPドルであるのに対し、韓国では一万七七PPPドル、台湾では一万七五九PPPドル、イギリスでは八九六一PPPドル、アメリカでは九五一一PPPドルとなっています。日本のなかの下位二〇%の子どもたちは、日本のなかで貧困であるだけでなく、韓国、台湾、イギリスなどの国々の下位二〇%の子どもと比べても、七割程度の所得水準しかありません。

また、下位二〇%の子どもたちは、日本のなかにおける相対的位置も他国に比べて低いことが分かります。子ども全体の中央値と比較すると、日本は〇・三八(=6,829

/18,037)であるのに対し、韓国、台湾、オーストラリア、ノルウェー、イギリスは〇・五以上、カナダ、ドイツにおいても〇・四九、〇・四八とほぼ〇・五に近い数値となります。すなわち、これらの国々においては、下位二〇%の子どもたちであっても、中位の子どもたちの五割以上またはそれに近い所得水準であるのに、日本においては中位の四割の所得水準で暮らしているということです。

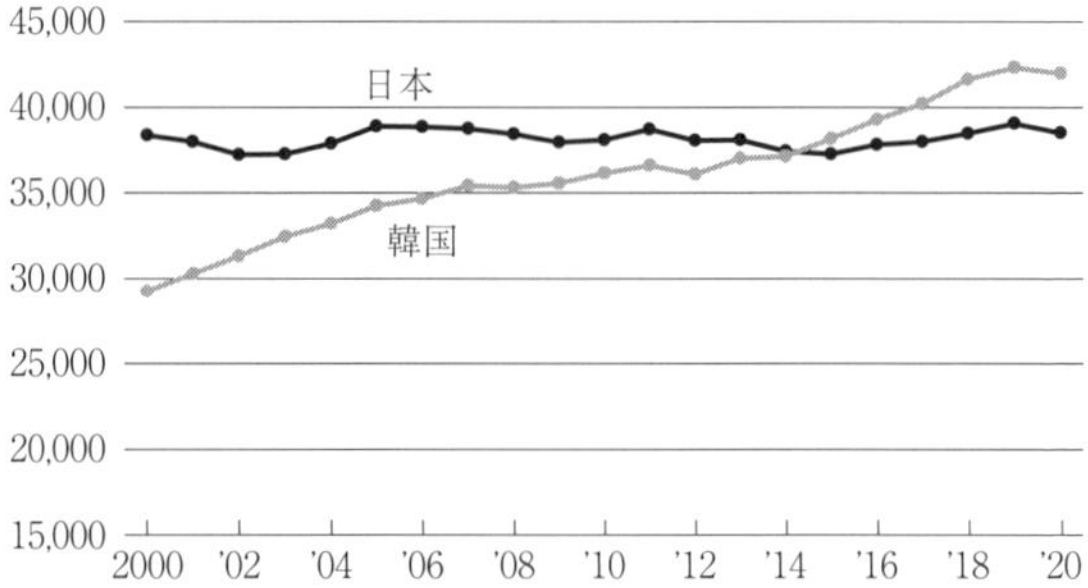

図 1-3　平均賃金の推移：日本，韓国(2020 年，PPP ドル)
注：台湾，香港は OECD のデータベースに含まれていない．
出所：OECD stat (2022/1/10)．

3　賃　金

先に示したように、日本の貧困の特徴として、他の東アジア三カ国に比べても勤労世代のワーキング・プア率が高いことがあります。そして、これが、日本の子ども、とくに、底辺の子どもたちの所得水準を低くしている理由と考えられます。この背景には、日本における長年の賃金の低迷があります。東アジア諸国は賃金の上昇が顕著であり、これが市場所得の上昇、果たしては貧困率の減少につながっていると考えられます。韓国の平均賃金は、二〇〇〇年から二〇二〇年に至って継続的に増加しており、二〇一五年に日本を追い越しています(図1-3)。台湾においても、賃金は年平均一・八%で成長し続けています(國府 二〇二二)。

表 1-2　最低賃金(2021 年)

	日本*2	韓国	台湾*3	香港
最低賃金(時間あたり)	902 円	8,720 won	160 TWD	37.5 HKD
PPP US$*1	$8.89	$10.14	$11.38	$6.13
貧困線に対する割合*4	1.48	1.26	1.74	1.15

*1　PPP exchange rate を用いて変換.
*2　日本は地域別最低賃金の全国加重平均額.
*3　台湾は最低賃金が月給と時給で定められており，表では月給を示している.
*4　最低賃金で 40 時間／週働いた時に得られる収入の各国の貧困線(等価可処分世帯所得の中央値の 50%)に対する割合.
出所：Abe et al. (forthcoming).

対して、日本は二〇〇〇年から二〇二〇年の二〇年間、平均賃金が横ばいです(図1―3)。

貧困という観点からは、平均賃金よりも重要な指標が最低賃金です。それでは、日本の最低賃金は低いのでしょうか。表1―2は、四カ国の二〇二一年時点の最低賃金を示したものです。結果は、四カ国のなかでは下から二番目となります。PPPドルで物価の違いを考慮した数値でみると、その高さは台湾、韓国、日本、香港の順であり、台湾や韓国のワーキング・プア率が低いことの一つの要因として、最低賃金の高さが考えられます。台湾の最低賃金は、週四〇時間働くと想定すると貧困線の一・七四倍の所得を得ることができます(ただしこの貧困線は一人世帯を想定しています)。日本においても、この値は一・四八倍であり、とくに低いわけではありませんが、日本は高齢化率も高いため、相対的貧困線が低めに推計されることが、この数値が比較的に高いことと関係しています。

注目したいのは、韓国、台湾、香港においては、貧困政策として最低賃金が積極的に引き上げられてきたことです。表1―3は、この間の各国の最低賃金についてデータの最初の年(日韓台では一九九二年、香港では二〇一一年)の最低賃金と比較した倍率を示しています。イン

表 1-3　最低賃金の推移：1992-2020 年

	日本		韓国		台湾		香港	
	円	倍率*	won	倍率*	TWD	倍率*	HKD	倍率*
1992	563	1.00	925	1.00	51.5	1.00		
1995	608	1.08	1,275	1.38	62	1.20		
1997	634	1.13	1,485	1.61	66	1.28		
2007	687	1.22	3,480	3.76	95	1.84		
2011	737	1.31	4,320	4.67	103	2.00	28.0	1.00
2013	764	1.36	4,860	5.25	115	2.23	30.0	1.07
2016	823	1.46	6,030	6.52	126	2.45	32.5	1.16
2017	848	1.51	6,470	6.99	140	2.72	34.5	1.23
2018	874	1.55	7,530	8.14	150	2.91	34.5	1.23
2019	901	1.60	8,350	9.03	158	3.07	37.5	1.34
2020	902	1.60	8,590	9.29	160	3.11	37.5	1.34

*　倍率＝データがある最初の年の値をベースとした倍率.
出所：日本は JILPT (2021)，韓国は Minimum Wage Commission Republic of Korea，台湾は國府(2021)，香港は Minimum Wage Commission Hong Kong (2020).

フレ率の違いのために単純比較はできないものの、倍率をみることによって各国の最低賃金の引き上げの動向が把握できます。韓国は、一九九七年のアジア経済危機以降、最低賃金の引き上げを政策的におこなっており、二〇二〇年の最賃は一九九二年の最賃の九倍以上となっています。禹(二〇二二)は、韓国の最賃の影響率(=最賃の改正によって賃金が上昇する労働者の割合)が二〇一九年には二五・〇%と高いこと、また、最賃の引き上げと連動してその周辺の賃金も引き上がることを挙げ、「特に小規模事業所に働く組織化されていない労働者の賃上げを、最賃の引上げが下支えしている」と述べます(禹 二〇二一、一二頁)。台湾においても、蔡英文氏が総統就任した二〇一六年以降、最賃の引き上げを意図的におこなっており、一九九二年と比べると二〇二〇年の最賃は約三倍の値となっています(國府 二〇二一、二四頁)。香港は、二〇一一年に最賃制度が導入されたばかりですが、わずか一〇年の間に一・三四倍の伸びを見せています(Minimum Wage Commissionb 2020)。それらに比べ、日本の最低賃金(地域別最低賃金の全国加重平均額)は、一九九二年に比べて二〇二〇年値が一・六倍と約三〇年間の伸びとしてはごくわずかなものです。韓国においては、最低賃金の引き上げが賃金全体を押し上げるのに貢献したとのことですが、日本においては、最低賃金も平均賃金も低迷しています。

表1-2において、最低賃金で四〇時間／週働けば少なくとも一人世帯であれば貧困線を超える所得が得られるはずであることを示しました。しかし、最低賃金の防貧機能は、継続的に仕事が得られるか（週あたり時間数、月あたり日数、失業期間の有無等）といった就労状況、また、家族構成によって決まります。実際に、最低賃金で働きながら、週あたり四〇時間の勤務を一年間ずっと続けることは難しいでしょう。さらに、家族がいる場合は必要となる経費（貧困線）は上がります。そこで、次に、これらのことも踏まえて、実質的に、市場所得が働く人々の貧困をどれほど防いでいるのか、防いでいないのかを見ていきます。(2) 図1-4は、市場所得から計算されるワーキング・プア率と、市場所得から社会保険料や税金を引き、年金や児童手当などの給付を足した可処分所得から計算されるワーキング・プア率を一九八五年から二〇一八年にかけて時系列に見たものです。(3) ここでは、学生が多く含まれる二〇歳代と年金を受け取っている六〇歳代を除いて、三〇歳代から五〇歳代を示しています。

図1-4を見ると明らかなのは、五〇歳代女性を除けば、市場所得（再分配前）のワーキング・プア率がすべての年齢層・性別で上昇していることです。すなわち、賃金を主とする市場所得が果たす防貧機能が一九八五年から二〇一八年にかけて衰退しているのです。とくに四〇歳代では、男性では五・九％から一三・四％、女性では一〇・八％から一五・〇％へとワーキング・プア率が上昇しています。すなわち、日本のワーキング・プア率が上昇した理由は、市場所得、言い換えれば再分配前の貧困率の上昇であると考えざるを得ません。

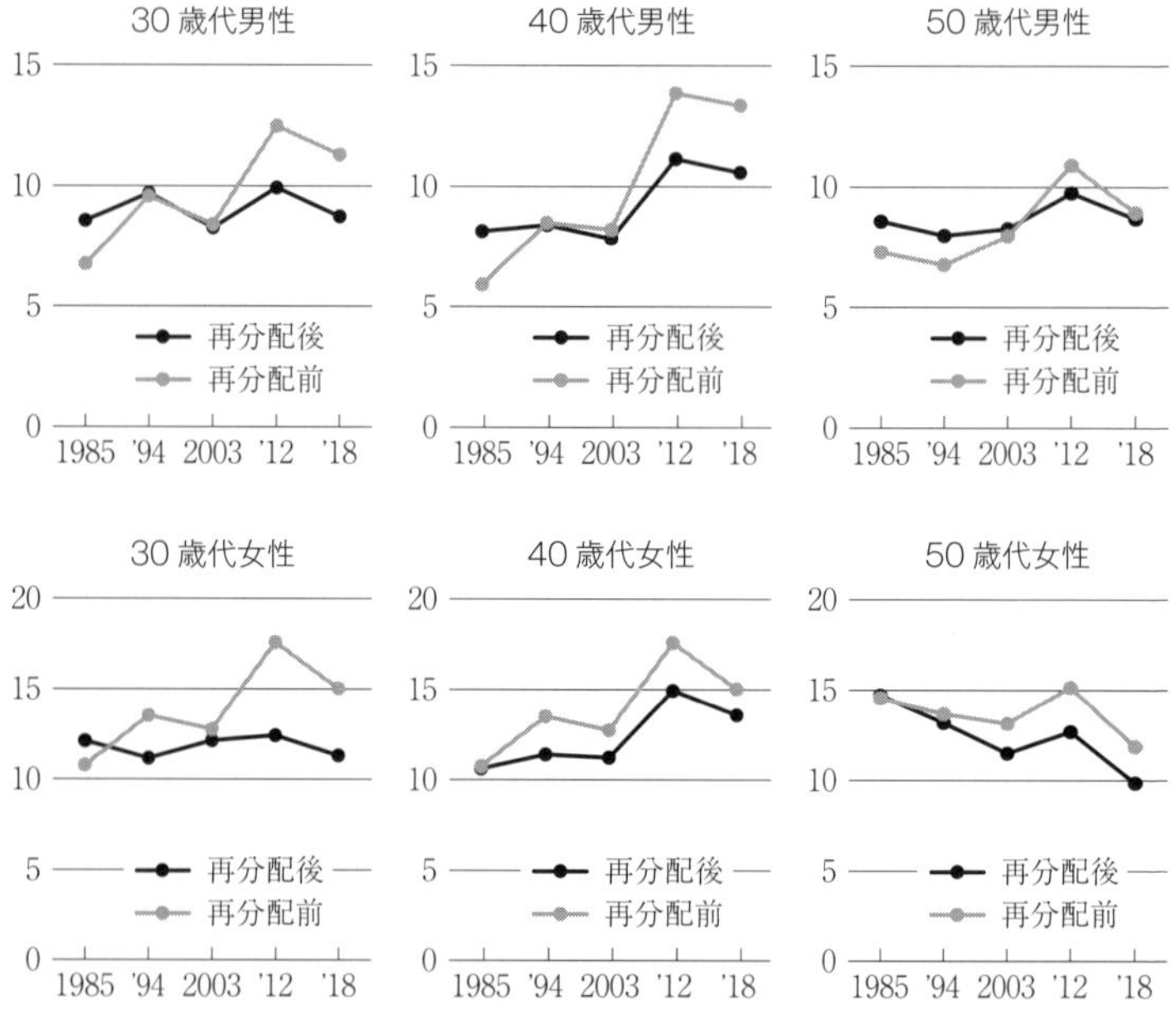

図 1-4　市場所得(再分配前)と可処分所得(再分配後)におけるワーキング・プア率の推移：年齢階層別，性別(単位：%)
出所：貧困統計ホームページ(2022/3/31).

　ここで注意したいのは、この結果をもって、ワーキング・プア率の上昇の理由について、必ずしも「市場所得」、とくに賃金や雇用形態が悪化したからと結論づけることはできないということです。一九八五年から二〇一八年の間には、家族構成の変化や人口高齢化（勤労世代のなかでも年齢の高い層の方が、人口が多くなっている）などの変化も起こっているからです。しかし、確かなのは、一九八五年から二〇一八年にかけて、市場所得だけでは、ワーキング・プア率を低く保つことができなくなってきたということです。一方で、可処分所得でみるワーキング・

プア率は、三〇歳代においては、男性も女性も、市場所得でみるワーキング・プア率よりも比較的にフラットになっており、社会保障制度がそれなりの機能を果たしていることが分かります。しかし、四〇歳代の再分配後のワーキング・プア率の上昇は防ぐことができていません。

4　政府による再分配

それでは、日本の政府の再分配機能は、他の東アジアの国々と比較してどうなのでしょうか。ここでは、モデル・ファミリー分析という分析手法を用いて、各国の再分配制度の充実度を見ていきます。モデル・ファミリー分析は、ある所得の「モデル・ファミリー」を想定した時、理論上では、その世帯がどれほどの税金や社会保険料を払い、どれほどの社会保障給付(年金、児童手当、生活保護など)を受け取ることができるのかを計算するものです。理論値ですので、実際の再分配の状況を示すものではありませんが、制度の設計がどのようなものであるのかを見るのに適した分析手法です。ここでは、二つの「モデル・ファミリー」を想定した結果をお見せします。ひとつは、最低賃金で週一六時間働いている単身(一人)世帯です(図1-5)。

図中の「最大」の数値は、この人がアクセスできるすべての制度にアクセスしていると仮定した場合、「最小」の数値は、より現実的な設定の場合です。たとえば、日本の場合は、最低賃金で週一六時間働いた場合、生活保護制度における所得制限以下の所得しか得られませんので、制度的には生活保護給付を受けることができます。生活保護を受給していると仮定しているのが「最大」のケースで

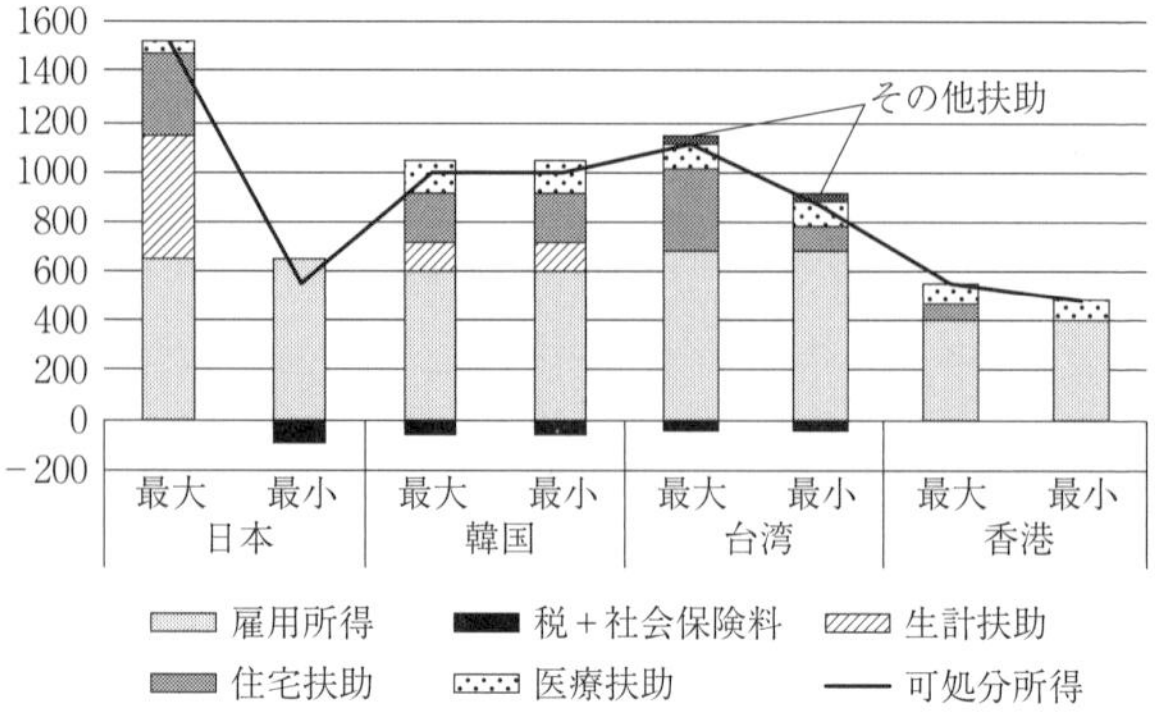

図 1-5　最低賃金で週 16 時間働く 35 歳単身世帯の所得構造（2019 年，PPP ドル）
出所：Wang, Abe, Kan et al. (2021), Model Family database.

す。「最小」のケースでは、生活保護は受けていないと仮定しています。

　すると、日本の「最大」の場合では、この世帯は約一五〇〇PPPドルの所得を得ることができます。「最小」の場合、単身世帯に対する生活保護制度以外の所得保障制度は日本にはありませんので、雇用所得のみとなります。実際には、生活保護を受給するには、所得制限のほかにも資産や家族・親族からの扶養、労働能力の活用などさまざまな要件を満たさなくてはならず、生活保護の所得制限以下で実際に生活保護を受けている人の割合（捕捉率）は、少し古い推計ですが、四・九％から一一・四％と推計されています（厚生労働省、二〇一〇年データ）。日本の場合、「最大」よりも「最小」である可能性の方が高いのです。

　対して、韓国においては、「最大」も「最小」も、日本の「最小」ケースを上回っています。韓国は、最低賃金も日本を上回っているので雇用所得だけで日本より高い数値となっていますが、それに加えて、二〇〇九年に導入された勤労所得税額控除が、生計扶助として上乗せされます。さらに、世帯所得が中央値の四四％に満たない世帯に対しては、住宅扶助の制度が設けられており、賃貸の場合、賃料の全額または一部が補助されます。台湾では、公的扶助制度からの給付が世帯タイプによって異なっており、単身世帯に対しては生計扶助は給付されませんが、住宅扶助や医療保険料などの給付が適用されます。また、公的扶助を受給していない場合でも、低所得世帯(単身世帯の場合は、四〇歳以上に限定)に対しては、家賃補助のために最低一五〇〇新台湾ドル、最大五〇〇〇新台湾ドルの住宅扶助が給付されます。また、旧正月などの季節の節目に低所得世帯に対して給付金が支払われます。香港は、公的扶助制度はすでに香港の人口の四・一％をカバーしていますが、これに加えて、二〇一六年に勤労世帯手当(Working Family Allowance)が設けられました。勤労世帯手当は、三六時間(／月)働いているひとり親世帯または、一四四時間(／月)働いている世帯員がいる低所得世帯は五〇〇から一四〇〇香港ドルの給付を受けることができます(Abe et al. forthcoming)。しかし、単身世帯で健康上の理由で働けないなどの理由がない場合、公的扶助制度においても就労要件が厳しく、図1-5のケースでは適用されません。また、勤労世帯手当についても、就労時間がこの制度の要件を満たしておらず、受けることができません。しかし、香港では家賃が非常に高いため、人口の約三分の一が公営住宅に住んでおり、その場合は住宅扶助が大きくなります。

二つ目のモデル・ファミリーは、子どものいる世帯です。ひとり親世帯(とくに母子世帯)の例がよく話題にあがりますが、ここではより人数が多いふたり親世帯の子ども一人(五歳)のモデル・ファミリーを想定します。ワーキング・プアの子育て層ということで、父親のみ就労、父親の収入が一般男性の平均の半分であるとの想定です(図1-6)。すると、日本、台湾、香港では雇用所得はほぼ同等と

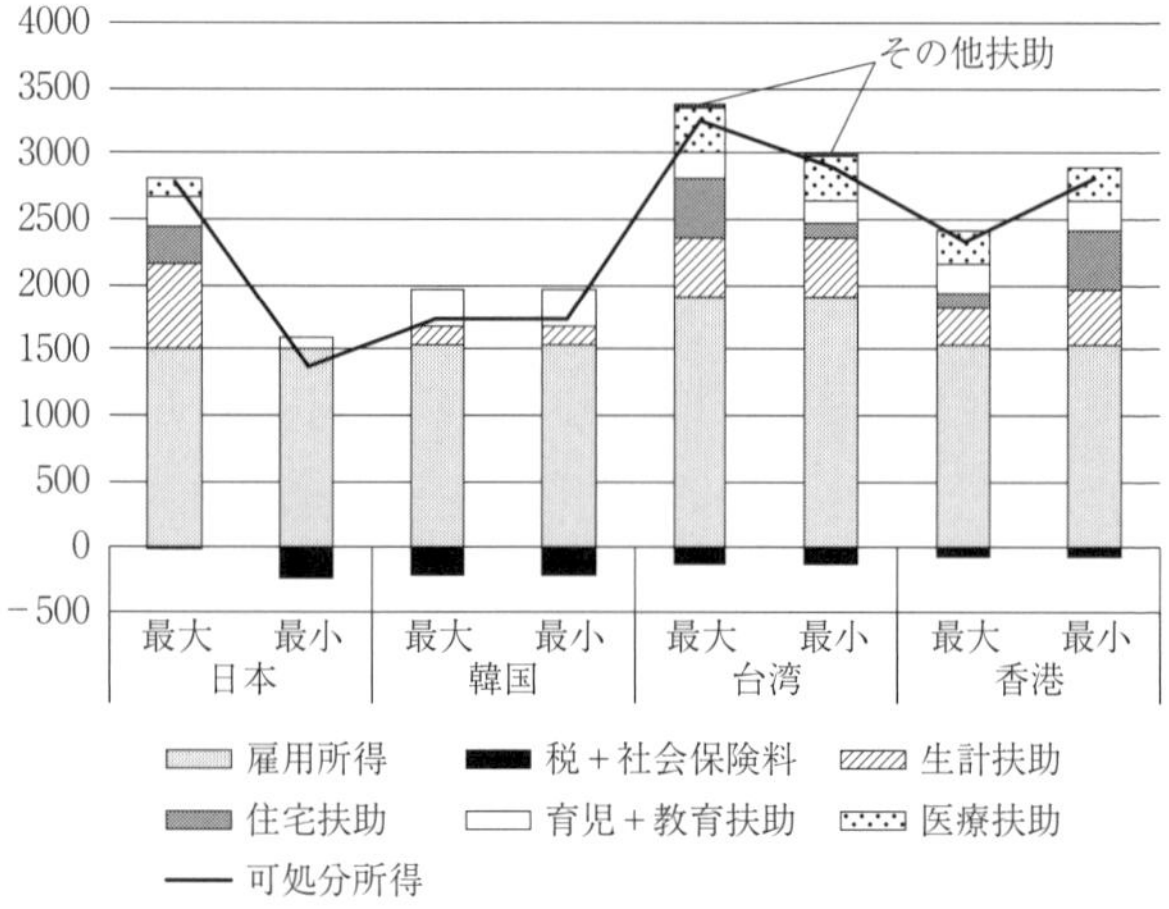

図 1-6　平均賃金の 50% で男性が働く夫婦＋子 1 人世帯の所得構造(2019 年，PPP ドル)
出所：Wang, Abe, Kan et al. (2021), Model Family database.

なり、台湾ではそれより若干上となります。大きく異なるのは社会保障給付です。日本は、最大の場合は、この世帯の収入は生活保護基準以下となりますので、生活保護制度から給付がなされます。それが生計扶助、住宅扶助の部分になります。育児＋教育扶助の部分は、児童手当、就学援助費と生保の一部が含まれます。最小の場合は、児童手当と就学援助費のみが給付されます。

対して、韓国においては、勤労所得税額控除が生計扶助として給付され、加えて、子育てをしている勤労世帯に対しての児童税額控除(Child Tax Credit)が給付されます。もっとも大きな給付をしているのが、台湾です。台湾では、低所得世帯に対する公的扶助が「最小」の場合においても適用され、さらに住宅扶助と医療扶助が適用されます。結果として、台湾のワーキング・プアの子育て世帯の所得は、最小の場合においても四カ国のなかでもっとも高くなります。香港についても、生計、住宅、育児、医療扶助があり、日本・韓国を上回っています。

日本においては、生活保護制度の適用がきわめて厳格であり、人口の一・七％しか生活保護を受給していないことを踏まえると、「最小」のケースの方が「最大」のケースよりも現実的です。また、生活保護制度以外の給付がほとんどないため、生活保護を受給していないワーキング・プアの世帯は単身であっても、子育て世帯であっても、台湾、韓国に比べると低い所得水準となっていると言えます。

5　ガラパゴス化する日本

(1)　東アジア四カ国比較からの知見

ここまでの東アジアの四カ国の比較から得た知見をもとに、日本のワーキング・プア対策の問題を整理していきます。まず、明らかなのは、日本のワーキング・プアの状況が該当者の割合(ワーキング・プア率)で見ても、ＰＰＰ平価でみた所得の高さで見ても、東アジア諸国に比べ劣化しているのは、市場(再分配前)の所得の状況が悪化しているからと言えます。とくに、子育て期にあたる四〇歳代の市場所得でみるワーキング・プア率の上昇が大きくなっています。これには、東アジアの他国の経済が過去三〇年間、堅実に成長してきたのに対し、日本においては、長期に経済が停滞していることが関連しています。経済成長に支えられて、韓国、台湾、香港においては、最低賃金の引き上げ、平均賃金の上昇が、ワーキング・プアの発生を抑制することに成功してきました。経済成長があるからこそ賃金の引き上げが可能となり、後に述べるように、さまざまな支援制度の創設も実現できたのです。

日本も、かつて一九八〇年代までは経済が高成長を遂げた時期がありました。それでは、日本と韓国・台湾・香港の差は、経済発展と社会保障制度の発展の時期の違いで説明できるのでしょうか。エビデンスは異なる答えを示しています。日本と他国の明らかな違いは、日本は高度成長期にほとんどワーキング・プア対策をおこなってこなかったのに対し、韓国、台湾、香港は、さまざまなワーキング・プアを意図した政策を展開していることです。韓国の勤労所得税額控除、香港の勤労世帯手当は、従来の公的扶助とは別建てで設けられた、ワーキング・プア層をターゲットした制度と言えます。台湾では、公的扶助にあたる低収入戸生活扶助が一九八〇年代に創設されていますが、制度設計上では、健康な成人は少なくとも最低賃金でフルタイムで働いた場合の所得があるとみなされるため(Abe et al. forthcoming)、単身世帯については生計扶助が適用されません。しかし、子どものいる世帯に対しては、比較的に潤沢な生計扶助が給付されます。また、三カ国ともに整備されているのが、住宅扶助です。とくに単身世帯のワーキング・プアに対しては、住宅扶助が生活保障の機能のもっとも大きな役割を担っています。対して、日本においては、高度成長期は、「働いてさえいれば、貧困に陥ることがない」という前提で、社会保障制度の拡充は、年金や医療など高齢期の生活保障を中心におこなわれてきました。その結果、生活保護制度が「働かない層」に対するものへと矮小化され、また、生活保護制度以外の生活保障制度が何も発展してこなかったのです。

（2）日本への四つの提言

これらを踏まえて、日本への四つの提言をしたいと思います。

1　賃金を上げよ

この当たり前の提言は、最近、あちらこちらで唱えられるようになってきていますが、学習支援や食支援、教育費支援などに貧困政策が終始しているなか、改めて、ここに貧困政策の第一の提言として挙げたいと思います。一九八五年から二〇一八年にかけてもっとも大きく変化したのは、市場所得でみた貧困率の上昇です。社会保障制度はこの上昇を一定程度抑制していますが、上昇の幅があまりにも大きく、それに対応できていないのです。これほど大きな市場所得の悪化を、政府からの再分配のみで食い止めようとするのは、日本の財政事情を考慮すると不可能です。市場所得自体を改善しなくては、日本のワーキング・プア問題は解消しません。

市場所得の改善とは、すなわち、当初所得の分配を改善することです。ですので、理論的にはベーシックインカムなどと同じこととなります。しかし、私は敢えて、政府を介さない労働市場における分配の改善が必要と考えます。なぜなら、ベーシックインカムなど政府を介する仕組みは、政府の企業に対する課税能力が重要だからです。しかしながら、大企業は政府よりもずっとしたたかであり、課税を逃れるあらゆる手段を持ち合わせています。政府がそれに対抗できるとは考えられません。たしかに、賃金を引き上げる政策をとると、大企業はより賃金の安い国に逃げてしまい、日本の職が失われるという議論もあります。しかしながら、賃金が低いだけの理由で日本に留まっているような企業は、そもそも日本には必要ないのではないでしょうか。そうやって日本の「職」を守っている間に、日本の労働者の賃金は世界的に見ても低下しており、このままでは日本は「安い労働力」だけが残る「途上国」となりかねません。

現在、政府は、最低賃金の引き上げを企業に働きかけていますが(「働き方改革実行計画」二〇一七年)、コロナ禍以降はその話もあまりされなくなりました。どうすれば賃金が上昇するのかについては多くの経済学者等が意見を述べていますが、「これ」という解答があるわけではありません。当然ながら、日本の産業の生産性向上が不可欠であり、産業政策や教育政策にも及ぶ議論が必要です。そこには、雇用維持だけでなく、生産性の低い産業や企業を、いかに労働者への負の影響なく、生産性の高い産業や企業に移行していくのかという議論も必要でしょう。

2　半世紀前の制度を壊せ

二つ目の提言は、半世紀以上前の制度の呪縛から逃れることです。その最たる例は、生活保護制度です。生活保護制度については、貧困研究の第一人者であり、社会保障審議会の委員も長年務めた岩田正美先生(元日本女子大学教授)が、『生活保護解体論』とショッキングなタイトルを掲げた著書のなかで詳細な改革案を提示されています。具体的には、生活保護制度の八つの扶助のうち、医療扶助については国民健康保険への組み込み、住宅扶助については新しい低所得者向けの住宅手当の創設、教育扶助については就学援助制度への組み込み、など、生活保護が担う生活保障のパッケージをバラバラに切り離し、捕捉率がきわめて低い生活保護制度の外だしとすることによって、各世帯が必要な支援を受けられる提案です。

本章で見てきたように、東アジア諸国においては、ワーキング・プアに対する生活保障として、従来の公的扶助制度(日本で言うと生活保護制度)以外のさまざまな制度を拡充してきました。これら多数の制度のパッケージとして、最終的な生活保障がなされています。モデル・ファミリー分析で見た最大のケースはあくまでもこれらの制度をフル・パッケージで受給した場合ということです。また、モデル・ファミリー分析では触れませんでしたが、医療費や保育費などが必要な場合には、各国それぞれ濃淡はありますが支援制度を設けていました。日本の場合、生活保護制度が適用されない「最小」のシナリオでは、なんの支援策も給付されないところに問題があります。岩田先生の「生活保護解体論」は、東アジア諸国の給付パッケージに近づくものであり、筆者もこれには賛同しています。

3　「私たちの貧困」から脱却せよ

しかしながら、岩田先生の「生活保護解体論」においても、踏み込んで議論されなかった部分があります。それが、財源問題です。いくら生活保護制度を解体しても、それぞれのパーツの受給者が増えなければ、生活保障の機能が拡充したとは言えません。受給者が増えるということは、それだけ必要な財源も多くなるということです。現在、日本の貧困対策は、さまざまなアドボカシー団体の活動や世論の高まりなどに押されて部分、部分に拡充されてきました。子どもの貧困もその一例ですし、コロナ禍になってからもさまざまな給付がなされました。これらは、目の前の困窮に対する救済策として勝ち取ってきたものですが、三十余年という長期の観点から見ると、「小さな勝利」であり、その間、大きな流れとして貧困が悪化してしまった感があります。

日本が、徐々に「ガラパゴス化」してきた現状を目の当たりにすると、このような「小さな勝利」の積み重ねが、次の世代の新しい生活保障の仕組みに繋がらないのではと懸念されます。一九八〇年代から見て、結局のところ貧困率を改善したのは「アベノミクス」のみだったという事実があり、その「アベノミクス」も現状の脆弱性を維持し、つけを先送りにした、その場かぎりの延命策でしかありませんでした。財政状況がここまで悪化したなかでは、貧困対策費の拡充は望めません。

この背景には、誰もが「私たちへの給付拡大」しか要求してこなかったことがあるのではないでしょうか。これまで、私たち研究者を含め、貧困対策のアドボカシー団体の提案が訴えてきたのは、「拡大」策のみであり、その財源を誰が担うのか、財源がないなかでは、どの部分をカットするのかという身を切るところは議論せず、「私たち以外の誰か（富裕層であったり、大企業であったり、将来世代であったり）」の負担でそれが賄われるという暗黙の了解でおこなわれてきました。この戦略から脱却し、「たいへんな人たち」が手を取り合い、これからの日本の貧困対策を、自分たちの身を切ることも含めて、考えていかなくてはならないのではないでしょうか。

4　支出を減少させる

提言1から3のプロセスは、とてもつらいプロセスです。社会が合意するまで長い時間を要するでしょうし、Win-Win Solution はありませんから、改革によって不利益を被る人々も多いでしょう。その間、ワーキング・プア率の改善は見込めないでしょう。

賃金の上昇が不十分で、所得保障が拡充されないなか、人々の生活を保障するために検討されるべきなのが支出を減少させることです。記憶に新しいことでは、菅前総理大臣が掲げた携帯電話料金の値下げ戦略があります。これについては、大手通信会社の既定路線であり、どれほど政策の効果があるのか疑問という声もありますが、政府が人々の生活費を下げるために、民間企業に働きかけたという点において意義があります。東アジア諸国では、香港は人口の約三分の一に公営住宅が提供されているほか、韓国においても若者や高齢者等に対して有期ですが低家賃住宅が提供されています。公営住宅のように政府が直接に住宅を供給する方法のほか、家賃を規制することも人々の住宅費を抑える一つの方法です。アメリカなどに見られる家賃規制(rent control)がこれにあたります。市場原理による価格設定や物・サービスの売買を規制することは不可能と考えられがちですが、人々の生死に関わることについては政府がさまざまな形でプレッシャーをかけることができるのではないでしょうか。

日本における例としても、コロナ禍においては、総務省が電気料金、ガス料金、電話料金、電波利用料などの支払い猶予を求める要請を、電気通信事業者関連四団体(一社)テレコムサービス協会、(一社)電気通信事業者協会、(一社)日本ケーブルテレビ連盟および(一社)日本インターネットプロバイダー協会)におこないました(総務省 二〇二〇)。これらは、コロナ禍による一時的なものですが、アメリカにおいては、大多数の州で、高齢者や子どものいる世帯、貧困世帯に対して、電気やガス料金の未払いがあってもサービス停止することを規制しており、支払いの猶予や緩やかな返済スケジュールの提供を義務付けています(US Department of Health and Human Services 2022)。まさに、人々の生死に関わる事項ですので、政府が市場に介入しているのです。これら規制は、政府の支出を伴わないという点で、現在の日本においては魅力的な選択肢です。

民間企業においても、現在、ＳＤＧｓ(Sustainable Development Goals)などの目標を掲げる企業が増えてきており、政府の要請があるなかで、「電気料金が払えないから」といった理由で冷房を使えず熱中症による死者が出るといったことは、企業の倫理として許されないといった認識をもっているのではないでしょうか。冒頭にあげた「子供の未来応援国民運動」に寄付をするのもよいですが、その一方で、自社の営利活動で貧困に苦しむ人を作り出しては意味がありません。また、生活協同組合といった支え合いの理念に基づく組織が、電気の供給に参加するようになり(例：コープでんき)、営利目的だけでない市場活動も人々の生活費を抑えたり、やむを得ず費用が払えなくなった時の救済に役立つと考えられます。

注

(1) 同様の指摘は、松本(二〇一七)が的確に表しています。「子どもの貧困対策法に所得保障の観点が薄くその成立と同時に生活保護基準が引き下げられたこと、対策に所得保障の観点が薄く学習支援が強調されることは、何を意味するか。問題を分断し対策を矮小化する、そうした方向に「子どもの貧困」という用語が使用され始めているかもしれない」(松本 二〇一七、三頁)。

(2) ここでいう市場所得には、勤労所得だけでなく、自営業などからの事業所得や、利子や地代などの所得、仕送りや企業年金なども含まれます。

（3）　市場所得と可処分所得は、政府からの所得再分配の前と後なので、再分配前所得、再分配後所得と言われることもあります。

参考文献

岩田正美　二〇〇七、『現代の貧困――ワーキングプア／ホームレス／生活保護』ちくま新書。
岩田正美　二〇二一、『生活保護解体論――セーフティネットを編みなおす』岩波書店。
大沢真知子　二〇一〇、『日本型ワーキングプアの本質――多様性を包み込み生かす社会へ』岩波書店。
厚生労働省　二〇一〇、「ナショナルミニマム研究会第八回資料3-1」(二〇一〇年四月九日)(https://www.mhlw.go.jp/shingi/2010/04/s0409-2.html　二〇二一年一月一八日閲覧)。
國府俊一郎　二〇二一、「最近の台湾の賃金事情――市場と政策による賃金上昇」『連合総研レポートＤＩＯ』№三七〇、二〇―二五頁。
子供の未来応援国民運動発起人　二〇一五、子供の未来応援国民運動趣意書(https://www8.cao.go.jp/kodomonohinkon/kokuminundou/pdf/kokumin.pdf　二〇二一年一二月二二日閲覧)。
子供の未来応援国民運動推進事務局　二〇二一、『子供の未来応援基金二〇二〇年度活動事業報告書』(https://www8.cao.go.jp/kodomonohinkon/kikin/net_houkoku4/pdf/print.pdf　二〇二一年一二月二二日閲覧)。
総務省　二〇二〇、「新型コロナウイルス感染症の影響拡大に伴う料金支払い期限延長等の実施に関わる要請」(https://www.soumu.go.jp/menu_news/s-news/01kiban03_02000621.html　二〇二一年一月一九日閲覧)。
禹宗杬　二〇二一、「韓国の賃金――現状と課題」『連合総研レポートＤＩＯ』№三七〇、八―一三頁。
松本伊智朗　二〇一七、「なぜいま、家族・ジェンダーの視点から子どもの貧困を問いなおすのか」松本伊智朗編『子どもの貧困を問い直す――家族・ジェンダーの視点から』法律文化社、一―七頁。

むすびえ(ＮＰＯ法人)「二〇二二年全国箇所数調査及び第一回全国こども食堂実態調査」(https://musubie.org/news/4524/　二〇二三年一月一七日閲覧)。

Abe, A., Chang, Y. L., Kang, J. Y., Romich, J. & Wang, J. (forthcoming), "Working Poverty and Anti-Poverty Policy in Four East Asian Societies," in Saunders, P., Inhoe Ku, eds. *Poverty and Inequality in East Asia: Work, Family and Policy*, Edward Elgar.

Bradbury, Bruce, Aya Abe, Markus Jantti, Inhoe Ku & Julia Shu-Huah Wang (forthcoming) "Explaining the Child Poverty Outcomes of Japan, South Korea and Taiwan," in Saunders, P., Inhoe Ku, eds. *Poverty and Inequality in East Asia: Work, Family and Policy*, Edward Elgar.

Census and Statistics Department 2020, Hong Kong poverty situation report 2019.

Choi, Young Jun 2012, "End of the Era of Productivist Welfare Capitalism? Diverging Welfare Regimes in East Asia", *Asian Journal of Social Science*, 40(3), pp. 275–294. doi: https://doi.org/10.1163/156853112X650827

Peng, Ito 2000, "A Fresh Look at the Japanese Welfare State", *Social Policy & Administration*, 34(1), pp. 88–114.

Holliday, I. 2000, "Productivist Welfare Capitalism: Social Policy in East Asia", *Political Studies*, 48(4), pp. 706–723.

Ochiai, Emiko 2015, "Nihon-gata Fukushi Regimu ha naze Kazoku Shugi no mamananoka (Why is the Japanese welfare still familialistic?)", *Kazoku Shakaigaku Kenkyu*, 27(1), pp. 61–68. (in Japanese)

Osawa, Mari 2007, "Comparative Livelihood Security Systems from a Gender Perspective, with a Focus on Japan.", In: *Gendering the Knowledge Economy*, Palgrave Macmillan, London. https://doi.org/10.1057/9780230624870_3

Yang, Nan & Stefan Kühner 2020, "Beyond the Limits of the Productivist Regime: Capturing Three Decades of East Asian Welfare Development with Fuzzy Sets", *Social Policy & Society*, 19(4), pp. 613-627.
UNICEF Office of Research, Abe, A. & Takezawa, J. 2013, "Child Well-being in Rich Countries: Comparing Japan", Report Card 11.
US Department of Health and Human Services 2022, State Disconnection Policies.(https://liheapch.acf.hhs.gov/Disconnect/disconnect.htm 二〇二二年一月一九日閲覧)。
Wang, Julia Shu-Huah, Abe, Aya et al. 2021, East Asian Model Family Database.

2　すべての家族への支援をどう進めるか
――家族政策の分断から包摂へ

千田　航

はじめに

現在、日本の女性は世帯間の格差が拡大するなかで、新たな分断に巻き込まれているようです（宮本二〇二一、二一八―二二二頁）。かつて男性稼ぎ手が支える家族が多数であった時には、専業主婦と働く女性との緊張関係が軸になっていました。これに対して現在は、正規雇用を継続できる安定就労層と、非正規雇用など就労が不安定な「新しい生活困難層」、そして生活もままならない福祉受給層という新たな分断が生まれていそうです。専業主婦と働く女性との緊張関係も依然として残っているでしょう。

本章では、これらの分断や緊張関係を改めて整理し、それらを家族政策によっていかに緩和できるのかを考えます。家族政策からみると、現代日本には、所得階層の違いによる分断と家族主義をめぐる分断の二つがありそうです。所得階層の違いによる分断は、保育サービスを中・高所得層ほど利用しやすく、パートタイムや求職者は利用しにくいという、サービス利用が所得に依存してしまうという問題です。この分断を解消するには、所得に関係なく保育サービスを利用できる環境を整えることが重要です。一方、家族主義をめぐる分断は、保育の責任は家族で担うべきという価値観が強い家族と、家事分担や行政サービス利用で保育の責任を担いすぎない家族との間にある感覚の違いに由来します。この分断に対しては、過度に保育責任を担って児童虐待や産後うつなどが生じないよう、すべての家族が行政や他の誰かに保育を頼ることができる社会をつくる必要があります。

以下、第1節では現状を確認し、保育の利用に所得階層の違いによる分断があること、そして保育を利用するかどうかについて家族主義をめぐる分断がありそうなことをみていきます。第2節と第3節では所得階層の違いによる分断について取り上げます。第2節では、日本がこの分断を解消しようとしながらも上手くいっていないこと、第3節では、参照例としてのフランスが日本よりも家族の所得を考慮した保育サービスを提供していることをみていきます。第4節では家族主義をめぐる分断を取り上げ、児童虐待や産後うつなどの問題には相談支援によって行政が関与する必要性を示します。最後に今後の家族政策の提言をまとめます。

1　日本の家族政策にある二つの分断

（1）子ども・子育て支援新制度の成果

日本の子育て支援における転機は二〇一五年に始まった子ども・子育て支援新制度といってもいいでしょう。税と社会保障の一体改革での民主党・自民党・公明党の三党合意に伴って成立したこの制度では、施設型給付と地域型保育給付が創設されました。前者は、認定こども園や幼稚園、保育所に対する給付で、後者は、小規模保育、家庭的保育、居宅訪問型保育、事業所内保育を支援するための給付です。また、一時預かりや乳児家庭全戸訪問事業、利用者支援事業などは地域子ども・子育て支援事業として実施されています。子ども・子育て支援新制度の実施以降、多様な保育サービスが提供されています。

厚生労働省「保育所等関連状況取りまとめ（令和三年四月一日）」をみると、子ども・子育て支援新制度開始以降、保育所などの施設数は毎年一〇〇〇カ所以上増え、定員数も安定して増加しています。保育所などの利用率も年々上昇しており、二〇二一年には全体で四七・七％、一・二歳児で五〇・四％となっています。また、待機児童数の減少も確認できます。待機児童数は子ども・子育て支援新制度開始直後には増加したものの、二〇一八年から減少し始め、二〇二一年には全国で五六三四人まで減りました。このまま減少すると数年後には全国の待機児童数が〇人になるかもしれません。

このように、子ども・子育て支援新制度がひとつの契機となって、保育サービスがこれまで以上に提供されるようになりました。子育て支援は、子どもに対して質の高い保育・教育を提供するだけでなく、女性を中心に労働市場で働き続けることができる環境も整備できるため、社会的投資を実現する手段としても重要です（三浦編 二〇一八）。社会的投資というのは、労働市場が不安定になるなかでも安定した生活ができるように人的資本への投資を重視しようとする福祉国家の考え方です（千田 二〇二一)。ヨーロッパを中心に一九九〇年代後半からみられるこうした考え方は、職業訓練や子育て支援、教育などを手厚くすることで、働いている人々も受益者として福祉国家に包摂する議論だといえるでしょう。

(2) フルタイム労働に有利な保育所の利用調整

保育サービスの拡充はもちろん重要ですが、このままの家族政策で問題がないわけではありません。ここでは、はじめに述べた所得階層の違いによる分断があることを確認します。

日本の家族政策には、フルタイムで働く女性が保育サービスを利用しやすく、パートタイム労働者などがあまり利用できていないという問題があります。保育サービスを誰もが利用できる環境は理想的ではありますが、すべての子どもを満たすまでのサービスは整備されていないので、どの子どもが保育所に入れるのかを決める必要があります。これが利用調整と呼ばれるものです。

この利用調整の仕組みは、もともと家族の所得を考慮しないものでした。利用調整の基準では、労働時間が長いほどサービス利用の優先順位が高くなります。そのため、フルタイムで働く人が子どもを預けやすく、求職中や内定を得た人など保育所を利用できれば就業可能となる親の保育所利用は困難でした(山口 二〇二一、二〇七—二一三頁)。山口慎太郎『子育て支援の経済学』は、保育所を利用しやすい立場にある母親ほどすでに就労しているので新たな就業に対する効果が弱く、保育所を利用しにくい立場にある母親ほど求職中や内定を得た人が多いので就業に対する効果が強い、と説明しています。つまり、誰もが保育サービスを利用できる環境を整えれば、母親の就業増加が期待できることになり、利用調整の仕組みがその機会を奪っていることが考えられます。

この説明は二〇〇〇年代が対象であり、子ども・子育て支援新制度が開始される前のものです。そのため、新制度での変化を反映しても依然としてフルタイムで働く人ほど有利な利用調整になっているのではないかという点を検証する必要があります。新制度開始後の二〇一七年に実施されたある都市部の自治体でのアンケート調査では、母親の就労に関する属性によって保育所の利用可能性が異なっています(安藤・前田 二〇二〇)。この調査では、母親がフルタイムの場合には七五・七%、育児休業中の場合には七九・七%が認可保育所を利用できたのに対し、母親がパートやアルバイトの場合には六二・五%、求職中の場合には三八・二%の入所にとどまったことが示されています。パートやアルバイトの場合にはフルタイムに比べて一〇ポイント以上低く、求職中の場合にはもっと低いので、現在でも利用調整の仕組みが母親の就労増加の機会を奪っていると説明できそうです。

フルタイムとパートタイム、そして求職中という所得階層ごとの保育サービス利用の分断状況には、家族の所得をあまり考慮しない利用調整の仕組みが影響していると考えられます。

(3) 就労継続できないパートタイム労働

さきほどの自治体のアンケート調査では、母親が育児休業中の場合にも高い割合で認可保育所を利用できることが分かりました。もしパートやアルバイトの母親が育児休業を取得できているのならばこのカテゴリーに入るので、パートやアルバイトであっても認可保育所へ預けられやすい環境が整えられているということになります。

それでは実際に、パートやアルバイトの母親は育児休業を取得できているのでしょうか。まず第一子出産前後にどのくらいの人が育児休業を利用しているのか確認しておきます。二〇二〇年度に厚生労働省が実施した雇用均等基本調査をみると、民間事業所での育児休業取得率は女性で八七・五%と高く、男性でも一五・八%まで上昇していました。しかし、この数字は「在職中に出産した女性」のなかで育児休業を取得した割合をみたものなので、出産を機に退職した人は対象となっていません。こうした人々を含めた割合が出ている二〇一五年の国立社会保障・人口問題研究所「出生動向基本調査」によると、第一子出産前に仕事をしていた人のうち、四六・九%は出産のために退職し、仕事を継続した人は五三・一%にとどまります(内閣府「男女共同参画白書 令和三年版」)。仕事を継続した人のなかには育児休業を利用しなかった人もいるので、それを除くと育児休業取得率の割合はさらに低くなります。ここから女性の育児休業取得率は高いものの、約半数の女性は第一子出産前後で退職していることが確認できます。

しかも、退職する女性の大半はパートやアルバイトであることも分かります。内閣府「男女共同参画白書 令和三年版」で確認できるように、正規職員などであれば五九・〇%の人が育児休業を利用していますが、パートなどは一〇・六%しか育児休業を利用できておらず、育児休業を利用していない人を含めて仕事を継続した人の割合も二五・二%しかありません。育児休業を利用して仕事を継続できる人は圧倒的にフルタイム労働者です。

以上から、パートやアルバイトなど非正規雇用にある女性は育児休業の利用や保育所利用のハードルが高く、フルタイムの女性は子どもを保育所に預けて仕事の継続がしやすいという所得階層の違いによる分断がみえてきます。

（4）家族主義と保育の責任

これまで子育て支援や育児休業の利用には所得階層の違いによる分断があることをみてきました。ここではもうひとつの家族主義をめぐる分断についてみていきます。ここでの家族主義は「家族がケアの責任をもつべきだと考える立場」という緩やかな定義で捉えています。そのため子ども・子育て支援法に書かれた「子ども・子育て支援は、父母その他の保護者が子育てについての第一義的責任を有する」という文言も家族主義に含んでいます。ただし、家族主義があるからといってすべての保育を親が担う必要はありません。親が子育ての第一義的責任をもっていたとしても、保育サービスを利用したり祖父母に手伝ってもらったりすることはできます。その一方で、この家族主義が強まると、すべての保育の責任を家族がもつべきだという考えに近づきます。

家族の保育責任について、その存在感が増しているのではないかと思われるデータがあります。内閣府「令和三年版　少子化社会対策白書」には、六歳未満の子どもをもつ夫婦の一日あたりの家事・育児関連時間の推移が掲載されています。そこでは母親の家事・育児関連時間全体は増えていないのですが育児の時間に限っては一九九六年に二時間四三分だったものが二〇一六年に三時間四五分となっており、調査を経るにつれてその時間が増加しています。保育サービスの拡充は子ども・子育て支援新制度以前から取り組まれていました。それにもかかわらず家族全体の育児時間は増えているので、家族のなかで保育の責任が増しているようにもみえます。二〇一六年の「社会生活基本調査」には男女別・配偶関係別家事関連時間の結果もあり、未婚の女性の家事関連時間が一日あたり一・〇一時間に対して有配偶女性では四・五五時間でした。この結果からは、女性がもともと家事をするのではなく、家族を形成したのちに家事関連時間が増加したと説明できます。

母親が過度な保育責任を抱え込まないよう、父親が家事関連時間を共有していくことも重要です。しかし、内閣府「男女共同参画白書 令和二年版」にある六歳未満の子どもをもつ夫の家事・育児関連行動者率をみると、共働き世帯でも夫は家事で二三・三%、育児で三一・〇%しか参加していません。同じ白書にある六歳未満の子どもをもつ夫婦の家事・育児関連時間の国際比較をみると、日本の夫は週平均一日あたりで家事・育児合わせて一時間二三分に対して、フランスの夫で二時間三〇分、スウェーデンの夫で三時間二一分となっています。保育の責任を家族で共有するためには、男性は家事や育児に参加するだけでなく、一日あたりの家事・育児時間を一、二時間増やすことが有効でしょうが、そのためには個人の認識を変えていくか、働き方改革など労働政策から人々の行動を変えていく必要がありそうです。

家族政策による支援を考えた場合、家族の保育の負担を軽減するために行政が保育サービスを整備することは重要です。しかし、この家族主義をめぐる分断については、家族が保育の責任をもつべきだという考えが強すぎるあまり保育サービスの利用をそもそも検討しない人に対する支援も視野に入れる必要があります。つまり、子ども・子育て支援など保育の社会化が進むことで保育の責任を家族の外部へ移行させようとする取り組みがある一方で、依然として子育ての責任を家族、とくに母親に帰属させる論理は失われていないことが問題なのです(松木 二〇一三、三六頁)。

近年、児童虐待の相談件数が増えています。厚生労働省「令和二年度 児童相談所での児童虐待相談対応件数」をみると、二〇一〇年度に五万五三八四件だったものが、二〇二〇年度には二〇万二〇四四件となり、過去最多を更新しています。この児童虐待の背景になっているのが母親の背負う重い保育への負担であるという指摘もあります(落合 二〇二一、三二頁)。また、二〇一六年までの妊産婦の死因は自殺がもっとも多く、子育てへの不安を抱えた結果、産後うつなどメンタルヘルスの悪化で自殺に至るケースも多いとみられています(『朝日新聞』二〇一八年九月五日)。これらの問題と家族主義とは直接に関係するわけではありませんが、家族が保育の責任をすべてもたなければならないと思うほどに母親が過度な保育責任を抱え込んでしまい、孤立してしまうことが想像できます。こうした母親への支援も家族政策の課題でしょう。

松木洋人『子育て支援の社会学』では、親が「親であること」と「ケアを提供すること」とを区別可能なものとして捉えることが、保育の社会化をスムーズに推進するうえで重要であると指摘します(松木 二〇一三、二四〇頁)。「親であること」と「ケアを提供すること」が一体化する状況は、家族主義が強いなかで保育の責任を母親が過度に抱え込むことだといえます。それによって生じる児童虐待や産後うつといった悲劇を防ぐためには、父親の協力による保育責任の共有だけでなく、行政による支援などで家族以外に保育を求める機会も必要になります。家族主義の強い家族も含めてすべての家族を包摂する家族政策をどのようにして実現するのか、これについては第4節で改めて考えたいと思います。

2 子ども・子育て支援新制度により分断は解消されたのか

（1）すべての子どもへの支援を目指したが

第2節と第3節では所得階層の違いによる分断の問題を取り上げます。この分断を日本の政治は放置してきたのでしょうか。この節では、所得階層の違いによる分断に配慮したものの十分には対応できていないことを説明します。

第一次安倍政権時代の二〇〇七年二月にとりまとめられた「子どもと家族を応援する日本」重点戦略会議の報告書は、「すべての子どもや子育て家庭に普遍的に提供される枠組みを構築する」必要性を指摘し、民主党政権下で二〇一〇年六月に決定された「子ども・子育て新システムの基本制度案要綱」では、新システムの目的として「すべての子どもへの良質な育成環境を保障し、子どもを大切にする社会」の実現を挙げました（砂原 二〇一七、一二五―一三六頁）。歴代の政府は、基本的にはすべての子どもに保育サービスを提供するという方向で一致していたといえます。

もちろん、当時の政権がすべての子どもに保育サービスを提供する具体的な政策手段をもっていたわけではないでしょう。現状の待機児童対策にみられるように、保育サービスの量的な拡大をすれば次第に待機児童が減っていき、パートタイマーや求職者、福祉受給層でも保育サービスを利用できると考えていたかもしれません。しかし重要なことは、子ども・子育て支援新制度の導入によってもフルタイムとパートタイム、福祉受給層との間での保育サービス利用の分断は解消されていないということです。なぜ解消されなかったのでしょうか。

(2) 日本の保育サービス供給体制

この問題を考えるため、まずは子ども・子育て支援新制度での保育サービス供給体制を説明します。この新制度では保育サービスの量的拡大を謳っただけでなく、二〇一二年に改正された児童福祉法では保育所利用の要件を「保育に欠ける」ことから「保育の必要な児童」と変更することで、パートタイムや福祉受給層などにも保育サービスの対象者を拡大しました。

保育サービスの利用は、家族が市町村に支給認定を申請し、市町村が認定区分に応じて保育の必要性を認定することから始まります(黒田ほか 二〇一九、一四六―一五〇頁)。図2―1に示すように、市町村による保育の必要性認定後に事業者(施設)を選択してサービスを受けます。ここに家族が保育サービスを自由に選択できる余地が用意されていることになりますが、利用調整によって家族の就業の増加と結びついていないことは先述の通りです。

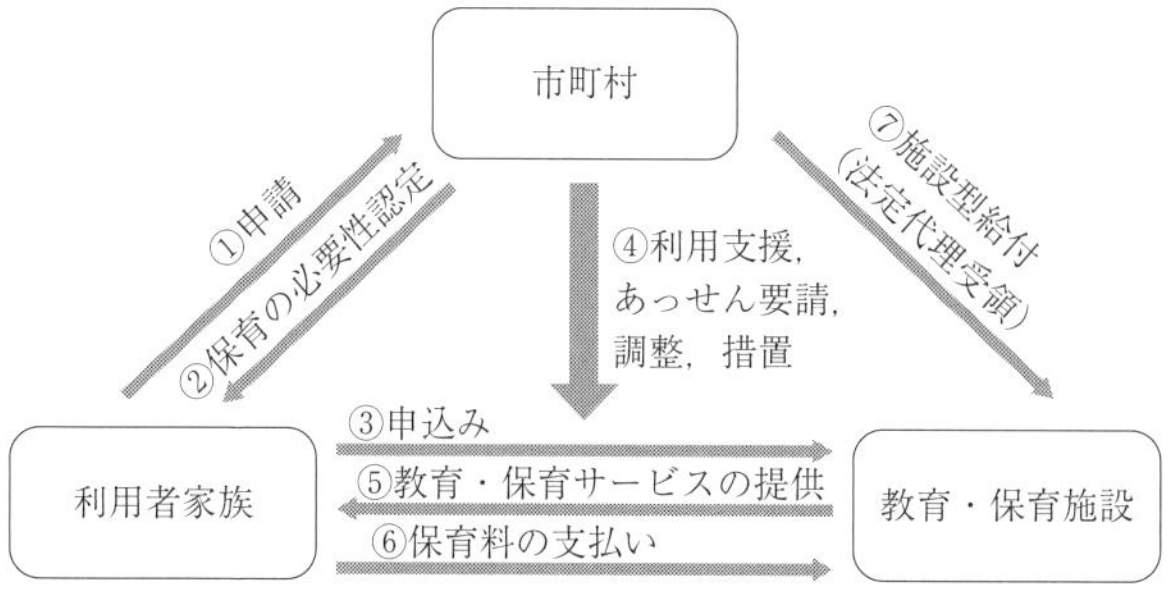

図 2-1　子どものための教育・保育給付の支給方式(保育所の場合)

出典：黒田ほか(2019), p. 134 より一部抜粋して筆者作成.

子どものための教育・保育給付のうち、施設型給付は市町村が利用者家族に対して教育・保育施設の利用にかかる費用を支給し、給付費の額は公定価格から利用者負担を引いたものになります（黒田ほか 二〇一九、一四九―一五〇頁）。施設型給付費は利用者家族に支給されますが、実際には給付費が確実に保育のための費用に使われるように、利用施設の事業者が市町村に対して請求し受領する法定代理受領の仕組みをとります（私立保育所の場合は委託費になります）。

（3）保育の必要性の認定にある問題

保育所利用の要件が「保育の必要な児童」となったことで、パートタイムや求職中の親も含めて保育サービスの対象者が拡大されました。こうした人々を含めた利用調整はどのようにおこなわれているのでしょうか。ここで重要になるのは図2-1に示した「②保育の必要性認定にあたっての基準」ということになります。第1節でも説明したように、子ども・子育て支援新制度以前と以後で、フルタイムに有利な利用調整の仕組みはあまり変化していないといえます。では、子ども・子育て支援新制度での取り組みは効果がなかったのでしょうか。

二〇一二年三月に決定された「子ども・子育て新システムに関する基本制度」では、保育の必要性の認定基準のなかの就労事由について、当初からフルタイムのほかパートタイムや夜間の就労など基本的にすべての就労を含めることが示されていました。また、就労以外の事由には求職活動と就学が含まれていました。このように就労形態の違いは重視していたのですが、家族の所得が低いことで保育所を利用しにくいという問題を考慮した文言はほとんど確認できません。実費の徴収やそれ以外の上乗せ徴収に対する低所得者支援や、利用者負担における所得階層区分ごとの設定が書かれている程度でした。

その後、具体的な保育の必要性の認定の議論は、子ども・子育て支援新制度の重要事項を審議する子ども・子育て会議で議論されました。二〇一三年から開始された議論をみると、第二回から第一一回までの期間で保育の必要性の認定について話し合われ、すべての就労に対応することや求職活動中や就学中などの事情を積極的に考慮することになりました。また、「基本制度」では検討されていなかった低所得者への対応では、それまでひとり親家庭や障がい児保育などでおこなわれていた優先利用のなかに含まれるべきだという意見が第二回の会議で出ました。その結果、優先利用の対象として考えられる事項のなかで、生活保護世帯と生計中心者の失業により就労の必要性が高い場合の二項目が加えられました。

最終的に、保育の必要性の認定は、①保育を必要とする事由、②保育必要量、③優先利用を基準として自治体ごとに運用しています。①では就労や求職活動、就学といった項目が挙げられています。基本的にこれが基準となって利用調整をおこなっているといえます。たとえば横浜市「令和四年度横浜市保育所等利用案内」をみてみると、この①の事由のなかに就労があり、週四〇時間以上の労働に従事しているとAランク、月六四(週一六)時間以上の労働に従事または内定しているとFランクとなります。したがって、この利用調整基準からはパートタイム労働の場合には保育所を利用しにくいことが分かります。

②の保育必要量は、親の就労時間に応じて保育所のサービス提供時間を決めるものです。この区分

にはフルタイムを想定した保育標準時間とパートタイムを想定した保育短時間があり、この区分からパートタイムの場合の保育所が決まることになります。ただし、保育短時間はサービスを提供する際に利用料が若干安くなるくらいの要素しかなく、パートタイムの保育所利用にどの程度効果があるのかは分かりません。保育短時間の認定割合は自治体ごとに差があり、和歌山市は三三・五％ですが、板橋区では〇・二％に過ぎません（『読売新聞』二〇一六年七月三一日）。保育のニーズが高い都市部での保育短時間の認定割合の低さは、パートタイムでの保育所利用が困難であることを物語っています。①と②でフルタイム労働とパートタイム労働の格差はほとんど埋まりませんでした。

③の優先利用は生活保護世帯など所得を考慮したものもある一方で、ひとり親家庭や子どもの障がい、育児休業明けなどさまざまなものが基準として設けられています。この段階で新たな生活困難層や福祉受給層への支援をおこなうのですが、障がいやひとり親、生活保護世帯といった事情は考慮されるものの、家族の所得の違いによる優先づけはもっぱら最後に位置づけられます。先ほどの横浜市の「利用案内」をみると、家族の経済的状況はさまざまな利用調整のポイントが並び、どうしても判断が付かない場合の最後の条件として設定されています。この優先利用のなかで低所得層が優先されるとしても、生活保護世帯などの福祉受給層やひとり親など限定的な状況に対応しているだけで、ワーキング・プアなどの所得の違いを積極的に反映しているものではなさそうです。

以上の保育の必要性の認定から、子ども・子育て支援新制度ではフルタイム、パートタイム、求職中など所得階層の違いによる分断は配慮されるようになったものの、制度設計の段階で所得階層によって①から③のように別々に対応するようになったことや、所得への考慮が限定的なものに留まったこと、利用調整でのフルタイムへの有利な条件があまり変更されなかったことから、この分断を解消できていないと指摘できるでしょう。

3　フランスの保育サービス供給体制からの示唆

(1) 保育サービスの現状

日本では所得階層の違いによる分断を考慮したものの、十分に対応できていないことが分かりました。こうした分断は女性が労働市場に参加すれば生じるものでしょうから、決して日本だけの問題ではありません。他国ではどのように対応しているのでしょうか。この節ではフランスを取り上げ、所得階層の違いによる分断への対応から、日本への示唆を得たいと思います。

フランスでも日本と同様に多くの保育サービスがあります(表2-1)。このうち、施設サービスには二歳からの子どもが入学できる保育学校と、主に〇歳から三歳までの子どもを預かる保育所、短時間の保育をおこなう一時託児所などがあります。保育学校は日本の幼稚園に相当し、二〇一九年入学以降は義務教育の対象となって、ほぼすべての子どもが入学します(CNAF 2020, pp. 68-70)。二歳からの入学も可能ですが、いくつかの県で二歳児の二〇%を超える入学がある一方、地域によっては五%未満の県もあります。

保育所は、主に自治体が運営する集団保育所、親が運営主体となっている親保育所などがあるほか、新たに二〇一〇年から、一〇人までの子どもを受け入れる小規模保育所が開設できるようになりまし

表 2-1　フランスの主な保育サービス

	0歳　〜	2歳	3歳　〜　就学前
施設	一時託児所(halte-garderie)		
施設		保育学校(école maternelle)	
施設	集団保育所(crèche collective) 親保育所(crèche parentale) など		児童園(jardin d'enfants)
在宅	家族保育所(crèche familiale)		
在宅	認定保育アシスタント(assistante maternelle agréée)		
在宅	無認定保育アシスタント，在宅保育者(nourrice)		

出典：神尾(2007)，p. 44 より筆者作成.

た。

　また、保育サービスのうち在宅サービスをみていくと、一二〇時間の研修で資格が取得でき、最大四人までの子どもを自宅で預かる認定保育アシスタント(いわゆる「保育ママ」)や、資格がないまま子どもを預かる在宅保育者(ベビーシッター)、認定保育アシスタントが週に一、二度子どもを連れていき、幼児教育を受ける家族保育所などがあります(神尾 二〇〇七、四四―四九頁)。

(2) フランスの保育サービス供給体制

　所得階層の違いによる分断への配慮は、日本よりも積極的におこなっているといえます。フランスも保育所の定員は限られているため、日本の利用調整のような仕組みを取り入れています。利用者である家族は集団保育所を利用するために、自治体(コミューン)に利用申請をおこないます。自治体では保育所割当委員会などと呼ばれる委員会が家族構成や就業状況、家族の所得、障がいの有無などを基準として利用調整をおこない、入所を決めます。

　利用調整の結果、高所得層だけでなく低所得層や就業しているひとり親なども入所できると説明されます(牧 二〇二〇、四七―四八頁)。

たとえば、フランス南東部の都市リヨンで保育所を利用する際の申請書には、基準として家族の所得と就業状況があります(URL①)。所得に関しては低所得から高所得まで三・五点から一点までの点数が割り振られています。それに対して、就業状況は就業するひとり親に四点、共稼ぎに三点、就業していないひとり親や稼ぎ手が一人の家族に一点、正当な理由なく就業していない場合に〇点となります。また、パリの北部に隣接する自治体サン＝トゥアンの保育所の割当基準をみても、所得に応じて低所得から高所得まで三点から一点の三段階で点数が付き、就業状況ではひとり親と共稼ぎに一〇点、稼ぎ手が一人の家族に五点が与えられています(URL②)。このように自治体によって基準は異なりますが、保育所の利用にあたって日本と変わらずに就業状況で優先順位を付けるのに加えて、かなりの自治体で低所得層が利用しやすいよう、高い点数を得られるようになっています。したがって、保育所の利用に関して家族の所得を考慮した利用調整をおこなうことで低所得層へ配慮していることが分かります。

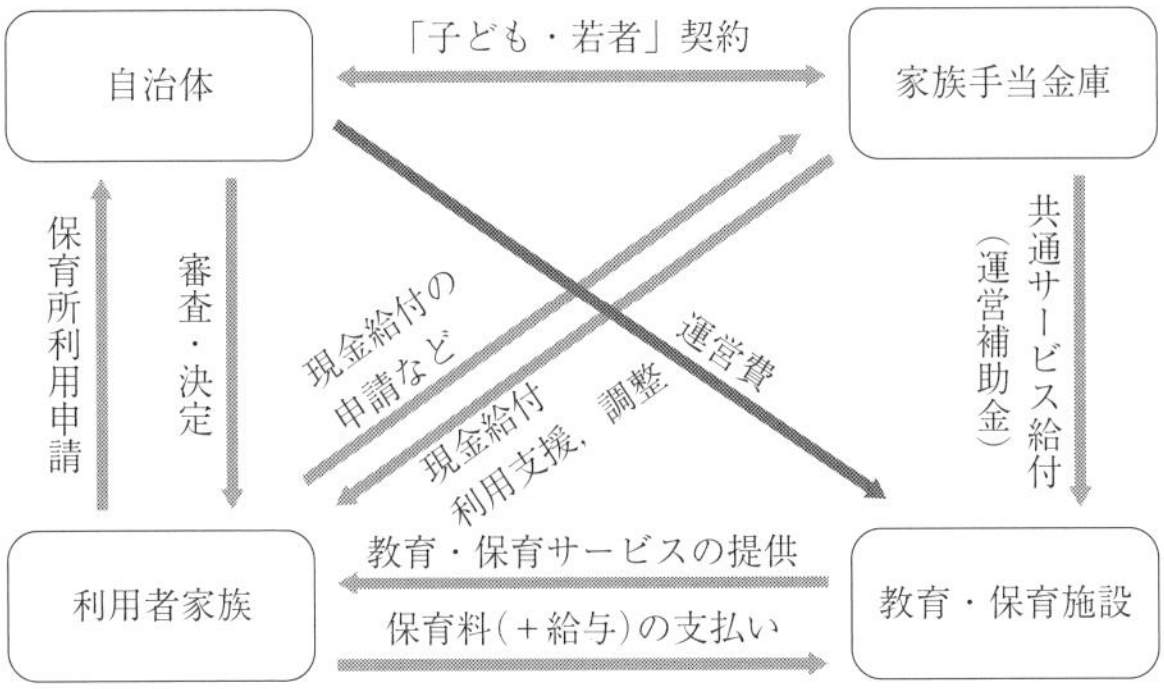

図 2-2　フランスの保育サービス供給体制のイメージ
出典：筆者作成.

日本とさらに異なるのは、認定保育アシスタントや在宅保育者、小規模保育所を利用する場合です。日本では認定保育アシスタントにあたる家庭的保育事業でも新制度の枠内で保育所と同じように対応します。それに対してフランスでは、集団保育所を利用できない場合、認定保育アシスタントや在宅保育者を親が直接雇用して申請をおこない、家族手当金庫から保育方法自由選択補足手当を受け取ります(図2-2)。認可外保育所の利用に行政から経済的支援がある、とイメージすれば分かりやすいかもしれません。

(3) 現金給付とサービス給付

フランスには多様な現金給付があります。これらの現金給付は、家族手当などすべての子どもを対象として普遍的に給付される基礎的給付と、育児休業や保育サービスの利用に応じてそれぞれの家族に個別に支給される補足的給付の二層からなる「ケアのための給付」を構築してきました(Martin 2010 pp. 413-415, 千田 二〇一八)。

補足的給付のなかでも保育サービスとの関係で重要になるのが、保育方法自由選択補足手当です。この手当は、認定保育アシスタントや在宅保育者を雇用した場合に、所得と年齢に応じて月額八九・〇三ユーロから四七〇・四九ユーロまでを支給します。低所得者ほど手厚い支援を受けられます。基本的には、親が保育サービスの全体にかかる費用の一五%以上を負担することが前提になります。

日本でも児童手当が現金給付として存在していますが、保育サービスの利用は条件ではなく、現金給付と家族が支払う保育料との間に直接の関係はありません。この点はフランスの基礎的給付である家族手当でも同じですが、それとは別に保育サービス利用を条件とする保育方法自由選択補足手当を用意しています。この手当によって、集団保育所に漏れた場合でも保育サービスの経済的負担を軽減できるよう、現金給付と保育サービスをつなげているのです。

フランスの保育サービス供給体制で家族の所得の違いがどのように反映されているのかを整理します。まず、自治体が提供する集団保育所を利用する際には家族の所得をある程度考慮した利用調整がおこなわれ、低・中所得層であっても保育所を利用できる可能性が日本よりも高そうです。

しかし、集団保育所は誰でも利用可能なほどの定員数をもっていないので、所得が障壁となり高所得層は集団保育所に入る機会を逃すことになります。そこで次に、認定保育アシスタントや在宅保育者などを利用する機会が生じます。集団保育所を利用できない親は個別に認定保育アシスタントと契約して保育の機会を確保する必要があります。ここで雇用した際の費用が問題になるわけですが、それを現金給付の保育方法自由選択補足手当で経済的に支援することになります。

では、集団保育所を利用できなかった低・中所得者はどうなるのでしょうか。この場合、低所得者に相対的に手厚い現金給付となることで認定保育アシスタントなどを制度上利用しやすくしていると考えられます。結果的には現金給付においても低・中所得層の所得を考慮した利用調整をおこなっているといえそうです。

ただし、こうした家族の所得を考慮した利用調整によって、サービスを自由に選択できる環境が整えられているわけではありません(Boyer et Crepin 2020, pp. 1-3)。二〇一九年の調査によれば、家族の八五％は希望する保育サービスを利用できましたが、集団保育所を利用したいと考えている家族は四九％しか希望を満たすことができませんでした。また、地域ごとに保育サービスの定員数にばらつきがあることも明らかになっています(CNAF 2020, pp. 26-27)。二〇一八年のフランス本土での三歳未満の公的な保育サービス定員数（一〇〇人中）は、もっとも多い県で八七・八人であるのに対し、地中海周辺の県では低い傾向がみられ、高くても五二・四人でした。フランスでも家族が自由に利用できる保育サービスを完全に供給できていないことには注意が必要です。

ここまでフランスの保育サービス供給体制についてみてきました。フランスでは所得をある程度考慮した利用調整によって低・中所得層の保育サービスの利用を支えている可能性が指摘できます。日本ではフルタイム／パートタイムなどの就労状況と生活保護世帯などのそれぞれの所得が、別の枠組みのなかで利用調整の対象となっています。フランスをみると、初期段階から家族の所得を考慮する利用調整の仕組みを導入したほうが多様な家族が保育所を利用できそうです。

加えて、日本では認可外保育所やベビーシッターを利用した際に利用できる現金給付がフランスのようには整備されていません。家族の所得にかかわらず保育サービスを利用できる環境を整えるためには、子ども・子育て支援新制度の枠内での保育サービスが利用できなかった時の経済的支援を考える段階にきているのかもしれません。フランスの事例をみると、所得に応じた支援や現金給付と保育サービスを結び付ける支援などを通じて、フルタイムとパートタイム、福祉受給層といった所得階層の違いによる分断を解消する可能性があるでしょう。

4 親への支援と相談の可能性

（1）親への支援の登場

これまで所得階層の違いによる分断を乗り越えるためにはどうすればよいかについて考えてきましたが、第1節でもふれたように、日本の家族政策には家族主義をめぐるもうひとつの分断があります。この分断を乗り越える方策はあるのでしょうか。

家族主義をめぐる分断において必要なことは、保育の責任を過度に抱え込んでしまう家族への対応でした。こうした家族には「親であること」と保育の責任が分けられると認識できる機会が重要になります。そこでは、家族内での保育の共有が重要なだけでなく、行政などに保育を代替してもよいことを認識できる手段が必要です。そのためには、行政や専門家などによる情報提供や相談・助言によって親を支えていく仕組みが必要でしょう。

ヨーロッパでは一九九〇年代以降に現在のような保育サービスを主体とした家族政策の発展がみられるようになりました(European Commission 2013, pp. 19–22)。そのなかには、子育て支援でのネットワーク形成や包括的な支援のためのワンストップサービスの実現といった親への支援も含まれています。ネットワーク形成の事例では、ベルギーのフランデレン地方で二〇〇七年から子育て支援コーディネーターによるネットワークが作られ、親への相談支援を実施しています。フィンランドでもネウボラ(「助言の場」の意味)と呼ばれる多機関連携が可能な仕組みを児童福祉法の改革によって整備し、子どもや家族への早期の支援に力を入れています。

また、ワンストップサービスの実現として、家族情報センターなどと呼ばれる仕組みの立ち上げが挙げられます。これは親への情報提供や子育てのトレーニングを実施するだけでなく、職業訓練や面接準備など、就業に関連するサービスもおこないます。この取り組みはイギリスやスウェーデン、ドイツ、フランス、オランダ、ハンガリー、イタリアなどでみられます。

フランスだけの事例をみていくと、EUレベルでの親への支援よりも若干早く取り組まれています。現在、フランスで保育所と並んで利用されている保育方法は認定保育アシスタントです(CNAF 2020, p. 25)。これは一九九〇年に経済的支援がおこなわれたことで急速に発展しました。しかし、認定保育アシスタントを利用するには経済的支援以外にも保育アシスタント仲介制度の開始が重要だといえます。一九八九年に始まったこの制度は、集団保育所などのより質の高い保育サービスと、認定保育アシスタントや在宅保育者など質にばらつきがありそうな保育サービスの間にある障壁を取り除くことを目的としました(Ancelin 1997)。家族と認定保育アシスタントとの関係形成の手段は個別の話し合いが中心でしたが、この制度で行政手続きや認定保育アシスタントと雇用する家族とのマッチングなど、面倒な負担の軽減が可能になりました。保育サービスの情報提供や認定保育アシスタントの研修活動などもおこなっており、現在も親と認定保育アシスタントとの橋渡しをおこなっています。

その後もフランスでは親への支援を進めています(Martin 2015, pp. 611-612)。一九九九年には「相談・支援・伴走ネットワーク」と呼ばれる、親同士や親と専門家が相談・交流・意見交換できるネットワークが整備されました。具体的な取り組みには、家族が情報やアドバイスを得るための窓口や子どもに関する講演会、子どもの宿題支援、家族が専門家の監督のもとで自発的に参加する場所の創設などがあります。このネットワークを設立する背景には、青少年の非行に責任がある「悪い」親を罰するべきという右派からの提案を阻止することがありました。この当時のネットワークは地方ごとにばらばらに組織されていたため、二〇一〇年には全国レベルでの子育て支援委員会が創設されました。

家族政策は子どもへの支援も重要ですが、出産や子育てをする親の不安を取り除くための支援も必要になります。一九九〇年代以降のヨーロッパの取り組みは、すべての親に対して相談や情報提供をおこなう窓口を整備することで専門家や親同士などの交流を用意し、家族が過度に保育の責任を抱え込まないよう支援しているといえます。

(2) 日本での親への支援

日本も、行政や専門家などによる情報提供や相談・助言によって親を支えていく仕組みを用意しています。

地域子育て支援拠点事業では、子育てに関する親の不安感や負担感を軽減する目的で相互交流や相談できる場を提供しています。現在、地域子育て支援拠点事業には一般型と連携型があります。一般型は常設の地域の子育て拠点のなかで地域の子育て支援機能の充実を図ります。連携型は児童館などの児童福祉施設に親子が集う場を設けて子育て支援を実施します。近年では、前者の一般型に利用者支援や地域支援を組み合わせる地域機能強化型を創設して、保育サービスの利用も含めた幅広い相談を受け付けています。

この地域子育て支援拠点事業のなかで相談や情報提供、助言などをおこなうものが利用者支援事業です。これが充実すれば、親が子育てに困った時に相談できる体制ができ、産後うつなどの相談だけでなく保育サービスの利用などへの相談も可能になります。結果として、家族のみで過度な保育の責任を背負わないようにできるかもしれません。

利用者支援事業には、地域子育て支援拠点などの身近な場所で相談や情報収集・助言などをおこない寄り添い型の支援をおこなう基本型と、市町村の窓口で保育サービスに関する相談に応じて保育所などの情報提供をおこなう特定型（「保育コンシェルジュ」を想定しています）、母子保健センターなどで妊娠期から子育て期にわたる母子保健の相談に応じ、関係機関と協力して支援プランの策定などをおこなう母子保健型があります。内閣府「令和二年度における子ども・子育て支援新制度に関する予算案の状況について」をみると、二〇一八年度の利用者支援事業は、基本型が七二〇カ所、特定型が三七一カ所、母子保健型が一一八三カ所となっています（URL③）。

しかし、家族主義をめぐる分断の問題は、家族主義が強いためにそもそも保育サービスを利用しない選択をする家族に行政がいかにして接近するのかが重要で、これらの事業を用意したところで利用してもらえないかもしれません。それを解消するには母子保健から保育所利用へとつなげる必要があります。母子保健では乳児家庭全戸訪問などをおこなっています。こうした保健師を中心とした事業で相談や助言をおこない、家族の状況を共有しながら保育サービスにつなげることが求められます。

妊娠期から子育て支援にまで至る一貫した支援ができているかというと、課題もあります。問題となるのは母子保健を担う保健師と保育サービスを担う保育士が役割分担を超えて一貫した支援を可能にする仕組みができるかどうかです。母子保健型を軸として保育サービスの利用までつなげていく包括的な相談支援のあり方は日本でもすでに始まっており、母子保健サービスと子育て支援サービスを一体的に提供できるよう子育て世代包括支援センターの全国展開を目指しています。しかし、母子保健型による支援が保健師と保育士の役割分担を超えた支援を実現できているのかはまだ分かりません。

相談支援から家族の状況を保育サービス利用に至るまで共有する仕組みができると、すべての家族が「親であること」と保育の責任をうまく切り分けることができ、家族主義をめぐる分断を乗り越える可能性があります。

ここまで、日本にある所得階層の違いによる分断と家族主義をめぐる分断を確認し、フランスを事例として取り上げながら、家族政策によって分断を解消する方策について考えてきました。以下の提言からこれらの分断を乗り越えられると、すべての家族を包摂する家族政策を実現できるでしょう。

〈提　言〉

1　所得に関係なく利用できる子育て支援を整備するため、保育サービスを拡充するだけでなく、家族の所得を考慮した利用調整の仕組みを取り入れてフルタイム、パートタイム、福祉受給層という所得階層の違いによる分断を解消する。

2　フランスの事例のように、所得に関係のない保育所利用を促すならば、所得に応じた認可外保育所やベビーシッターへの経済的支援も視野に入れた家族政策の拡充を進める必要がある。

3　子どもへの支援だけではなく親への支援を通じて、すべての家族(とくに母親)が保育の責任を過度に背負わない社会をつくる。そのためには相談支援を重視した家族政策を進めて家族主義をめぐる分断を乗り越える。

参考文献

安藤道人・前田正子 二〇二〇、「どのような世帯が認可保育所に入所できたのか——入所・保留世帯に対するアンケート調査発表」『社会保障研究』第五巻第三号、三八六—三九七頁。
落合恵美子 二〇二一、「子育て支援——社会が共同して負担すべきものは何か」落合恵美子編『どうする日本の家族政策』ミネルヴァ書房、二一—三八。
神尾真知子 二〇〇七、「フランスの子育て支援——家族政策と選択の自由」『海外社会保障研究』第一六〇号、三三—七二頁。
黒田有志弥・柴田洋二郎・島村暁代・永野仁美・橋爪幸代 二〇一九、『社会保障法』有斐閣。
砂原康介 二〇一七、「子育て支援政策」竹中治堅編『二つの政権交代——政策は変わったのか』勁草書房、一二一—一五一頁。
千田航 二〇一八、『フランスにおける雇用と子育ての「自由選択」——家族政策の福祉政治』ミネルヴァ書房。
千田航 二〇二一、「社会的投資と福祉国家」伊藤武・網谷龍介編『ヨーロッパ・デモクラシーの論点』ナカニシヤ出版、一九三—二一二頁。
牧陽子 二〇二〇、『フランスの在宅保育政策——女性の就労と移民ケア労働者』ミネルヴァ書房。
松木洋人 二〇一三、『子育て支援の社会学——社会化のジレンマと家族の変容』新泉社。
三浦まり編 二〇一八、『社会への投資——〈個人〉を支える〈つながり〉を築く』岩波書店。
宮本太郎 二〇二一、『貧困・介護・育児の政治——ベーシックアセットの福祉国家へ』朝日選書。
山口慎太郎 二〇二一、『子育て支援の経済学』日本評論社。
Ancelin, Jacqueline 1997, *L'action sociale familiale et les caisses d'allocations familiales: un siècle d'histoire*, Association pour l'étude de l'histoire de la sécurité sociale.
Boyer, Danielle et Crepin, Arnaud 2020, «Baromètre d'accueil du jeune enfant 2019: Des parents

satisfaits de leur mode d'accueil avec des préférences qui varient selon l'âge de l'enfant» *l'essentiel*, n° 190.

CNAF　2020, *L'accueil du jeune enfant en 2019*.

European Commission　2013, *Parenting Support Policy Brief*.

Martin, Claud　2010, "The Reframing of Family Policies in France: Processes and Actors," *Journal of European Social Policy*, Vol. 20, No. 5, pp. 410–421.

Martin, Claud　2015, "Parenting Support in France: Policy in an Ideological Battrefield," *Social Policy and Society*, Vol. 14, No. 4, pp. 609–620.

URL①：https://www.lyon.fr/sites/lyonfr/files/content/documents/2021-03/Fiche-grille-criteres-admission-eaje-2016.pdf（二〇二三年一月九日閲覧）

URL②：https://www.saint-ouen.fr/services-infos-pratiques/education/petite-enfance-0-3-ans/529-inscriptions-et-attribution-de-places-en-creche.html（二〇二三年一月九日閲覧）

URL③：https://www8.cao.go.jp/shoushi/shinseido/administer/setsumeikai/r020221/pdf/s1-1.pdf（二〇二三年一月九日閲覧）

3　誰も排除しないコミュニティの実現に向けて
――地域共生社会の再考

野口定久

はじめに

自助社会を超えた先にあるものとして、人々が共に生き、それぞれの生き方を尊重し、さらには生活環境として支え合いの機能を発揮できるようなコミュニティ、逆にいえば誰ひとりとして排除しないコミュニティを考えましょう。そのようなコミュニティを、日本の地域社会の現実とは区別して「福祉コミュニティ」と呼びます。本章は、そのような福祉コミュニティを日本に創出し、根付かせるための条件を探ります。

「創出」すると表現するのは、それがいまだ実現していないからです。本章では福祉コミュニティの実現を妨げてきた歴史的・制度的条件を振り返りつつ、日本型の福祉レジームにおいて芽生えつつある新たな市民活動の可能性を考えます。そして地域包括ケアシステムや地域共生社会のビジョンを、この可能性を活かしつつ実現していく道筋を検討します。そこでソーシャルワーカーなど各種の福祉専門職が果たすことができる役割の重要性を述べていきます。

1 自助社会の歴史的・制度的背景

日本の社会保障と福祉には、家族の「自助」や地域社会の「互助」が含み資産として埋め込まれているという指摘が、政府の白書等でなされたこともありました。本章が実現の条件を探る福祉コミュニティはすでに存在していた、という認識です。しかし、指摘がなされた当時からそれは希望的な幻想にすぎず、もはや妄想の域にあるといえば言葉が過ぎるでしょうか。

コミュニティに関する多くの意識調査では、近隣に対する期待感は東京都区部が他地域に比べて薄く、昔ながらのコミュニティとしての機能を隣近所に求めていない人が多いことも分かってきています。地方都市ではまだ「急病人が出た時の世話や手伝い」などが頼めるという回答が比較的高い比率を維持しているのに比べ、東京都区部では低いとも言われています。また、注目すべきは近年の地方中小都市の東京化現象であり、近隣への期待感が希薄化しているという調査結果も現れています。

イギリスのチャリティーズ・エイド財団(Charities Aid Foundation)が作成した「世界人助け指数」の総合ランキングで日本は、世界一二六カ国中一〇七位で、「人助け」項目では最下位です(World Giving Index 2021 A global pandemic special report)。この背景を解説した田中世紀は、日本では江戸時代の五人組や近現代における町内会組織に代表される「ムラ社会」の相互監視と制裁の社会制度が確立されており、そうした社会のなかでは、日本人は他人を信頼できるし、助け合いをすることも助長されると指摘しています。ただし「ここでいう助け合いは、制度によって半ば強制された、他人からの好意に対して返礼をしなければ何らかの社会的な懲罰を受ける、という受動的なものとも捉えられる」とも述べています(田中 二〇一一)。

この言説を裏付ける、いくつかの調査を紹介しましょう。一九六五年の総理府「住民自治組織に関する世論調査」によると、市部で八六・〇%、町村部で九六・二%と圧倒的な加入率を示しています。それが、二〇一〇年度国民生活選好度調査結果を見ますと、自治会・町内会などの活動に関する項目では、「自身や家族が自治会・町内会などに加入している」のは七三・〇%とかなり高い数字ですが、それでも相当数減少しています。これは市部と町村部の合計値ですので、市部ではかなり減少していると思われます。

このように、日本では制度化された参加については高い度合いを示すのですが、ボランティア等は不活発なのです。二〇一〇年度国民生活選好度調査結果によれば、ボランティアやＮＰＯ活動、市民活動等への参加経験者の割合は二一・五%、サービス利用者の割合は一〇・八%、寄付者の割合は一四・六%と相変わらず低調です。それに比して、ボランティア活動に参加意欲をもつ人は、「是非参加してみたい」と「機会があれば参加してみたい」を合わせると七〇%近くにのぼります。参加意欲率と実際の参加率のこのギャップの原因は何でしょうか。

こうした日本人の意識と行動のギャップの実相は、日本的近代化の帰結としての日本のムラ社会のあり方に起因しているといえます。政治学者の神島二郎は『近代日本の精神構造』(一九六一年)において、一九五〇年代までの日本の農村と都市、地方と大都市との特有の連関構造を捉えています。神島は、西洋的図式にみる農村を第一次集団(ゲマインシャフト)とし、それに対置する都市を第二次集団(ゲゼルシャフト)とする捉え方は日本社会には該当せず、むしろ都市的場面に第一次集団的結びつきがもち込まれている状態を指摘しました(神島 一九六一)。

神島は日本社会の基底をなす既成秩序を「第一のムラ」(日本社会の伝統的な統合方式の典型としての自然村、秩序原理である民間信仰としての神道主義、長老主義、家族主義、身分主義)と、そしてその擬制的延長を都市社会のなかの「第二のムラ」と名づけています。いわば「都市のなかのムラ」です。そして、この「第二のムラ」が現代の会社組織、町内会や老人会といった地縁組織の既成秩序に受けつがれています。それは「群化社会」というべき、自律的秩序の形成力を欠如した社会につながります(見田 一九七一)。

このように連帯や支え合いが成熟せずムラ的な関係のまま国や都市の制度に吸収され、ゆえに都市のなかにもムラ関係が培養されていったこと、しかも自律的秩序の形成力を欠いていること、ここに人々がボランティアに参加の希望を抱いても自発的関係としては実現しない背景があります。

こうした「群化社会」の成り立ちをみると、無数の孤立した小集団が並列関係にある様相もみえてきます。社会人類学者の中根千枝は、社会集団の内部構造としてのタテ社会とヨコ社会の人間関係の構図を以下のように示しました(中根 一九六七)。

① X(タテ社会)の成員はaを頂点としてのみ全員がつながっているのに対して、Y(ヨコ社会)においては、すべての成員が互いにつながっている。

② ここに新たにhという人が入ってくる場合、Xでは、a・b・c・d・e・f・gのいずれかにつながるが、全員の承認を得る必要はない。Yの場合は全員の承認を得る必要がある。

③ Yの集団は、いったん成員として参加できると新参者でも、他の成員とまったく同列に位置づくことができる。

そして中根は近著においては、このタテ関係を貫く(タテ社会をいわば上からみた)「ウチ」と「ソト」の関係についても分析しています。すなわち、タテ社会での関係は、①同じ場を共有する小集団の人々、②この第一の人々を取り囲む人々、③自分と関係ない人々という順番に希薄にされ、「小集団が数珠つなぎになった日本社会の構造や、その小集団の保護を受けられなくなると助けを求めにくい」という構造です(中根 二〇一九)。

こうして日本社会では、人々が他者を信頼せず、面識のない人々に対して時として冷たく、「福祉コミュニティ」とは程遠い、共助なき自助社会を生みだしてしまっています。そこには、こうした歴史的・制度的背景があるといえるでしょう。ところが会社組織や行政の仕組みを兼ねた地縁組織など、こうした既存の社会制度は衰退しつつあり、コロナ禍も制度の瓦解を促進しているかにみえます。こうしたなか、日本人は他者との関係をどう再編するか、さらなる徹底した自助社会へ進むかそこからの脱却に踏み出すか、逡巡している局面にあるのかもしれません(田中 二〇二一)。

2 「日本型福祉社会論」から「地域共生社会」へ

前節で検討した歴史的・制度的条件が社会福祉の制度としていかに具体化され、さらに転換を余儀なくされているかをみていきましょう。慣習的に培養されてきた自助と会社や地縁に限定された互助の精神が、制度として地域福祉に埋め込まれたのはいつごろからでしょうか。

しばしばそのような転換点とされるのが、大平正芳内閣下で一九七九年に出された「新経済社会七カ年計画」であり、同計画のなかで掲げられた「日本型福祉社会論」です。そこでは、「欧米先進国へキャッチアップした我が国経済社会の今後の方向としては、〔中略〕個人の自助努力と家庭や近隣、地域社会等の連帯を基礎としつつ効率のよい政府が適正な公的福祉を重点的に保障するという自由経済社会のもつ創造的活力を原動力とした我が国独自の道を選択創出する、いわば日本型ともいうべき新しい福祉社会の実現を目指す」と書き込まれました。

日本型福祉社会論は、公的福祉支出の縮小・切り捨てを求めるものであって、経済界の立場からみると、経済成長の政策装置としての福祉政策は役割を終え、かえって経済成長の足かせとなっているとの主張が前提になっていました。したがって、経済界および時の政府は、企業活力の向上によるさらなる経済的パイの拡大のための基盤として、家庭や地域社会の連帯を強調したといえます。

ところが、一九九二年に生じたバブル崩壊によって状況は一変します。これを機に日本経済は低成長時代に入り、併せて日本社会は人口減少時代に突入します。とくに二〇〇〇年代以降、雇用の揺らぎ、年金や医療の制度疲労が進み、日本型福祉社会論が強化を図った「第二のムラ」的な、企業・地域・家族の関係動員機能そのものが縮小します。自発的信頼関係に代わって人々をつなげてきた会社組織や地縁組織が衰退し、多様な社会的リスクが拡大していったのです。

同時に注目しなければならないのは、このころになると、とくに地域社会において新しい市民活動（NPOやボランティア活動等の非営利活動）の台頭が見られるようになったことです。これら市民活動は、信頼と互酬の規範が内在しています。では前節で検討してきたような、歴史的・制度的条件によって動員されてきた関係と、新たな信頼と互酬はどのように違うのでしょうか。

信頼には、面識のある人に対する個別的信頼と、面識のない人に対する一般的な信頼があります。旧来の制度によって利用されてきた関係は仮に信頼と呼べるとしても、個別的信頼に留まります。これに対して一般的な信頼の水準は、経済成長力や民主主義の質を規定します。すなわち、他人に対する信頼が薄いと、品質や納期に関する情報を集めるのにコストがかかりますが、信頼が厚い場合にはそうした取引コストを抑えることができます。

もうひとつの要素は、互酬の規範です。互酬というと、日本社会にながらく蓄積されていた「お互い様の思想」と受けとめられるかもしれません。しかし、これまでのお互い様関係は、会社組織や地域共同体、さらには家族関係のなかに取り込まれ、そこで諸制度をとおして維持されてきたものでした。これに対して、新しい市民活動のなかでの互酬関係は、会社組織、地域共同体、家族関係からは一定程度自律した、市民間のより直接的で水平的なお互い様関係です。

このように地域社会においては、「日本型福祉社会論」がいったんは全面動員しようとした会社、地域、家族の制度によるつながりが揺らぐなか、新しい市民活動が生みだす信頼と互酬の関係が芽生えつつあります。しかしながら、前者から後者への置き換え、転換が確実に進むわけではありません。それどころか、新たな市民活動が逆にこれまでの制度に取り込まれ、その補完物になってしまう場合もしばしばみられるのです。

このような緊張関係が広がるなかで、地域福祉は主流化の時代に入り、領域横断的な地域福祉の考え方が社会福祉の分野で重視されるようになりました（武川 二〇〇六）。そして地域福祉には、新たな福祉課題が提起されるようになっています。すなわち、①従来の貧困や生活の不安定化に加え、②新しいリスクとしての社会的排除や社会的孤立問題が登場し、③「制度の狭間」問題も新しいリスクの事象として現れるようになっています。これらの課題に包括的に対応する仕組みが求められることになります。

こうした状況から厚生労働省は、改革の基本ビジョンとして「地域共生社会」の実現を掲げ、「ニッポン一億総活躍プラン」（二〇一六年六月二日閣議決定）や「我が事・丸ごと」地域共生社会実現本部決定（二〇一七年二月七日）に基づく具体的な改革を進めることになります。そして複合的な困難を抱える個人や世帯への支援など、既存の制度では対応しがたい課題の解決を図るべく、地域住民による支え合いと公的支援が連動した包括的な支援体制の構築を目指し、地域包括ケアシステムを強化するために社会福祉法が改正されました（二〇一八年四月一日施行）。さらに、市町村が創意工夫をもって包括的な支援体制を円滑に構築・実践できる仕組みをつくるため、社会福祉法改正に基づき二〇二一年四月より新たに「重層的支援体制整備事業」が実施されることになりました。

みてきたように、こうした新たなビジョンや事業は二つの側面、ないしベクトルを併せもっています。すなわち、一面では旧来の制度の延命のために、新しい市民活動を組み込んでいくという面は否定できません。その一方で、新たな市民活動や信頼と互酬の規範を広げ、当事者や住民、ＮＰＯ組織による「誰も排除しないコミュニティ」の形成を後押しする面もあります。

3　福祉レジームから展望する地域共生社会

地域福祉での支え合いのあり方をめぐって、このように二つのベクトルが競い合うからこそ、国レベルのレジームという次元での日本の位置を確認し、地域福祉の再生を通じて向かうことができる新たなレジームの可能性を考えておくことが重要になります。

福祉レジーム論は、Ｇ・エスピン－アンデルセンが福祉国家の三類型から発展させた考え方です。福祉国家という枠組みでは、家族、近隣、企業、労働組合、非営利組織などの民間の制度・慣行を視野に入れにくいことから、レジームという捉え方に発展しました。そこでは福祉の供給において国家・市場・家族の三領域がどのような比重を占めるかが重視されます。レジームについての本章の展望は、エスピン－アンデルセンの福祉レジーム論を下敷きにしながら、市民社会という次元を組み込みたいと思います。

一九六〇年代や一九七〇年代の日本の福祉レジームは、エスピン－アンデルセンが提示した「保守主義」モデルに近く、ただしそこでの家族や地域社会の実相は、第１節で述べた「第二のムラ」でした。しかし、前節でも見たように「第二のムラ」は衰滅しており、会社の福利厚生も解体され、頼れる家族がない人も増えています。経済的にはポスト工業化、人間関係では家族も個人化するなかで、何をどう補塡するか。そのモデルは、エスピン‐アンデルセンが提示した「三つのルート」の、①家族政策や職業教育によって男女の就労を支援する社会民主主義ルート、②各人の自助をさらに徹底するネオリベラル（新自由主義的）・ルート、③再度、家族や仲間との関係性の動員を図る保守主義のルートの、いずれかも争点となります。

ただし、③のルートはポスト工業化への対応にもっとも明白に行き詰まっているとエスピン‐アンデルセンも指摘しました。これまで保守主義的な家族主義をとっていたドイツもそこからの転換を進めていて、保育サービスなどのあり方では社会民主主義的な普遍主義に接近しています。同時に市民活動のあり方も、従来の宗教や労働運動ごとのブロックから、より普遍的な市民参加という色彩を強めています。

現在の日本の福祉レジームは、負担と受給の面でいえば「中福祉中負担型」と見ることができます。国民の多くが中福祉中負担型を選択した場合、筆者の提案（野口 二〇一八）は、四段階のセーフティネットで組み立てることです。第一のセーフティネットは雇用の安定と創出、第二は職業訓練、就労支援、所得と医療と住宅の保障、第三は社会的脆弱層へのソーシャルワーク支援、第四は最後のセーフティネット（生活保護制度あるいはベーシックインカム）といった重層的なセーフティネットへの張り替えを提示しました。

その特徴は、第一の攻めのセーフティネット（雇用の安定と創出）と第四の守りのセーフティネット

（生活保護制度改革）を両立させ、滑り台型（ワーキング・プア、ネットカフェ難民、ホームレス、孤独死など）からトランポリン型（強固なセーフティネットへの張り替え）への制度転換を図り、第二のセーフティネットで、非正規雇用者や失業者に対する職業訓練、就労支援、所得・医療・住宅の保障など、「セキュリティ（保障）」と「フレキシビリティ（柔軟性）」を兼ねた雇用政策の全体像（フレキシキュリティ）を示すことです。そして、それぞれのセーフティネットは、弾力性（トランポリン型）を保ちながら、「失敗を回復する」ことができる制度や社会サービスの柔軟性、さらにそれらの制度や社会サービスを必要としている人たちの生活支援をおこなうソーシャルワーク支援を、第三のセーフティネットとして組み込むことも重要です。

筆者は、第三の段階の、とくにセーフティネットにソーシャルワーク支援を組み込むことの重要性を指摘してきました。現代社会における福祉ニーズの現実は、制度化された社会保障や社会福祉制度およびソーシャルワーク援助や支援ネットワークから漏れてしまっていました。また、今日のソーシャルワーカーが抱える課題は、緊急性を要する事例が多く存在しています。そのような時には、危機介入型のソーシャルワークが求められます。介入型ソーシャルワークには、機関ごとの分業ではなく、機関間・職種間の分担や協業のシステムを開発しなければなりません。ソーシャルワーカーは本来「制度の狭間」という問題を黙認してはならないのであって、制度のクレパスに落ち込んだ人々を救いあげるソーシャル・アクションの復活が求められています。

そのためには、ソーシャルワーカーがその所属する組織を超えた連携を進めることが重要になってきています。制度的には、地域包括ケアシステムの中核に位置する生活困窮者自立支援事業や重層的

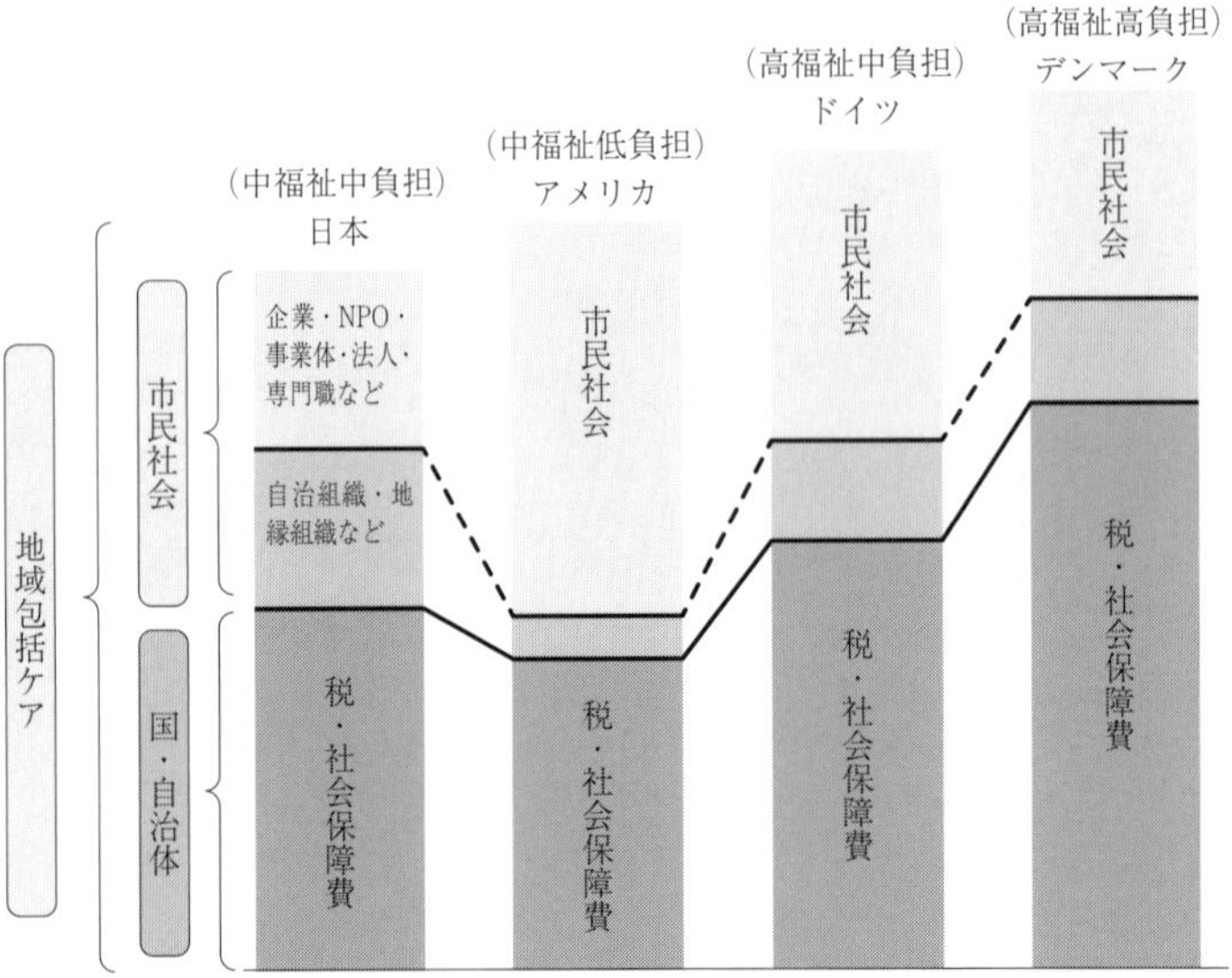

国民負担率／国民所得比（2017）	43.3	34.5	54.1	65.4
租税負担率（%）	25.5	26.1	31.5	64.2
一人当たり国民所得（ドル）	38,440	59,501	44,550	56,444
社会支出／GDP 比（%）	22.66	24.50	27.04	32.00

図 3-1　福祉レジーム類型別の地域包括ケアのイメージ

出所：森（2020），p. 155，図表 49 を参考に作成.

*IMF 2017 年データ，社会保障・人口問題研究所，平成 29 年度社会保障費用統計を用いている.

支援体制事業は、まさにソーシャルワークを組み込んだセーフティネットの「一丁目一番地」であるといえます。

この「地域セーフティネットの四層理論」に基づいて、それぞれの国の地域包括ケアの形状比較から、日本の新たなレジームの可能性を構想したのが図3-1です。それぞれの国には、その国なりの地域包括ケアや地域共生社会のかたちが存在していると仮定します。その形状を直接に探ることは容易でないため、一つには政府の大きさ、すなわち提供される現物給付・サービス量と現金給付、給付を賄うために調達される税・社会保障拠出を見ます。もう一つの要素である市民社会は、前節でみた新しい市民活動がこれからどのように定着していくかに関わる問題です。現代の市民社会は、企業・事業体・専門職など制度化された諸分野と、必ずしも制度化されていない自治組織・地域組織で構成されます（森 二〇二〇）。そしてこの市民社会における市民／住民の地域運営や政策形成への参加や寄付行為のあり方が、地域包括ケアシステムや地域共生社会の態様に大きな役割を担ってきています。

現在の日本は「中福祉中負担型」と位置づけることができます。現在、日本の地域包括ケアの現状は、本来の地域包括ケアシステムの形状にはまだ充分ではなく、各機関間のネットワークの段階ではないかと考えます。では、名実ともに地域包括ケアシステムを形成するには、ドイツの「高福祉中負担型」の可能性を模索することではないでしょうか。地域包括ケアシステムや地域共生社会を日本全国で実現していくには、ドイツ並みの税・社会保障費の負担率と多様な福祉活動を担う主体を形成する市民社会の構築が不可欠となります。先述のようにドイツの市民活動はより普遍的な市民参加の色彩を強めており、日本がたどるべきも同様な方向と考えられます。

4　レジーム転換を妨げるもの

さて、市民社会という次元を組み込んで、以上のようにレジームを展望したうえで、政府と市民社会の関係を、両者をつなぐアソシエーション、つまり社会集団の役割を含めて整理しておきたいと思います。図3-2をご覧ください。

まず、ここでの市民社会は、主権者や納税者としての市民ばかりでなく福祉ニーズの当事者としての市民を含みます。市民社会は、社会保障・福祉をめぐるニーズの把握を、「制度の狭間」に落ち込んでいるニーズを含めておこなうことができます。その際に大きな役割を発揮するのが、専門職等が結成するアソシエーションです。そして市民社会は、政府(中央・地方)に法や制度、条例づくりを提起する自由権、政治的権利および社会権を有しています。政府はそれを受けて国会や議会において、たとえば改正社会福祉法を制定し、地域共生社会の実現を努力義務として規定しました。そして、アソシエーションを通して、「断らない相談支援体制」、「重層的支援体制整備事業」を自治体で実現しようと働きかけています。しかし、「断らない相談支援体制」は、なかなか普及していません。

この図で見ますと、①「制度の狭間」問題等の実態把握を進める「体験化」、②法・制度・条例・規定の大枠をつくる「モデル化」、③改正社会福祉法など地域共生社会に関わる諸規定を具体化する「条文化」までは達成しやすいのですが、④「実現化」つまり断らない相談支援体制、重層的支援体制整備事業の着手までなかなか到達しないのです。

ということは、①から②までのアソシエーションは機能しているのですが、③から④の実現化の役割を含めて機能していない、あるいは機能しづらいといえると思います。では、なぜ機能しないのでしょうか。国が提唱する施策が財源を伴わない場合が多いことは、まさにレジームの問題ということができます。同時にそこに還元できない問題がいくつかあります。相談窓口間のたらいまわし、人員不足の問題、住民の無関心や政策決定機会の不足、ソーシャルワーカーが所属組織に拘束され現場での権限が付与されていないといった問題です。これらは決して小さな事柄ではなく、地域共生社会のビジョンの実現に向けて丁寧に点検されるべき問題群なのです。

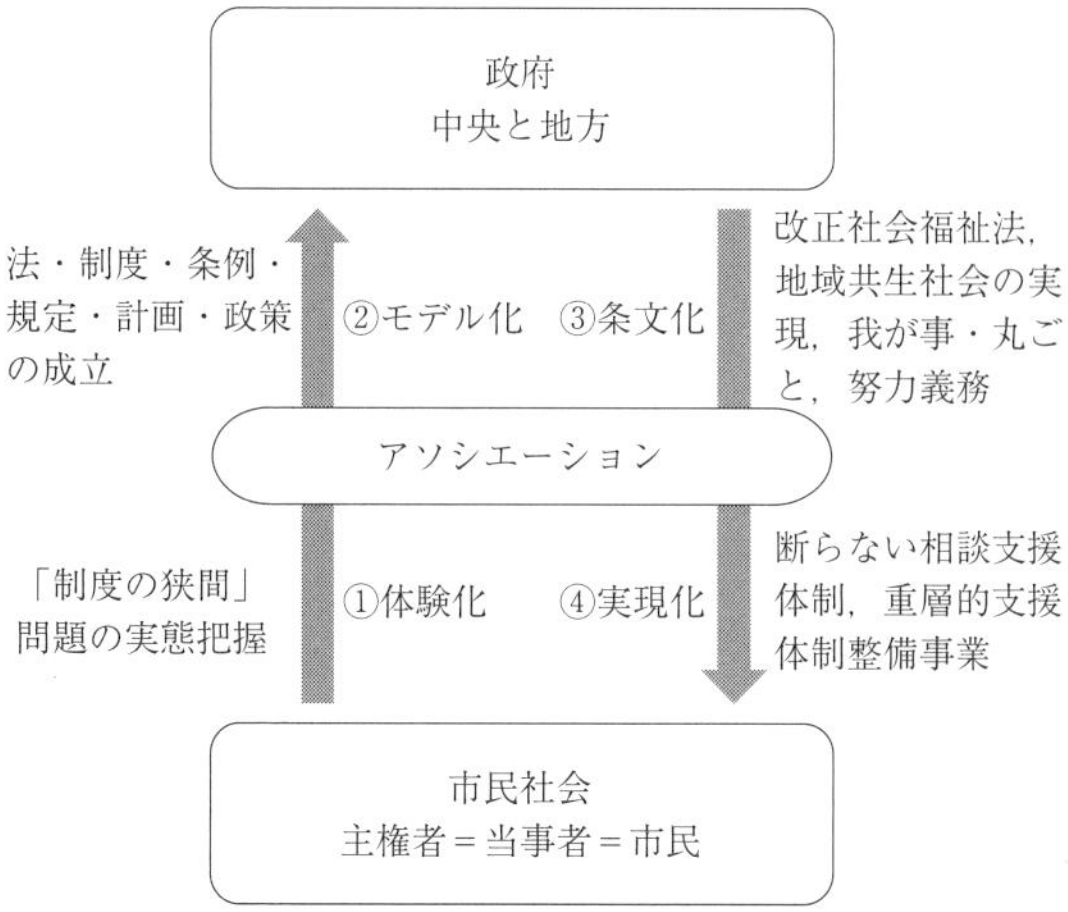

図 3-2 政府と市民社会とアソシエーションの関係構造
出典：岩井克人「人間の自由を支える社会契約」(2021 年 1 月 4 日『日本経済新聞』)の図を参考に作成.

5 制度の縦割りを超える可能性

さて、ここまでの議論を整理しておきます。地域社会では、これまでの地方行政、企業、家族に依存した「支え合い」が衰退するなか、市民活動に担われた新たなつながりも広がり、両者が複雑に絡み合いせめぎ合っています。地域包括ケアシステムや地域共生社会のビジョンが提起されていますが、その具体的なあり方は、こうした絡み合いせめぎ合いのなかで決まっていくでしょう(1節、2節)。レジームという大きな視点からいうならば、これまでの日本型の福祉レジームを、新たな市民活動を組み込みながら、高福祉中負担型で普遍主義的なレジームに転換していくことが重要になっています(3節)。そのためにも、レジーム転換に向けた環境を整えつつ、提起されたビジョンやさらには法の裏付けを伴った制度が、なぜ実現を妨げられているかを検証し、その条件の転換を図る必要があります(4節)。

最後にそのような条件形成として、第一に、縦割りの制度が地域で生じているさまざまな切実なニーズに対応できていない状況をいかに変え、第二に、新たな市民活動と信頼を組み込んだ福祉コミュニティをどう構築していくかという点に絞って述べます。

まず縦割りの制度の克服についてです。社会福祉法の改正により、二〇二一年四月から重層的支援体制整備事業が創設されました。本事業創設の背景は次のようにまとめることができます。

日本の社会保障と福祉の制度は、人生において典型的と考えられるリスクごとに制度を設け、現金・現物給付の提供や専門的支援体制を進めてきました。ところが、これまでの福祉制度・政策と、人々が生活の中で直面する困難・生きづらさの多様性・複雑性から表れる支援ニーズとの間に、ギャップが生じてきました。たとえば、引きこもりの子が五〇代、親が八〇代と、ともに高齢化する「八〇五〇問題」や、介護と子育てを同時に抱えて負担が過重になる「ダブルケア」などの問題には、従来の制度を超えた柔軟な対応が必要となってきています。

ここにさらに先に述べた会社、地域、家族の制度に依拠した制度の揺らぎという問題も重なるなかで、厚生労働省は「断らない相談支援」を二〇二〇年度から強化しました。「断らない相談支援」とは、異なる福祉分野の課題を一度に抱えたケースに一括して応じる仕組みづくりのことです。役所内で問題をたらい回しにしない体制を整えるほか、包括的相談支援をおこなう窓口も増やす方針です。それは、これまで指摘されてきた「ストリートレベルの逆機能」（武川 二〇一二）、すなわち、行政制度の論理が個別の支援ニーズに優先されるという逆機能を克服していくという狙いに基づくものです。

ここにはソーシャルワーカーが、もともと専門職として目指していたはずのソーシャルワークの原点に帰るという課題が含まれます。現在、それぞれの福祉現場に所属しているソーシャルワーカー（主として社会福祉士）は職場の枠内で働くことを求められています。つまり、ソーシャルワーカーの仕事は、それぞれの福祉機関や施設に所属しながら、「子ども」「高齢者」「障害者」「女性」「生活保護受給者」といったカテゴリで支援の対象者を設定しています。

ソーシャルワークはもともと、制度を横断する支援で当事者の自律的な生活を支えることを目指すものです。にもかかわらず、勤務する機関や施設が定める対象者カテゴリにはっきりと該当しない人たちに支援を届けられない、あるいは機関や施設以外の制度の活用が難しいという事態に陥っているわけです。とくに先述の「八〇五〇問題」の世帯への対応などは難しくなります。たとえば、地域包括支援センターで五〇歳の息子の支援をすると、六五歳以上を対象とした介護保険特別会計の目的外使用といわれかねないのです。

こうしたなかで「断らない相談支援」が機能し、「制度の狭間」を越えて生活課題全般を適切に評価・分析（アセスメント）し、その課題を踏まえた支援プランを作成するなどができれば、地域で多くの人々の生活を支えることができます。逆に、縦割りを超えるという名目で相談支援の窓口が統合されてしまったり、自立支援としていたずらに無理な就労を求めたりすれば、地域は活力を失うでしょう。

制度の縦割りをどう超えていくかという点をめぐっても、旧来の制度に依存したつながりと、市民活動が生みだす新たな支え合いという、地域福祉をめぐる二つのベクトル間の綱引きが繰り広げられていくということができるでしょう。さらにこうした包括的な相談支援によってさまざまな生活課題を解決するにあたっては、支援を受けたり、当事者どうしが支え合ったり、あるいは居場所として機能することができるコミュニティにつなげることが非常に重要になります。最後にこうした福祉コミュニティの創出について考えます。

6　福祉コミュニティの創出

日本におけるコミュニティが、企業組織や地域の行政制度によって動員され、水平的な支え合いの機能を失ってきてしまったことを先に述べました。欧米で発展したコミュニティの概念には、人々がともに生き、それぞれの生き方を尊重し、さらには生活環境として支え合いの機能を発揮できるという意味が含まれています。本章ではこのように機能するコミュニティを、地域社会の現実とは区別して「福祉コミュニティ」と呼び、その実現の条件を考察してきました。

ここで福祉コミュニティの成り立ちについて、図3-3で考えていきたいと思います。この図は、

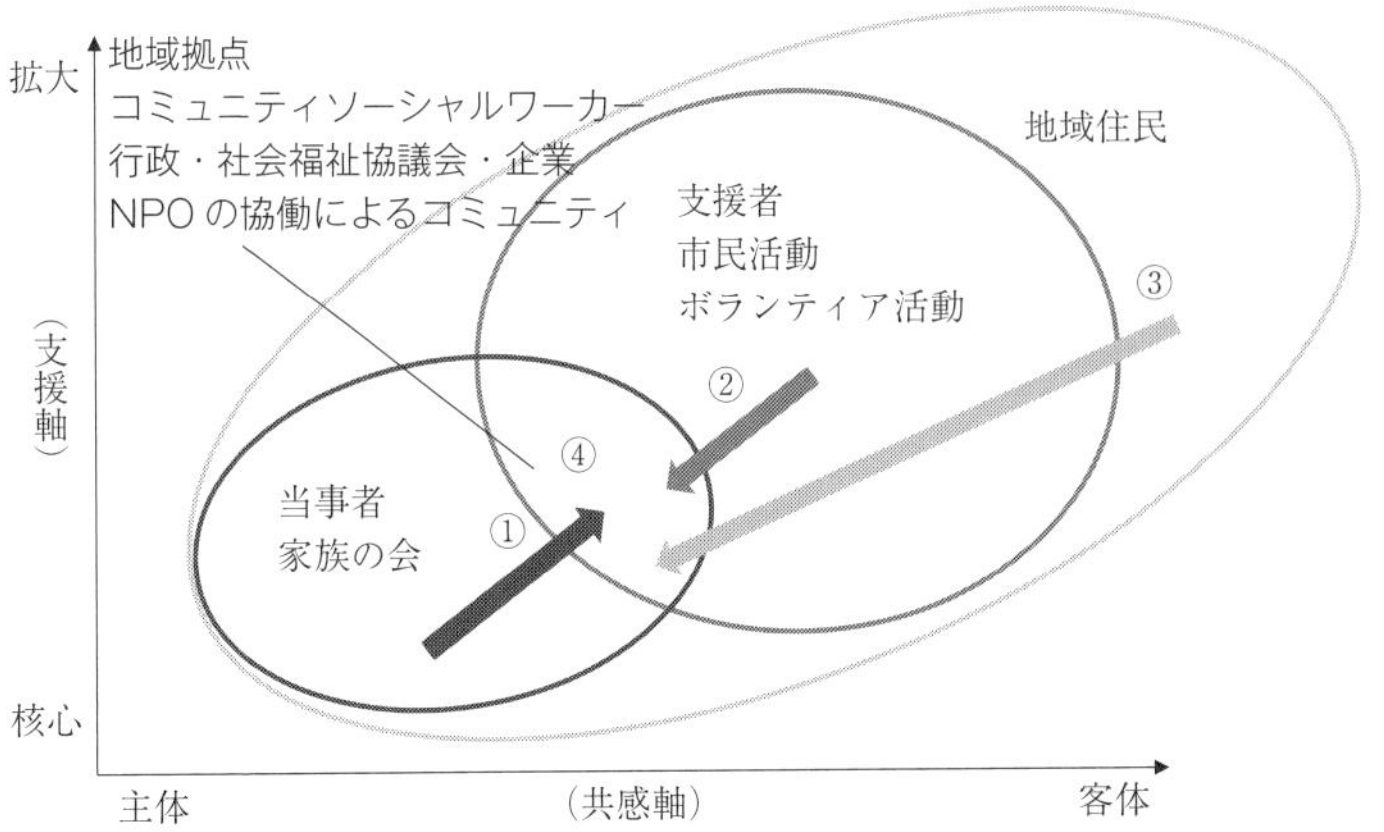

図 3-3　地域共生社会の実像としての福祉コミュニティの具現

認知症の家族の会とその支援団体による現地視察とシンポジウムからヒントを得ました。認知症のお年寄りや家族などが集う「認知症カフェ」が全国で広がっています。当事者や家族が支援者の方々とお茶を飲みながら困りごとなどを語り合い、専門家のアドバイスも受けられます。運営側は認知症について正しく理解してもらおうと、当事者以外の地域住民にも「来店」を呼びかけます。

福祉コミュニティの実現は、「共感」軸と「支援」軸で整理できます。図に示した①当事者や家族の会と、②支援者・市民活動・ボランティア活動が結びつく場とは、たとえば先に触れた認知症カフェや、障害者作業所、各種のグループホームなどもこれに相当します。ここが地域拠点となれば、そこには多様な福祉専門職、社会貢献型の企業やＮＰＯなども関わります。

①と②の集合である地域拠点は、まだ福祉コミュニティとはいえません。福祉コミュニティの十分条件には、③地域住民の理解と承認、そして参加が必要とな

ります。問題は、③が得られるかということです。多くの場合、①と②が共感と支援を得て定着することは可能なのですが、③の地域住民の理解や承認が得にくいわけです。

たとえば今、都市部では保育所や障害者施設の建設に住民の反対運動が生じることもしばしばです。少子化対策や女性就労の促進、障害者の社会参加などの政策には総論賛成が圧倒的に多数を占めます。しかし、いざ施設の建設が具体化すると、当該の地区住民の地域懇談会では反対意見が出ることが多いのです。こうした福祉施設建設をめぐるコンフリクト(住民との摩擦)を解消することは、地域共生社会の実現において通過しなければならない「壁」となって立ちはだかっています。

けれども、本章でみてきた地域社会の変化のなかで、こうした「壁」が乗り越えられる条件もまた広がっているといえます。施設コンフリクト発生から地域住民との和解に至る過程に着目して調査研究をおこなっている野村恭代は、「施設コンフリクト発生後、合意形成をめぐり当事者間(施設側と住民側)が感情論で対峙するのではなく、それぞれの利害を客観的に考慮することのできる仲介者が、施設コンフリクトの合意形成に大きな役割を果たす」ことを強調しています(野村 二〇一三)。

この仲介者の役割を果たす可能性が高いのが、ソーシャルワーカーなど各種の福祉専門職ですが、近年はこうしたコンフリクト・マネジメントの手法を学んでいる専門職も増え、また包括的な相談支援などをとおして日頃から住民との接点がある場合も増えています。認知症カフェなどに来店してもらう機会があれば、これまで福祉とは無縁と思っていた住民も、他人事ではないという実感をもつ場合が多いようです。

本章では、旧来の制度に依存したつながりと、市民活動が生みだす新たな支え合いの双方の絡み合い、せめぎ合いのなかで地域共生社会のゆくえが決まり、ひいてはこの国の福祉レジームのかたちも定まっていくことを述べてきました。そのように述べた時の「市民活動」とは、NPOとしての活動など、特別な高い意識に基づく活動であるように思われるかもしれません。しかし必ずしもそうではないのです。

いわば「住民エゴ」に端を発する施設コンフリクトが解決されていくプロセス自体が、ある種の「市民活動」であり、そこから福祉問題の解決の主体者としての住民意識の向上が進み、地域福祉の政策や実践が連動したまちづくりにつながる場合も少なくないのです。その際の要は、各種の福祉専門職集団が、コンフリクトにおける合意形成を仲介する役割を果たすことです。

このようなプロセスをとおして、既存の組織や制度に動員されたわけでもない新たな関係がつくりだされると、その関係がまったく別の福祉ニーズに対応していく条件となります。地域包括ケアシステムや地域共生社会をめぐる政策や事業は、こうした正のスパイラルを促進する条件となることで、その本来の趣旨に沿った展開が可能になることでしょう。

〈提　言〉

1　現時点の国民負担率(二〇二〇年度租税負担率二六・五%、社会保障負担率一八・一%)をドイツ(二〇一七年度租税負担率三一・五%、社会保障負担率二二・六%)並みとし、そのうえで医療・福祉・介護分野に官民協働投資をおこなえば、地域包括ケアシステムの「高福祉中負担型福祉レジーム」

の実現が可能となる。

2　法定化された重層的支援体制整備事業（断らない相談支援体制および「制度の狭間」問題の解消）において、自治体と住民間の小集団（アソシエーション）組織として、社会福祉専門職集団を位置づけることができる。

3　当事者・家族と社会福祉専門職と支援者および地域住民が集う場を日本型福祉コミュニティモデルと位置づけるならば、その拠点づくりがダイバーシティ・インクルーシブな地域共生社会の実現を可能にする。

引用文献

G・エスピン-アンデルセン、渡辺雅夫・渡辺景子訳　二〇〇〇、『ポスト工業経済の社会的基礎――市場・福祉国家・家族の政治経済学』桜井書店。
神島二郎　一九六一、『近代日本の精神構造』岩波書店。
武川正吾　二〇〇六、『地域福祉の主流化――福祉国家と市民社会Ⅲ』法律文化社。
武川正吾　二〇一一、『福祉社会――包摂の社会政策　新版』有斐アルマ、一三一―一三六頁。
田中世紀　二〇二一、『やさしくない国ニッポンの政治経済学――日本人は困っている人を助けないのか』講談社選書メチエ、三三―三四頁。
田中稔　二〇一五、『増補新版　マルクスとアソシエーション――マルクス再読の試み』新泉社、三七―四三頁。
中根千枝　一九六七、『タテ社会の人間関係――単一社会の理論』講談社現代新書、一一六―一三〇頁。
中根千枝　二〇一九、『タテ社会と現代日本』講談社現代新書、三八―三九頁。

野口定久 二〇一六、『人口減少時代の地域福祉――グローバリズムとローカリズム』ミネルヴァ書房、六五―六九頁。
野口定久 二〇一八、『ゼミナール 地域福祉学――図解でわかる理論と実践』中央法規、一七〇―一七一頁。
野村恭代 二〇一三、『精神障害者施設におけるコンフリクト・マネジメントの手法と実践――地域住民との合意形成に向けて』明石書店、二二九―二三一頁。
見田宗介 一九七一、『現代日本の心情と論理』筑摩書房。
森裕之 二〇二〇、『市民と議員のための自治体財政』自治体研究社、一五五頁。
CAF Publications "CAF WORLD GIVING INDEX 2021", A pandemic special.
Esping-Andersen, Gøsta 1990, *The Three Worlds of Welfare Capitalism*, Princeton University Press.（G・エスピン-アンデルセン、岡沢憲芙・宮本太郎監訳『福祉資本主義の三つの世界――比較福祉国家の理論と動態』ミネルヴァ書房、二〇〇一年）
You Tube 厚生労働省サイトによる解説動画(令和二年度 地域共生社会の実現に向けた市町村における包括的な支援体制の整備に関する全国担当者会議 令和三年二月二七日アクセス)。https://www.youtube.com/playlist?list=PLMG33RKISnWhgHZ27chM1zMifEDRzrujf

4　犯罪をした障害者を孤立させないために
――「自立」から「依存」へ

丸谷浩介

はじめに

あなたの隣家に引っ越してきた人が挨拶に来ました。その人の見た目はとくに特徴がないのですが、時折会話が通じないことが気になりました。近所の人はその人が万引きの常習者で一〇回も刑務所を出入りしている、と噂しています。あなたは家の物がなくなったり、犯罪トラブルに巻き込まれるようなことがなければいいな、できるだけ関わりたくないな、と感じています。あなたはその人を快く受け入れることができるでしょうか。引っ越してきた人を快く受け入れられるかどうか、それが社会的包摂のバロメーターになります。

社会的排除や社会的包摂という言葉はすっかり市民権を得ています。一九九七年にイギリスで労働党政権が発足した時にトニー・ブレア首相は「社会的排除対策局」をつくり、「失業、低いスキル、低所得、差別、貧困住宅、犯罪発生地域、不健康、家庭崩壊といった問題が複合的に発生する、個人または地域が抱える諸問題」である社会的排除を解消することにしました。社会的排除という概念が注目を集めたのは、社会保障制度を通じて何らかの財やサービスを受けることができさえすれば、きっと生活問題は解消するはずだ、という信念を疑問視することにありました。つまり、生活上の一つの問題の解決に焦点を合わせるのではなく、問題が複合的に発生していることに着目して、複雑化した問題を解きほぐすことに意味があったのです。この問題を解決することで、社会がそのような弱い立場の人々を包摂し、多様な人々が共生する健全な地域社会をつくろうとの考え方が想定されているといえるでしょう。

冒頭の事例は軽度の知的障害がある人なのかもしれません。それでは、犯罪をした知的障害者が社会的に包摂されるためにはどうすればよいでしょうか。知的障害であるということに目を向けると、地域社会で安心して暮らすには本人が抱えているたくさんの問題だけでなく、地域社会が抱えているさまざまな問題が浮き彫りになります。そして犯罪をしたということに目を向けても、犯罪をした人本人に地域社会に包摂されるための条件が整っていないことがたくさんあるでしょう。知的障害があるということと、犯罪をしたということは別個のものなのですが、それが同時に発生した時には問題性が何倍にも広がり、そして解きほぐすことが困難な複雑性を帯びることになるのです。そもそも知的障害者自身が地域に包摂されたいと考えていないのかもしれませんし、地域社会も犯罪をした知的障害者を包摂すべきだ、と本音では考えていないのかもしれません。

それでは何度も犯罪をした累犯知的障害者を社会に包摂すべきなのでしょうか。すべきだとすればどうすればよいのでしょうか(なお、犯罪をした、という表現には違和感があるでしょうが、再犯防止推進法の表現で、有罪判決後に刑事処分を受けた人はもちろん、有罪判決を受けていない起訴猶予・微罪処分で被疑者・被告人となった人を含んでいます)。そこで次節で累犯知的障害者の社会的包摂を妨げている要因について検討します。そして次に、累犯知的障害者が社会に包摂されるとはどういうことかを考えます。犯罪をした知的障害者が社会に包摂されるためには司法と福祉の連携が必要ですが、現在はこのうち司法の取り組みが先んじています。そこで第3節では犯罪をした知的障害者への包摂と排除とは何かを考えます。第4節では社会保障法学の観点から犯罪をした人と支援者の関係について検討します。そして最後に、累犯知的障害者の社会的包摂の実現にとって社会に必要なものを提言します。

1　累犯知的障害者の地域生活

(1)　軽度の知的障害者に注目する意味

本稿は、繰り返し犯罪をした障害者の社会的包摂について考えます。念頭に置いているのは軽度の知的障害者です。

軽度の知的障害者とはどのような人のことをいうのでしょうか。ある人に知的障害があるかどうかを判断することは非常に難しい問題です。知的障害者を含む「障害者」の定義について、障害者基本法二条一号では障害者を「身体障害、知的障害、精神障害(発達障害を含む。)その他の心身の機能の障害(以下「障害」と総称する。)がある者であつて、障害及び社会的障壁により継続的に日常生活又は社会生活に相当な制限を受ける状態にあるもの」としています。つまり、「障害がある者」だけでは障害者ではなく、障害者を取り巻く「社会的障壁」があることで生活に制限を受ける者、としているのです。「社会的障壁」というものは「日常生活又は社会生活を営む上で障壁となるような社会における事物、制度、慣行、観念その他一切のもの」(同条二号)としていますから、障害者を作り出しているのは社会なのだ、という視点に立脚しているのです。

知的障害者とは誰かを定めた法律はありません。身体障害者や精神障害者には国で統一化された手帳がありますが、知的障害者には全国統一的な手帳制度がないのです。それは知的障害の判断方法や基準が統一・確立されていないという理由によります。しかし、知的障害者の範囲を確定させることは社会保障法制度を利用する際に重要な指標になるでしょう。そこで法律に基づかない「要綱」で療育手帳制度を設けています。それでは法律で定めるのと同じではないか、ということになりそうですが、要綱と法律は似て非なるものなのです。法律は国民の代表者が制定した立法ですが、要綱は公務員が行政をおこなう基準として作った便宜的なものに過ぎません。しかも療育手帳に相当する手帳は都道府県知事や政令指定都市の市長が定めることになっていますので、その名称(「療育手帳」や「愛の手帳」などと呼ばれることがあります)だけでなく、その認定基準や認定区分などは都道府県によって異なっています。つまり、全国統一の基準による判断をしないのです。それに、療育手帳をもっていることが知的障害者福祉法上の制度を利用するための直接の条件にはなっていませんから、あえて療育手帳を取得せずとも、困っていれば制度を利用することができます。ですから、療育手帳は絶対的なものではないのです。

一般に、知的障害があるかどうかは知能指数（ＩＱ）の程度で判断されることが少なくありません。多くの場合ではＩＱが七〇以下を知的障害としています。ＩＱ七〇前後で社会生活に支障をきたしている人は日本の人口のうち、一四％程度いると考えられています。ところが療育手帳を保有している人は人口比一％にも満たないのです。これにはいくつかの理由が考えられます。軽度の知的障害者は自分に障害があるということを認識していないこと、認識していたとしても知的障害があることを認めたくないこと、療育手帳を保有せずとも日常生活を送ることができていると考えていること、などが想像できます。そうしますと、地域社会が知的障害者の特性に応じた支援をしようとしても、誰が知的障害者であるかをキャッチすることが難しくなりますので、支援は届きにくくなります。これを裏から見ると、知的障害に関する何らかの支援を受けることができるにもかかわらず、あえて生きづらい生活を送っている知的障害者が少なくないということなのです。

（2）知的障害者の生きづらさ

それでは軽度の知的障害者が抱える生きづらさには何があるでしょうか。生きづらさを一口で説明することはできませんが、経済的に困窮していること、帰住先や精神的な拠り所がないこと、医学的な問題を抱えていること、仕事や地域社会を通した他人との交流が希薄になっていることなどが考えられるでしょう。そのなかでも経済的な問題は大変重要です。

障害者の経済的問題というと障害年金を思い浮かべるでしょう。障害年金には障害基礎年金と障害厚生年金があります。障害基礎年金は二〇歳以上のすべての人が対象です。これに対して、障害厚生年金は雇用された以降に障害者になった場合に支給されるものですから、出生時に障害者であることが多い知的障害者が受給することは非常に少なくなります。そうすると障害基礎年金を受けることができるかどうか、言い換えると障害基礎年金の認定基準に合致するかどうかが問題になります。障害基礎年金の認定基準は「日常生活に援助が必要」かどうかで判断されます。認定基準ではＩＱ五〇未満の人が日常生活に援助が必要なので障害基礎年金を受けることができますが、ＩＱ五〇から七〇の軽度の知的障害者は身の回りのことに関しては自立しているので、障害基礎年金を受けることは難しいのです。そうすると二〇歳からの社会保障制度による所得保障としては、生活保護だけになってしまいます。

どうにか所得を得ることができればよいというわけでもありません。二〇〇八年のリーマンショック後に多くのホームレスが生活保護を受け始めてアパート暮らしをするようになりましたが、その後は彼らの社会的孤立が問題になっています。孤立しないためには社会のなかで何らかの役割を担うことが非常に重要になります。それには働くことが適しています。働くことには生活費を得ることと、社会的関係のなかで自己肯定的感情を得るという重要な機能があります。

それでは軽度の知的障害者が地域社会で働いて収入を得ることができるでしょうか。障害者が働くことに関する法制度を大別すると、①障害者の支援施設で就労訓練を受ける場合、②支援施設で雇用されて働く場合、③企業や公共機関で雇用されて働く場合があります。軽度の知的障害者が地域社会に包摂されるというイメージからは、企業や公共機関で雇用されることがよいように思われます。たしかに障害者が雇用されることについて法律では障害を理由とする差別を禁止するとともに、法定雇用率制度を設けて一定以上の障害者を雇用する義務を企業や公共機関に負わせています。しかしながら、事業主が誰を雇うかは法律の枠内で自由ですから、事業主とそりが合わない障害者を採用せずに、事業主に迎合的な障害者を採用することは自由です。そうすると知的障害者やその周囲の人は雇用されるために迎合的な態度をとらざるを得ず、幸いにも雇用されたとしても自分の意思を抑圧して事業主に従属的になってしまいます(とくに施設における障害者虐待の事件にはそのような特徴が指摘されます)。認知発達に支障があって迎合的な態度をとりやすい累犯知的障害者は、なおさらこのようなことになるでしょう。そうしますと、知的障害者が雇用を通じて地域社会に根ざしていくことにはさまざまな困難があることが分かります。

(3) 知的障害者の累犯

もちろん、軽度の知的障害者みなが犯罪をするわけではありません。知的障害者で犯罪をした人はごくわずかです。その意味で犯罪をした知的障害者の社会的包摂はそれほど大きな問題なのではなく、ごく一部の有志の取り組みに任せておいてよいようにも思えます。しかし、犯罪をした知的障害者が再び犯罪をする再犯率(犯罪により検挙等された者がその後の一定期間内に再び犯罪をおこなうことがどの程度あるのかを示す指標)は、知的障害がない人に比べると高いことが分かっています。その原因は刑務所出所後に帰住先が確定していないこと、学歴が低く職に就くことができないこと、生活困窮状態にあることなどが挙げられています。(1)

再犯をした知的障害者は二九歳以下か六五歳以上の年齢層に偏っており、配偶者がいない人、暴力団に加入していない人、就労収入や年金・生活保護等の収入がない人、帰住先が決まっていない人の方が、刑務所出所後に再犯をするまでの期間が短くなる傾向があります(2)。つまり、経済的な問題だけでなく社会的なつながりを喪失している知的障害者が再び犯罪をしやすい環境にある、といえるでしょう。それに、累犯知的障害者の社会的なつながりに暴力団が一定の機能を果たしていることは看過できません。

懲役に処せられた者がその執行を終わった日またはその執行の免除を得た日から五年以内にさらに罪を犯した場合に、その人を有期懲役に処することを累犯といいます(刑法五六条一項)。累犯をした人には懲役刑の刑期が加重されます(刑法五七条)。ですから、刑務所を出所してからほどなく万引きや無銭飲食、無賃乗車などの軽微な犯罪をしても、再び刑務所に戻ることになってしまいます。一般には万引きをしても犯人が二度としないと反省をしてお店に謝罪して解決するか、逮捕されても起訴されないことがあり、懲役刑などに服することはそれほど多くないように思われます。しかし知的障害者のなかには、再び刑務所に戻ることを知っていながら再犯をしてしまう人がいるかもしれないのです。刑務所は一般の社会で享受することができる自由が制限される場所であるにもかかわらず、なぜ再犯をしてしまうのでしょうか。なぜ累犯知的障害者にとって刑務所の外よりも刑務所のなかの方が生きやすくなってしまい、累犯知的障害者にとってのセーフティネットとして刑務所が機能してしまっているのでしょうか。それには累犯知的障害者の特性に何か問題がありそうです。

(4) 累犯知的障害者の状況

一般に、知的障害者には生活費の確保や金銭管理といった生活スキルが乏しい場合が少なくありません。環境因子に左右され過剰適応しやすい知的障害者は、刑務所にいると生活のすべてを管理されてしまい、生活スキル能力を失ってしまうことが指摘されています(3)。累犯知的障害者が生活スキルを失ったままで刑務所を出所して社会生活へ放り出されると、生きづらさを抱えてしまうことは想像に難くありません。地域社会において生活スキルを養うことができるような環境を整備することが必須となります。その役割は家族に期待されるでしょう。しかし累犯知的障害者はそれまで幾度となく犯罪をして家族に迷惑をかけてきたのですから、家族も彼らを見放してしまうことがあるでしょうし、家族に迷惑をかけてきた本人も家族を頼って地域で生活することをためらってしまいます。その結果、失われた生活スキルを獲得できずに地域社会で軋轢を生む、生きづらさを抱えてしまうことになります。そのため刑務所出所後の帰住先や心の拠り所をなくし、孤立してしまうことがあるのです。

また、犯罪をした知的障害者に見られる傾向には、情報処理や論理的思考、認知発達等に支障があるため、何か解決しなければならない課題に直面した時に、自らの価値観による判断基準ではなく、他者からの誘導や暗示に弱く、自分を守ろうとして周囲に迎合しやすい特性があるといわれています。ゆえに、地域社会においてどのような生活環境を整備するかが重要であるように思われます。しかし犯罪をした知的障害者は教育の機会が限定的で、十分な教育を受けることなく不安定な雇用になって経済的に困窮することが多いこと、そして住居や社会関係が不安定になっていることが指摘されています。社会関係を築くために逸脱的な行為規範を取り入れた集団に属し、そこで反社会的行為規範を内面化させ、社会的孤立状態をさらに深めることに繋がるとも指摘されています(4)。そうすると、生きづらさを克服するための手段が、かえって社会的孤立状態を招くことがあるといえそうです。

犯罪をしたという事実は社会規範に反するものです。社会規範の違反は犯罪をした人の社会適応を阻むことになります。また、社会の側も、自分たちに危害を加える危険のあるものを仲間として受け入れることを容認しません。つまり、累犯知的障害者の犯罪性を除去して向社会的な態度を内面化させることが、社会的に包摂する・されるための条件となります。(5) 犯罪性を除去することは刑務所に期待される役割なのですが、累犯知的障害者にはそれが難しいということが分かるでしょう。

ところが幸運にも累犯知的障害者の犯罪性が除去され向社会的な態度が内面化されたとしても、それだけで問題は解決しません。地域住民がそれを理解することなしに包摂することは難しいからです。いや、そうではない、刑務所を出所した累犯知的障害者は普通の人なのだからそのような人を排除するのは偏見だ、安全なのだ、と地域社会を批判してもあまり意味がありません。人の考え方は一朝一夕に変わらないからです。結局のところ、犯罪をして刑務所に戻らないと安定した生活を営むことができない、刑務所の外には累犯知的障害者にとっての社会的障壁ばかりが存在している、だから再犯する。結果、累犯知的障害者が刑務所の外で生きづらい環境をつくってしまう、といった連鎖が生じてしまいます。このため累犯知的障害者には向社会的態度を内面化させる刑事政策だけでなく、地域社会全体が刑務所出所後の伴走型支援をすることでこの連鎖を断ち切る仕組みを整えて、地域社会が徐々に彼らを受け入れていくことが必要不可欠なのです。

もっとも、この必要性は刑務所を出所した人だけに限られる問題ではありません。刑務所を経由しない、起訴猶予や微罪処分などで有罪判決を受けていない人も同じような問題を抱えています。そこで次節以降は起訴猶予や微罪処分なども含めて検討します。

2　包摂と排除

（1）包摂と排除、権利と義務

それでは、地域社会が累犯知的障害者を包摂する、累犯知的障害者が地域社会に包摂される、とはどのようなことをいうのでしょうか。この点を少し考えてみましょう。地域社会と累犯知的障害者の包摂と排除をめぐる権利と義務を類型化すると、次のようになります。

①地域社会には、住民すべてを包摂する法的義務がある。
②地域社会には、住民を包摂する権利がある。
③地域社会には、住民を包摂する自由と、排除する自由の両方がある。
④累犯知的障害者には、地域社会に包摂される法的義務がある。
⑤累犯知的障害者には、地域社会に包摂される権利がある。
⑥累犯知的障害者には、地域社会に包摂されない自由がある。

このように類型化する上では、留意しなければならないことがいくつかあります。まず一つは、包摂する／される権利がある、ということは、包摂しない／されない自由がある、ということです。なぜなら、法的に権利が認められているということは、それを行使しない自由もまた認められているはずだからです。ですから、②と③、⑤と⑥は同じ意味だということになります。

もう一つ留意しなければならないのは、義務と権利はそれぞれが別個のものとして存在する、ということです。仮に地域社会に包摂する義務があるとしても、累犯知的障害者にも包摂される義務がある、ということではありません。なぜならば、ある人に対して「このように考えなさい、その考えに従って行動しなさい」ということを強制することができないからです。「包摂されたくない」と考えている累犯知的障害者に対して「支援をするから包摂されなさい」と言ったところで、そのような支援を受けるフリをするだけで、支援内容が内面化されていくことはないでしょう。ですから、検討しなければならないのは、包摂することは地域社会の義務なのか、それとも権利なのか、ということになりそうです。その上で累犯知的障害者が地域に包摂されることを好むような支援の方法を皆で考えることになりますし、さらにその上で、ありのままの累犯知的障害者を優しい目で見守り、共生することができる地域社会をつくるにはどうすればよいか、という問題に移っていきます。次にこの点を、今の法律に基づいて考えてみましょう。

(2) 社会福祉法にみる孤立と包摂

二〇一七年の法改正で、社会福祉法四条三項は「地域住民等」に対して、地域生活課題の「解決を図るよう特に留意する」と定めました。社会福祉法にはいくつかの問題群が併記してあるのですが、その問題の一つに「地域住民の地域社会からの孤立」というのが掲げられています。つまり、「孤立」

を法律上対応しなければならない地域社会の問題であるとしたのです。そして地域住民等は問題解決を図ることに「留意する」のですから、地域住民は孤立の問題を解決することが義務付けられるわけではないけれども、できるだけ解決に向かって努力してほしい、ということが書かれたのです。つまり、上記の類型では②の地域社会における包摂の権利と③包摂の自由、の立場なのだけれども、できるだけその権利を行使して排除する自由を行使しないでほしい、というのが法律の、つまり国民の総意なのだ、ということなのです。ですから、地域社会は法律レベルで孤立をなくすように努力しなければならないのです。

この法律では「孤立」が解決されなければならない地域社会の問題であると位置づけました。これまで「孤立」といった情緒的ともいえる言葉を法律が使うことはあまりなかったように思います。「孤立」という言葉を使っているのは生活困窮者自立支援法(二〇一三年制定)のような社会福祉の法律か、犯罪被害者等基本法(二〇〇四年制定)、再犯防止推進法(二〇一六年制定)といった犯罪に関わる分野にみられます。そうすると、福祉と刑事司法の重畳領域である累犯知的障害者を取り巻く問題の解決が孤立問題解決の典型だといえるでしょう。

ところで孤立とは何でしょうか。法律が使っている言葉なのですからその意味を明らかにすることは非常に重要です。「経済財政運営と改革の基本方針二〇二一」に基づいて策定された「孤独・孤立対策の重点計画」では、孤立を「客観的概念であり、社会とのつながりや助けのない又は少ない状態」としています。客観的概念というところに着目すると、孤立している本人がどう思っていようと関係なく、地域社会がその人の社会とのつながりがない状態を認識していることを指します。その意味で孤立というのは社会に向けられたもので、本人の意向とは無関係に社会が何らかのアクションを起こすべきということを意味します。このような意味で地域社会は孤立している人をどうにかして包摂させる努力をしなければならないのです。

孤立の類義語に孤独があります。孤独というのは絶対的・主観的な概念です。たしかに孤立している結果孤独を感じるということはあるでしょう。しかし社会とのつながりが少なく孤立しているが、不安や悩み、寂しさを抱えていないから孤独ではない、ということがあり得ます。孤独ではない、ということは本人が困っていないのですから、その人から支援を求めることはないでしょう。実際、社会福祉法では孤独になってはならないということを定めていません。地域社会がある人を孤立させることはできないけれども、ある人が地域社会において好んで孤独な状態になることは権利として保障される、というのが法律のスタンスです。ですから、累犯知的障害者には包摂されない自由もまた、認められるはずです。

しかしながら累犯知的障害者が地域社会において孤独な生活を権利として保障されるとしても、①反社会的行為規範を内面化させ、社会的孤立状態をさらに深めてきた累犯知的障害者にとって孤独であることが「良いこと」だと感じるかどうか、②仮にそれを「良いこと」だと感じたとしても、それを自分の問題であると認識して対応し得るのかどうか、③孤立させないとする地域社会を不快に感じないかどうか、④生育歴における失敗体験や自己否定感から「良いこと」に立ち向かう勇気を持続することができるかどうかといった問題があるでしょう。このように考えると、権利として認められる孤立の解消は、社会福祉実践の立場からは困難が伴うということになりそうです。

3　刑事政策における福祉との連携

このような累犯知的障害者への支援は、刑事政策と社会保障法学の両方からのアプローチが必要になります。制度の進展と学術的な議論は刑事政策が先行しています。まずは刑事政策のアプローチを確認しておきましょう。

（1）出口支援

実刑に服した後、仮釈放または刑の満期終了により釈放された時の支援を、刑務所から出たという意味で出口支援といいます。二〇〇五年の「セーフティネット支援対策等事業実施要綱」は、生活保護受給者や低所得者、ホームレス等の地域社会の支えを必要とする要援護者等の支援サービスをおこなうもので、そのなかに「地域生活定着支援事業」が位置づけられました。これは「障害を有するため、福祉的な支援を必要とする矯正施設退所者が地域において安定した生活を送ることができる」ようにするため、全国に「地域生活定着支援センター」を整備するものです。現在はこの事業を「地域生活定着促進事業」と呼んで、法務省と厚生労働省が連携して実施しています。

地域生活定着促進事業は、刑務所を出所する前から帰住地調整をおこなうコーディネート機能、出所後に社会福祉施設へ入所させてその定着をはかるためのフォローアップ業務、そして刑務所出所後に利用することができる福祉サービス等についての相談支援業務をおこなう事業です。これらは国の補助によっておこなわれるもので、ＮＰＯ法人等の民間団体に委託することができます。

この事業の対象となる人は特別調整という制度の対象となる人です。特別調整は、適当な帰住先がない人が、出所後速やかに必要な福祉的支援を受けられるようにする施策です。特別調整を通じて福祉施設等に帰住した人は増加傾向にあり、九割以上の人の受入先が確保されている上、特別調整を受けた人の出所後の再入所は、他の出所受刑者と比べて少なくなっています。その一方で、地域生活定着支援センターによる出所後のフォローアップ業務が増加しており、出所後も保護観察所等が継続的に支援に関与する必要を訴える声もあるなど、同センターとのいっそうの連携が求められています（『平成三〇年版犯罪白書』）。

この特別調整と地域生活定着促進事業を累犯知的障害者の地域社会からの包摂で見ると、どうでしょうか。たしかに受入先の確保などでは目を見張る取り組みがなされていますし、継続的な支援をおこなうことでは良い実績を残しているといえます。しかし、特別調整の対象となる人はその制度を利用することを希望している場合に限られていますし、保護観察長が認めた人に限られています。その意味では包摂されない自由が保障されているともいえるでしょうが、累犯知的障害者にその自由を保障したところで実効的でないことは、すでに見たとおりです。それに、この仕組みは有罪判決を受けて懲役刑に服した人だけが対象となりますので、反社会的行為規範が内面化してしまった人だけが対象となり、その前で食い止めることができないのです。社会的孤立状態にさせないためには、有罪判決を受ける前に何らかの支援があって然るべきです。

（2）入口支援

そこで、刑務所に入らない人にも何らかの支援が必要になります。令和三年版の『犯罪白書』によると、刑法犯の検挙数は約一八万人ですが、そのうち起訴されたのは六万五〇〇〇人程度です（二〇二〇年度）。検挙された人のうち半数以上が起訴猶予か不起訴となっていますし、起訴された人でも第一審で死刑や懲役刑などの判決を受けたのが五万人に満たないのですから、犯罪をした人の三分の二以上は、地域社会で生活していることになります。しかし地域社会で生活しているからといって、地域社会で包摂されて生活しているとは言えません。とくに累犯知的障害者が社会生活を営むのは困難な状況が待ち構えています。このような人には出口支援に相当するものが必要になります。

そこで、検察庁で起訴猶予となったり、刑の執行を猶予されたりして刑務所に入ることなく保釈された人に対して、入口支援が一部地域でおこなわれるようになりました。その先駆けとなったのが長崎県の社会福祉法人南高愛隣会の取り組みでした。南高愛隣会はもともと出口支援を担っていましたが、高齢者・障害者の受刑者が刑務所で暮らさなければならない現状を告発した山本譲司氏の著書『獄窓記』（ポプラ社、二〇〇三年）を受け、国選弁護人と連携をしながら、犯罪をした障害者の起訴段階からの支援を手探りで始めたのでした。この取り組みは最高検察庁や法務省、厚生労働省を巻き込み、やがて「入口支援」として各地域に普及していくことになります。

これが全国的な取り組みになったのは、二〇一六年の再犯防止推進法の制定によるものです。同法による「再犯防止推進計画」では法務省と厚生労働省に「効果的な入口支援の実施方法を含む刑事司法関係機関と保健医療・福祉関係機関等との連携」について議論をすることを定めました。そして二〇一九年の犯罪対策閣僚会議による「再犯防止推進計画加速化プラン」では、「刑事司法手続きの入口段階にある起訴猶予者等を含む犯罪をした者等の再犯・再非行を防ぐ」ために、「地域社会において、住民に身近な各種サービスを提供している地方公共団体による取組みが不可欠」であるとします。ここにみられるように、入口支援が重要であることは認識されるようになってきていますが、その第一の目的は再犯・再非行の防止にあって、犯罪からの地域社会の防衛にあるといえるでしょう。つまり、累犯知的障害者が地域社会に包摂される権利を行使することができるように入口支援を設けるのではなく、地域社会が累犯知的障害者に再犯をするな、ということを義務づける性格をもっていることは看過できません。そこには社会に包摂するというよりはむしろ、あなたのような累犯知的障害者を地域社会に入れてあげるからこれから犯罪をしないことを証明せよ、という目線を感じるのです。これで地域社会への包摂ということができるのでしょうか。

（3）出口支援と入口支援の課題

このように、累犯知的障害者が社会的に包摂されるために、出口支援と入口支援が重要な仕組みです。この仕組みは司法と福祉の連携の仕組みのうち、司法の分野が中心となってつくられていることから、福祉への連携という観点からすると問題が残されているといえるでしょう。

累犯知的障害者が地域社会に包摂されることを権利として考えるならば、①その権利がすべての人に行き渡ること、②知的障害者の意に反して権利行使を強制されたり、権利行使を妨げられたりしないこと、③知的障害の特性に応じて認知機能を補完する仕組みが構築されていることが重要になります。②についてはすでに見ました。

このうち①について見ると、現在、出口支援・入口支援が法律の仕組みでおこなわれていないことに留意すべきです。地方自治体がこのような支援をするならば独自で予算を確保しなければなりませんし、そのためには議会の同意が必要です。議会の同意には地域社会の意向が大きく関係します。つまり、もともと累犯知的障害者の地域生活への包摂に関心があるところならばやりやすくなるのですが、それがないところでは難しくなります。国の事業も試行段階ですから、事業期間が決まっていたり、予算上利用者を制限しなければなりませんから、利用する権利が保障されている、とまでは言えません。

いずれにしても、伴走型支援が継続的におこなわれることを法律で保障するような仕組みとはなっていません。それに③の障害特性については、司法から福祉へと託された領域であるともいえます。そこで次に、社会保障法の領域で累犯知的障害者の包摂に向けた支援がどのような構造をもっているかを検討します。

4 包摂と支援の法律関係

(1) 支援会議の重要性

刑事司法における累犯知的障害者の支援は、それほど普遍的なものでないということが分かりました。累犯知的障害者にとって普遍的な仕組みとして、誰でも利用できる制度には何があるでしょうか。社会保障法では累犯知的障害者の社会的包摂に向けた特別の法律を定めていません。そもそも累犯知的障害者には複雑な問題が絡み合っていますから、それを解きほぐすことについては孤立の問題一般に解消されてもよいように思われます。そこで、社会福祉法や生活困窮者自立支援法を活用して、入口支援や出口支援と連携した支援をおこなう事業が見られるようになってきました。

二〇一二年の「社会保障・税一体改革大綱」で「生活支援戦略」が打ち出され、生活困窮者対策の充実強化が議論の俎上に上りました。そこで具体化したのが翌年の生活困窮者自立支援法でした。同法は各種の事業の枠組みを定めるだけで、支援の考え方や基本的な指針などを定めているわけではありません。しかし法の制定過程とその後の運用において、生活困窮者自立支援法による支援のあり方には社会保障審議会が示した「自立と尊厳」「つながりの再構築」「包括的・個別的な支援」「早期的・継続的な支援」、そして「断らない支援」が重要なキーワードになりました。

生活困窮者自立支援法のような支援体制の法政策はその後も拡充されてきています。二〇一六年閣議決定の「ニッポン一億総活躍プラン」や二〇一七年の厚生労働省「我が事・丸ごと」地域共生社会実現本部決定の「「地域共生社会」の実現に向けて(当面の改革工程)」では、すでに地域社会にある社会資源を連携させるだけでなく、地域住民が地域の問題解決に参加することができる仕組みをつくることを提言しました。そこで包括的な支援体制の整備を導入する社会福祉法改正で孤立対策と重層的支援体制整備事業が導入されたのです。

社会福祉法の改正と同時期におこなわれたのが生活困窮者自立支援法の改正でした。同法の改正ではその基本理念に「地域社会からの孤立の状況」に応じた施策を講じること、支援にあたっては地域における福祉などの関係機関との緊密な連携に配慮することが定められました(生活困窮者自立支援法二条二項）。

これらの法改正は、孤立状態にある人に対して関連機関で連携をすることを法律上明確にし、その機能を十分に発揮させることを定めたといえるでしょう。その機能を発揮させるために、社会福祉法と生活困窮者自立支援法で「支援会議」（社会福祉法一〇六条の六、生活困窮者自立支援法九条）を設置することにしたのです。支援会議は関係組織の情報交換と支援体制の構築を主な任務としています。つまり、累犯知的障害者の地域社会への包摂に関係する団体、たとえば入口支援や出口支援だけでなく、医療福祉関係者、行政庁、地域の団体などが一堂に会して支援方法を話し合う場を設けることにしたのです。

（2）累犯知的障害者と生活困窮者自立支援法

それまで累犯知的障害者の地域社会への包摂策は刑事司法の領域である、それを福祉に委ねることは司法を福祉化するもの、福祉を司法化するものであって好ましくない、という意見がありました。しかし実は、改正社会福祉法の制定段階から生活困窮者自立支援法と出口支援との連携が意識されていました。同法施行直前の厚生労働省社会・援護局地域福祉課長の通知によると、更生施設出所後には経済的に困窮する人が多いことから更生保護法による支援にとどまらず、生活困窮者自立支援法に基づく事業も連携しておこなうこと、とされています。

この通知の問題意識は、更生保護法に基づく支援が矯正施設出所後から原則六カ月に限定されているため、その後の支援がなくなってしまうことにありました。つまり、矯正施設（刑務所など）を出所した後に地域社会で更生保護施設に入所し、そこを六カ月で出所した後には地域社会へ放り出されて、事実上支援を受けることができなくなってしまうのです。たった六カ月ですべての問題が解決できるとは思えません。そこで生活困窮者自立支援法による事業が支援を継続することを想定しているのです。問題はこれらが権利として保障され、地域社会が累犯知的障害者を包摂する素地を作り出すことができるかどうかということにあります。これには制度の仕組みを見てみる必要があります。

(3) 誰が支援の義務を負うのか

このような支援の仕組みとして、生活困窮者自立支援法の自立相談支援事業と、社会福祉法の重層的支援体制整備事業が設けられています。以下では生活困窮者自立支援法の構造を見ますが、社会福祉法の重層的支援体制整備事業でもそれほど変わりません。

生活困窮者自立支援法では、都道府県等(都道府県、市、福祉事務所を設置する町村)が生活困窮者自立相談支援事業をおこないます(生活困窮者自立支援法五条)。実際には都道府県等が実施主体となって同事業をおこなうだけではなく、この事業を社会福祉協議会やNPO法人、人材派遣会社といった民間事業者に委託することができます。実際の支援にあたっては、都道府県等や委託事業者だけでなく、委託事業者以外の機関も支援にあたることになります。この機関を「関係機関」(生活困窮者自立支援法四条一項)と位置づけ、「委託を受けた者、生活困窮者に対する支援に関係する団体、当該支援に関係する職務に従事する者その他の関係者」により構成される「支援会議」で、生活困窮者に関する情報交換や検討をすることになっています。

注目したいのはこれらの役割です。生活困窮者自立支援法で当事者になるのは都道府県等と委託事業者だけです。法が定めているのは都道府県等が生活困窮者に対して各種の事業をおこなう、ということだけで、生活困窮者からの事業の利用申請とそれに対する都道府県等の応答は何も定められていないのです。つまり制度を利用する生活困窮者・累犯知的障害者は蚊帳の外なのです。

累犯知的障害者のような生活困窮者が法の蚊帳の外で、申請に対する応答の仕組みが導入されていない、ということは、「断らない支援」と矛盾することになります。そもそも都道府県等が累犯知的障害者に対する支援事業をおこなうか否かは任意です。たまたま居住している地域に累犯知的障害者に対する支援事業があって、偶然それを利用することができる、という法律関係になっています。これでは地域社会に包摂される権利が保障されているとはいえませんし、地域社会が累犯知的障害者を孤立させずに包摂する努力義務を果たすことができる体制ではない、といえるでしょう。

委託事業者にもその問題があります。受託事業者に累犯知的障害者支援のノウハウがあることはそれほど多くありません。都道府県等が事業を委託するのは原則的に一事業者なのですから、その事業者にノウハウがなければ支援をすることができなくなってしまいます。そしてたまたま受託事業者に支援ノウハウがあるとしても、受託事業者は毎年継続的に事業を受託することができるとは限りません。ですから、年度が替わると支援を断る、ということも考えられます。それに断ったからといって法的な問題が発生することはないのです。

それならば支援ノウハウがある関係機関が中心となって協働して支援し、それを支援会議で共有する仕組みにすればよいようにも思えます。しかし関係機関は事実上重要な役割を担っているのに、支援会議の一員でしかありませんし、委託費を受けることもありません。その一方で支援会議の一員である関係機関には支援会議において生活困窮者に関する資料や情報の提供の求めがあった時には、それに協力する義務を負っています（生活困窮者自立支援法九条四項）。このように、非常に重要な役割を担っている関連機関の法的な位置づけが曖昧だということになるでしょう。それでよいのか、という問題が残ります。

法律で支援の手続や関係者の法律関係などを定めていないのは、支援内容が個別的であって、個別の事情に応じて柔軟に対応すべきだということが理由です。しかし「断らない支援」を「伴走して」「継続的に」おこなうことで地域社会への包摂をするという観点からは、問題があるように思えます。次にこの点を考えてみましょう。

（4）望ましい契約とは

「断らない支援」というのは三つの意味があります。一つは、「支援をしてほしい」という人に必ず支援をしなければならない、という支援義務を都道府県側に発生させるということです。第二は、生活困窮者の意向を反映した支援をするよう努めなければならないということです。さらにもう一つは、支援の関係を開始したら生活困窮者の意に反した支援の中止をすることができない、ということです。しかしながら、生活困窮者はこれら協働の仕組みの多数の当事者の一員になるだけで、そのような支援に関する意思表示をする権利が保障されているわけではないのです。

そこで考えられるのが当事者を契約で規律することです。法律上の関係を作り出すのは行政行為のほかは、当事者間で法律上保護される契約であることが多いでしょう。そこですべての支援当事者の関係を、契約で説明することが考えられます。

もっとも学説では契約関係で説明することに否定的な見解があります。そうした見解は相談支援が多様な広がりをもつことから当事者関係を一義的に定めることができないこと、あらかじめ支援の内容を特定しておくことが望ましくないこと、曖昧な仕組みのままにしておくことに問題に即応できる良さがあること、といったことがその理由です。それに、契約に反した行動があった場合に、履行の強制や契約の解除、損害賠償といった法律的で堅い仕組みを用いることが想定しにくいこともあるでしょう。そもそも都道府県等や事業者と生活困窮者との間には圧倒的な交渉力の格差があって、対等な関係で契約を締結することはできない、とみることもできます。

しかしながら、それはすべて契約の内容によります。この支援体制には複数の契約が存在することになります。つまり、生活困窮者と都道府県等、そして受託事業者と関係機関、あるいは支援会議のそれぞれが、個別化された支援内容を設定して実施することを契約するということになるでしょう。(6) その契約の内容は必ずしも具体的に定められる必要はなく、抽象的なもの、枠組みを定めるものにとどまってもよいように思われます。支援をモニタリングして必要があれば変更し、支援を中断、終了させることを契約上明記することがよいように思われます。ここで重要なのは、生活困窮者の支援について常に話し合いをする機会を設定することです。そしてこのような当事者間で話し合いをしなければならない、という枠組みを設定することは、地域社会で孤立しない、包摂されるためにはどうすればよいのか、ということを、地域社会も巻き込んで協議する場を設けるということを意味します。

(5) 自立のための協働保障

従来型の業務委託契約に基づく支援体制をつくる場合、事業主体は行政であり、受託事業者であるNPOは事業を実施する下請けの立場にならざるを得ません。それに受託事業者の委託料に対する財・サービスの受益者は受託者としての行政であり、市民は行政を通じて間接的にそのメリットを享受するような形式になっていました。そこに累犯知的障害者を主人公として登場させる必要があります。支援を対等な当事者間での契約とすることは、行政中心の支援体制に影響を及ぼします。

ただ、契約構成において当事者が移り変わることで生じるデメリットも無視することができません。そこで、契約形態のよいところは生かしつつ、全体の枠組みを整える共同事業法、公私協働のパートナーシップ法の整備が求められます[(7)]。このパートナーシップ法では支援を受ける累犯知的障害者とすべての関係機関が対等な立場で、関係機関の数だけ複数の契約を成立させます。その契約では累犯知的障害者の成果(地域社会に包摂されていることを示すなんらかの成果)を重視しないことをパートナーシップ法の中で明確にしておく必要があります。それは断らない、継続的な伴走型支援をおこなうには必要な条件となります。

司法と福祉の二つの領域で支援するのは累犯知的障害者の自立生活が目的だ、といわれることがあります。自立とは社会保障法学でもよく議論される法概念なのですが、誰にも依存せずに自分だけの力で生活することだとは考えられていません。むしろその逆で、地域社会で生きるためにより多くの人や機関に依存することができる状態であるといえるでしょう。現在の法制度によってより多くの人や機関に依存することができる仕組みを構築する必要があるといえるでしょう。

〈提　言〉

1　累犯知的障害者の生きづらさをなくすため、軽度の知的障害者に対応できる、切れ目のない制度構築をすべきである。

2　累犯知的障害者が地域社会でより多くの人や機関に依存することができる制度を構築すべきである。

3　累犯知的障害者に関わる社会福祉と刑事政策がともに手を取り合うだけでなく、地域社会で共生できるための俯瞰的な施策が必要である。

注

(1)　福永佳也　二〇一〇、「知的障害者の地域生活支援における司法・更生領域との連携プロセス――A県障害者総合支援センター職員の認識から」『司法福祉学研究』一〇号、六〇頁。

(2)　法務総合研究所　二〇一四、「知的障害を有する犯罪者の実態と処遇」『法務総合研究所研究部報告』五二。

(3)　水藤昌彦　二〇二一、「知的障がいがあって犯罪をした人への福祉による支援――理論的基盤と課題」『社会保障法』三七号、一五一頁。

（4）　水藤前掲注(3)。
（5）　小長井賀與 二〇〇九、「更生保護と元犯罪者の社会への統合」日本犯罪社会学会編『犯罪からの社会復帰とソーシャル・インクルージョン』現代人文社、一〇〇頁。
（6）　飯島淳子 二〇一九、「生活困窮者自立支援法の行政法学的考察」『社会保障法』三五号、一八三頁。
（7）　碓井光明 二〇一一、『行政契約精義』信山社、二六一頁。

Ⅱ部 パンデミックの衝撃と転換点

5　コロナ危機は社会民主主義的合意を作るか

山口二郎

はじめに

二〇二〇年以降世界を襲った新型コロナウイルスの脅威は、政治、経済、文化の各面で一〇〇年に一度の規模の変動をもたらすと思われます。コロナ危機に加え、二〇二一年には気候変動が世界中で熱波、山火事、洪水、北極や南極の氷の融解をもたらし、人類の将来には暗雲が垂れ込めていると言っても過言ではありません。一九九〇年代以来の新自由主義とグローバリズムがもたらした経済、社会の荒廃、さらには産業革命以来、人間の経済活動がもたらした環境破壊をいかに修復するかという問いに答えることは、政治学にとっても重大な課題です。

コロナ危機に直面し、人々が生命の大切さを再認識し、生命を尊重する政策を唱える政党や政治家を選ぶようになるという単純な物語を期待することは、残念ながらできません。経済学者の水野和夫は、一九九〇年代以降の資本主義において、成長のチャンスが希少になるなかで、ごく少数の富裕層はバブルの拡大と破壊を繰り返しながら利益を追求してきたと指摘しています。そして、コロナ危機はそのような意味での資本主義のチェンジを後押しするだけという悲観的な見通しを述べています。資本主義の現状を水野は次のように説明しています。

結局二一世紀の資本主義がたどり着いたのは、絶望するほどの二極化した世界だ。二〇二〇年のオックスファムリポートによれば、世界の一〇億ドル長者二一五三人分の富は八・七兆ドルで、四六億人(世界の下位六割)の合計八・一兆ドルより多い。(水野 二〇二〇)

コロナ危機に伴う巣ごもり生活や在宅勤務はGAFAに代表されるプラットフォームビジネスをいっそう儲けさせ、富裕層はますます富を得ています。他方で、失業は深刻化し、格差はさらに広がっています。しかし、この三〇年、先進国の政府は富裕層を優先する政策を繰り返してきており、それを転換することは困難だと水野は言います。その上で、水野はコロナ危機を中世ヨーロッパのペストに重ね合わせています。ヨーロッパでは人口の三分の一がペストで死にました。そして、生き残った人々は精神世界を支配していたキリスト教会の権威を否認し始めました。二一世紀において、政党政治や議会政治が生命の平等を実現できないとすれば、人々は国民国家そのものを否認するようになるかもしれないと水野は危惧しています。国民国家とは、まさかの時に国民を救うために日ごろ税金を集め、政治家や官僚を養っているわけで、コロナのパンデミックというまさかの時に国民を救わないとすれば、国家を維持する意味は分からなくなります。

伝統的な民主政治や国民国家への幻想を捨て、直接行動によって資本主義を変革するという斎藤幸平の議論(斎藤 二〇二〇)が広い支持を得ていることは、水野の言う国家あるいは国家単位の民主主義の権威喪失の兆候と思われます。しかし、直接行動によって新しいシステムを作ることが従前のシステムの単なる破壊や、より悪いシステムの立ち上げをもたらしたことは、歴史の経験が教えています。その点で、政治の可能性を弁証することは政治学にとって喫緊の課題なのです。

水野の言う最悪シナリオを描くことによって、それを防ぐためにどうすればよいかという議論を深めることができるでしょう。この章では、欧米諸国のコロナ危機への対応を比較し、政治経済モデルの刷新をどのように進めるかを考えます。さらに、日本において、別の選択肢を構想し、それについての広い合意を構築することは可能かどうか、考察してみたいと思います。

1　コロナ危機と政治の呼び戻し

(1)　欧米の指導者の対応

新型コロナウイルスが各国を襲い、ワクチンも治療薬も開発されていない時には、ロックダウンによって人々の行動を規制することしか、感染を抑止する方法はありませんでした。それゆえ、政治指導者が国民をいかに説得するかが、対策の有効性に大きな影響を与えました。まさに、指導者の知性と政治という営みに対する洞察がそこに現れたということができます。

そのなかでも、とくに世界に感銘を与えたのは、ドイツのアンゲラ・メルケル首相のテレビ演説でした。その一部を次に引用しておきます。

次の点はしかしぜひお伝えしたい。こうした制約は、渡航や移動の自由が苦難の末に勝ち取られた権利であるという経験をしてきた私のような人間にとり、絶対的な必要性がなければ正当化し得ないものなのです。民主主義においては、決して安易に決めてはならず、決めるのであればあくまでも一時的なものにとどめるべきです。しかし今は、命を救うためには避けられないことなのです。

こうしたことから、今週はじめより、いくつかの重要な近隣諸国との国境において、国境管理と入国制限措置が強化されています。

大企業・中小を問わず企業各社にとり、また小売店、飲食店、フリーランスの人たちにとり、状況はすでに非常に厳しくなっています。そしてこれからの数週間、状況は一層厳しくなるでしょう。政府は、経済的影響を緩和し、特に雇用を維持するため、あらゆる手段を尽くす考えであり、このことを私は皆さんにお約束します。〔中略〕

感染症の拡大は、私たちがいかに脆弱な存在で、他者の配慮ある行動に依存しているかを見せつけています。しかしそれは、結束した対応をとれば、互いを守り、力を与え合うことができるということでもあります。(1)

メルケルは旧東ドイツの出身であり、基本的人権の価値を誰よりも理解していました。だからこそ、ロックダウンに伴う人権の制約を必要最小限にとどめる意思を示し、国民の自発的な協力によってコロナ危機をなるべく早く収束させることを訴えたのです。

イギリスの場合、ボリス・ジョンソン首相自身が新型コロナウイルスに感染し、一時重体に陥りました。その経験に基づいて、退院の際の声明で、ＮＨＳ（国民保健サービス：National Health Service）の重要性を説きました。

　私たちは、自ら望んで戦っているわけではないこの敵を完全には理解していない。英国国民がこの国の最大の国家資産であるＮＨＳの周りに人間の盾を形成したため、私たちはこの全国的な戦いで前進を遂げています。国民がともにＮＨＳを安全に保つことができれば、ＮＨＳの崩壊を防ぐことができるなら、私たちは打ち負かされることはなく、この国は一緒に立ち上がってこの課題を克服するだろうということを理解し、そのような決意を固めています。

　過去七日間、私はもちろんＮＨＳが受けている負荷を見てきました。私は、医師や看護師だけでなく、あらゆる種類の医療施設スタッフ、掃除、調理その他の医療従事者の個人的な勇気を見てきました。困難な状況の中、致命的なウイルスに感染する危険を冒して仕事を続けてくれた医師、放射線技師、薬剤師。私たちのＮＨＳが敗れることがないのは、彼ら、彼女らの勇気、献身、義務、そして愛のおかげです。(2)

イギリスでは二〇一〇年代に保守党のデヴィッド・キャメロン政権の下で緊縮政策が実施され、医療予算も抑制されました。二〇〇〇年代の労働党政権の下で医療予算は増加しましたが、NHSの持続可能性が危ぶまれるようになります。コロナ危機のなかでジョンソン政権は医療の立て直しと経済支援のために約三五〇〇億ポンド(約五三兆五三〇〇億円)を支出しました。二〇二〇年二月に就任したリシ・スナック財務相は、支出の抑制が必要との姿勢を強調し、公的部門の一部労働者の賃金も凍結したことから、二〇一〇年以降の保守党政権の流れに沿って緊縮政策が再び講じられるのではとの見方がありました。しかし、健全財政重視という観測を否定し、緊縮財政に戻ることはない、ジョンソン首相と団結してコロナ危機からの経済回復を図ると明言しました(Bloomberg, 二〇二一年八月一二日)。

英独両国では、保守政権がコロナ危機対策を担い、積極的な財政支出を展開しました。政治勢力の消長という次元では、ドイツでは二〇二一年一二月に社会民主党のオーラフ・ショルツ党首が首相に就任しましたが、労働党が混迷に陥っているイギリスでは、コロナ危機は左派の復活にはつながっていません。しかし、もともと西欧諸国には、福祉国家や社会的市場の理念が存在しており、コロナ危機はそれを「思い出させた」ということができます。そもそも政治のもっとも基本的な役割は、秩序を維持し、人間の生命を保全することです。コロナ危機への対応に必要な医療資源について公共的財産として管理するという伝統が存在したことで、危機への対応が迅速に進んだということができます。

これとは対照的に、アメリカにおいてはドナルド・トランプ大統領(当時)の大衆扇動手法、反知性主義によってコロナ対策は混迷を続けました。トランプ自身も感染しましたが、ジョンソンと異なりその経験が対策に活かされることはありませんでした。二〇二〇年四月の発言を紹介しておきます。

トランプ氏はまた、「消毒剤でも新型ウイルスが一分で死滅するらしい。たった一分で。消毒剤を注射するとか、そういうのを可能にする方法はあるんだろうか」、「試してみたら面白いだろう」と述べた。

トランプ氏は自分の頭を指差しながら、「私は医者じゃないが、いいことを知っている人間なんだ」と述べた。（BBCニュース、二〇二〇年四月二四日）

また、二〇二〇年が大統領選挙の年に重なったため、コロナ対策は党派対立の争点となりました。アメリカでは、共和党支持者に科学やワクチンを否定する頑迷な保守派やキリスト教原理主義者が多いのに対して、民主党が科学や合理性を尊重し、ロックダウンなどの積極的な対策を取りました。バラク・オバマ政権の時代に国民皆保険制度を導入しようとした時、個人の自由を権利主義的に追求するティーパーティー運動が盛り上がりました。トランプは民主党の何人かの州知事がロックダウンを進めることを批判し、ティーパーティー支持者の反政府感情を刺激するために、マスクをせず、外出するよう呼びかけました（NewSphere, 二〇二〇年四月二七日）。

こうした反科学的な姿勢により有効、適切なコロナ対策が実施されないことによって、とくにペンシルベニア、ミシガン、ウィスコンシンなどのスイングステート（民主、共和の両党が拮抗していて、選挙結果がどちらに転ぶか分からない州）の市民がトランプを離れ、ジョー・バイデンの当選をもたらしました。

(2) 日本、安倍政権の対応

日本の対応も、トランプ時代のアメリカに近いと言うべきでしょう。二〇二〇年の前半、欧米に比べて日本では感染者、死者ともにきわめて少ないと言われていました。これは日本だけではなく、中国、韓国など東アジアに共通していたのですが、政府は問題を過小評価し、国民に根拠のない安心感を広げました。たとえば、最初の緊急事態宣言を解除した時の記者会見で、安倍晋三首相(当時)は次のように語りました。

わが国では緊急事態を宣言しても、罰則を伴う強制的な外出規制などを実施できない。それでも日本ならではのやり方で、わずか一か月半で、今回の流行をほぼ収束させることができた。まさに「日本モデル」の力を示したと思う。(二〇二〇年五月二五日首相記者会見、首相官邸ホームページより)

日本では諸外国のような広範なPCR検査と隔離の組み合わせという対策は取られませんでした。むしろ、二〇二〇年夏以降、経済回復に重点が置かれ、旅行や外食の拡大のために巨額の財政資金が投入されます。これにより増加した人流は二〇二〇年末から二一年初めにかけて、第三波の感染拡大をもたらしました。日本モデルなるものがあるとすれば、それは科学性や論理性を無視した政策形成、情報の隠蔽、責任の所在のあいまいさなど、かつて丸山眞男が日本の戦争の過程を分析するなかで使った「無責任の体系」の構成要素だと言うべきです(丸山 二〇一五)。

欧米と日本のこうした経験から、コロナ危機に対応する政治の体制整備については、二つの次元の課題があることが分かります。第一は、科学的知見や事実(evidence)に基づいて、論理に沿って政策を立案するという、近代的政府としての当然の動作を確立することです。第二は、人間の生命、生活とそれを支える雇用の支援のために信頼できる社会保障や公共サービスを整備することです。日本やアメリカの場合には、この二層の課題に同時に取り組まなければなりません。そこで、二〇二〇年大統領選挙による政権交代がどのような政策転換をもたらしたか、次節で検討してみたいと思います。

2 アメリカにおけるニューディールリベラリズムの復活

(1) バイデン政権の積極的な政策転換

二〇二一年一月に発足したバイデン政権は、新型コロナウイルスの感染拡大の防止と、コロナ危機に伴う経済再生のために積極的な政策を展開してきました。まず、三月に一・九兆ドルの財政支出を軸とする米国救済計画法を成立させました。その主要な政策は、一人二〇〇〇ドルの個人向け現金給付、失業給付の週三〇〇ドルから四〇〇ドルへの引き上げなど、家計支援でした。さらに八月には、一兆ドルのインフラ投資法案、三・五兆ドルの予算決議案を上院で可決させました。これらは喫緊のコロナ対策だけではなく、大型公共投資による雇用創出、社会保障の充実、気候変動対策など広い範囲の政策を含んでいます。

こうした姿勢、理念は、四月二八日に連邦議会で行われた施政方針演説で示されました。とくに印象的な言葉をここで引用したいと思います。

ウォール街がこの国を作ったのではない。中産階級がこの国を作ったのであり、労組が中産階級を作ったのだ。

最低賃金を一五ドルに引き上げようではないか。週に四〇時間働いても貧困水準を下回ったままで生活する人がいてはならない。そして女性により公平さと機会の拡大を保証する必要がある。米国の企業や最も豊かな一％の富裕層にも公平な負担をしてもらう時が来た。彼らが公正な負担を払うだけだ。

米国民の皆さん、〔富裕層が豊かになれば、低所得層にも効果が波及するという〕トリクルダウン理論は、一度も機能したことがない。底辺を引き上げ、中間層を起点に経済を成長させる時だ。

（『日本経済新聞』二〇二一年五月五日）

従来のバイデンのイメージは、中道派のベテラン上院議員で、オバマ政権の副大統領を務めて共和党との妥協も志向するというものでした。また、二〇二〇年の民主党大統領候補指名争いのなかでは、バーニー・サンダースやエリザベス・ウォーレンなどのリベラル派を破って指名を勝ち取った経緯があります。したがって、施政方針演説におけるこのような明快な新自由主義批判や平等主義の宣明は意外なものに映ったと思えます。

その理由について考える時、リベラル派ではなく、中道派がリベラルなアジェンダを打ち出すことによって民主党がまとまるという力学が存在することを指摘できます。初の黒人大統領でリベラル色が強いと思われていたオバマがエスタブリッシュメントとの妥協を選んだのと反対の力学です。

（2）大統領選挙におけるニューディール連合の再構築

バイデンの転換の一つの説明は、歴史的要請に応えるというものです。ニューディール研究の泰斗であるエリック・ローチウェイはバイデンのコロナ対策をフランクリン・ローズヴェルトのニューディールと重ね合わせています。彼はまず、ニューディールについて、世界大恐慌という経済危機への対応という面だけでなく、当時の世界を覆っていた民主主義の危機への対応という面があったことを強調しています(Rauchway 2021a)。一九三〇年代は、イタリアのファシズムに始まり、ドイツのナチズム、さらに西欧諸国にファシズム運動が広がりました。ニューディールは政府が積極的な政策を打つことによって、世界的に危機に直面していた民主主義、さらには文明を救済するという意義をもっていました。政治的な意味での民主主義、加えて社会秩序を守るためには、人々が仕事に就いて、生きる意味や目的を理解することが必須だったとローチウェイは述べています(Rauchway 2021b)。

二〇一〇年代から二〇年にかけて、経済危機は大恐慌の時ほど深刻ではありませんでした。しかし、二〇〇八年のリーマンショックで一九二九年以来の金融危機を迎えたのち、政府の巨額な資金拠出で危機を収拾し、その後グローバル金融資本主義は何の反省もないまま続きました。金融機関の経営者に対する批判は一時的なものに終わり、経営者の報酬はさらに増加しました。その結果、アメリカや多くのヨーロッパ諸国で、雇用の劣化と格差、貧困の拡大は慢性化しています。そうした危機に見舞われた労働者、自営業者、年金生活者の不安をとりあえず掬い取ったのがトランプをはじめとするポピュリストでした。トランプは過激な言動で庶民の支持を集めた一方、人種や性別による差別を容認し、社会の分断を深めます。二〇二一年一月六日の連邦議会議事堂乱入事件は、アメリカにおけるトランプ支持者の暴力が民主主義を転覆しようとした試みでした。その点で、ローチウェイはコロナ危機が勃発した時、アメリカでは政治的危機も深刻だったと捉えています。バイデン政権が大規模な公共投資によって雇用を創出し、最低賃金の引き上げなどで労働者の生活の底上げを図ることは、人間が社会に帰属し、つながっていることを実感させるために不可欠の政策であり、トランプ政治によって危機に瀕していたアメリカ民主主義を救済するものだとローチウェイは評価しています。

リベラル派は市民、労働者、黒人などからなるニューディール連合を再生させる上で、南部や大都市における黒人の政治的活性化も大きな貢献をしました。共和党が支配する南部諸州では、州政府が黒人の有権者登録を、本人確認の要件を過度に厳格化することによって事実上妨害する政策を取ってきました。これに対抗する黒人の政治参加の運動も活発化しました。ジョージア州におけるバイデンの勝利は二〇二〇年大統領選挙の象徴でした。この州では、二〇一六年の州知事選挙で惜敗したステイシー・エイブラムズという女性政治家を中心に、黒人の有権者登録を広げる運動が続いてきました。バイデンの勝利はそのたまものでした。この運動は、一九六〇年代以来、マーティン・ルーサー・キング牧師の公民権運動の活動家やその弟子たちによって支えられています。ジョージアの経験は、バイデン勝利を支えた連合体が、民主化と結びついたことの一例です。

もちろん、トランプ時代に深まったアメリカ社会の分断を修復することは容易ではありません。しかし、老獪な政治家であるバイデンは、リベラルなアジェンダと超党派的アプローチを組み合わせて政策の実現を図っています。二〇二一年八月にインフラ投資法案を上院が可決した際には、バイデンは規模の縮小と法人増税の撤回という修正を加えた上で、共和党議員の一部からも賛成を勝ち取り、六九対三〇の大差で法案は可決されました。二〇二二年二月にロシアがウクライナに侵攻しました。世界の秩序を回復するとともに、戦争がもたらす経済的混乱を収拾するという巨大な課題の解決に向けリベラル派と穏健派の協力が必要です。

(3) 社会運動と政党政治の連結

バイデンの転換の第二の説明は、社会運動が民主党大統領としてのバイデンに政策的な左傾化、あるいは進歩化をもたらしたというものです。マーク・エングラーとポール・エングラーは、「オーバートンの窓」という概念を用いて、このメカニズムを説明しています(Engler and Engler 2021)。この概念は、もともとマキナック公共政策センターというシンクタンクの研究員だったジョセフ・オーバートンが作ったものです。民主主義の国において、政治家、政党が国民に訴え、追求、実現する政策案の範囲をオーバートンの窓と呼びます(3)。それは固定的なものではなく、環境や時代によって拡大、収縮、移動します。ある時代に異端、少数説だった政策理念が別の時代、国において主流派になるというダイナミズムを捉えるのが、オーバートンの窓が開かれたという表現です。オーバートンがこの概念で説明しようとしたのは、新自由主義の理念が一九七〇年代後半から八〇年代にかけて、支配的な政策理論になった過程でした。

エングラーたちは、二〇一〇年代後半から、リベラルにとってオーバートンの窓が開いたと指摘しています。オバマ政権の医療制度改革は新自由主義理論と対決し、ティーパーティー運動という社会運動を招来し、挫折しました。しかし、リベラル側も、ウォールストリート占拠など格差是正の運動を起こし、二〇一六年の民主党大統領候補指名争いにおけるバーニー・サンダースの善戦、二〇一八年の中間選挙におけるオカシオ・コルテスなどのリベラル派議員の誕生につながりました。また、同じ時期にスウェーデンの若者、グレタ・トゥーンベリの運動に触発されて、サンライズのような気候変動対策を求める運動も活発化しました。また、二〇二〇年春以降、人種差別に反対するブラック・ライブズ・マターの運動も急拡大しました。

トランプ時代は、オーバートンの窓が保守の方向に揺らぎました。トランプは移民排斥、差別、反知性主義の方向に窓を開いたのです。これに対抗するかたちで、民主党リベラル派は福祉国家構築、環境保護の方向に窓を開きました。連邦議会のなかでもリベラル派の政策に賛同する議員が増え、政策論議として無視できない存在感を確立しました(Astor 2019)。そこにパンデミックが重なりました。大衆を扇動するだけで実効的な対策を取らないトランプは信頼を失い、リベラル派のみならず中間的な市民も政府の役割を強調するリベラルなアジェンダを共有するに至ったのです。バイデンはもともと社会運動との接点はもたなかったのですが、民主党の大統領候補になった以上、民主党のもっとも活動的な支持者の運動と連携せざるをえなくなりました。

運動と政党政治の連結に関連して、バイデン政権の下ではアイデンティティ政治と経済的平等を求める政治が結合したことも重要な変化です。二〇一六年の大統領選挙においてヒラリー・クリントンが女性解放の象徴となったことで、フェミニズムの思想をもつ女性のリーダーは庶民の経済的困窮に無関心というイメージが貼りつけられ、伝統的な民主党支持層であったブルーカラー労働者の離反を招きました。そして、ペンシルベニア、ミシガンなどのかつての工業地帯の接戦州を失い、トランプ勝利の原因となりました。

パンデミックによる失業、貧困はシングルマザー、黒人などのマイノリティを真っ先に襲いました。したがって、マイノリティの権利を擁護する主張は、経済的な平等化と容易に結びつきました。アイデンティティ政治の追求か庶民の経済的欲求の満足の優先かという無意味な二者択一を打破したことは、バイデンにとって有利に働いたのです。

このように、パンデミックが襲ってくる前から、医療、教育、社会保障を拡充する運動が広がり、その先兵となる政治家が議会に進出していたことが、パンデミックを契機に政策転換を進めることができた大きな背景要因だったということができると思います。

3　日本における社会民主主義的合意の可能性

(1)　パンデミックと自己責任社会

新型コロナウイルスの感染拡大に対して、日本の政府もさまざまな対策を講じてきたことは確かです。政策の当否を評価することは、本稿のテーマではありません。ここでは、日本社会に、コロナ危機を契機に社会的連帯を確立する運動が存在するかどうか、そして政府が社会保障や生活支援の政策を拡充する意思をもっているかどうかを検討してみたいと思います。

大阪大学の心理学者、三浦麻子教授が、新型コロナウイルスの感染について、誰の責任と思うかという国際比較の意識調査をおこなったことを『読売新聞』が伝えました。


三浦教授らのグループが三～四月、日本、米国、英国、イタリア、中国の五か国で各約四〇〇～五〇〇人を対象にインターネット経由で回答を得た。「感染する人は自業自得だと思うか」との質問に、「全く思わない」から「非常に思う」まで賛否の程度を六段階で尋ねた。その結果、「どちらかといえばそう思う」「やや―」「非常に―」の三つの答えのいずれかを選んだのは、米国一％、英国一・四九％、イタリア二・五一％、中国四・八三％だった。これに対し、日本は一一・五％で最も高かった。反対に「全く思わない」と答えた人は、他の四か国は六〇～七〇％台だったが、日本は二九・二五％だった。(『読売新聞』二〇二〇年六月二九日)

三浦の調査はネットによるものであり、サンプル数も少ないので、一般的な世論調査と同列に扱うべきではありませんが、日本の国民のコロナに対する受け止め方の特徴は明らかということができると思われます。感染が自業自得だと思う人が約一割であり、まったくそう思わない人が三割程度という捉え方が、他国の人々とは大きく異なっていることは明らかです。

感染を自己責任と捉える見方は、新型コロナウイルスの襲来から少なくとも一年半程度の間、政府

（厚生労働省）による感染調査の方法によっても、助長されていました。感染者の行動を追跡して、感染の有無を調査することはどこの国でもおこなわれています。日本が特殊なのは、過去の行動にさかのぼり、濃厚接触者および接触した場所を同定していたことです。保健所が感染者から過去二週間の行動をヒアリングし、濃厚接触者を探し、ＰＣＲ検査を実施していました。この方法は、結核に対し保健所がおこなってきた伝統的な方法に基づいていました。この調査では、陽性者に対して職業と職場、行動履歴、マスクの着用状況を聞くと同時に、「裏取り」もおこないます。本人に許可を取って職場や家族に連絡し、説明が正しいか確認していました。このようなかたちで過去の行動を詳しく調査されれば、プライバシーを侵害する恐れもありました。個人の行動履歴を詳細に追跡することは、感染を悪いことのように受け止めさせる効果が伴っていました。

さらに、大規模なクラスターに発展するケースでは、保健所から県庁の記者クラブにプレスリリースが投げ込まれます。記事になれば、感染は公知の事実となり、感染者や家族のもとに多数の問い合わせが殺到し、感染者とその周囲は非難に晒されました。軽症あるいは無症状の場合、厚労省は一〇日間の自宅療養を終えれば、ＰＣＲ検査陰性を確認することなく、職場復帰を可能としていましたが、検査で陰性であると示すよう会社に求められた感染者は数多く存在しました。

「「追い詰められた社員の中には退職せざるをえなかったり、鬱病になったりする人が珍しくない」と指摘する保健師の声もある」（『選択』二〇二一年五月号）。

このように、日本の調査およびその結果の公表の手法は、感染者の周囲に被害感情を生むと同時に、感染者に周囲に迷惑をかけたという自責の感情を生む効果をもったということができます。

また、感染防止の啓発活動のなかで、とくに飲食店における感染の危険性が強調され、「夜の街」における行政のパトロールも報道されました。このようなイメージが氾濫すると、感染したのはあえて危険な場所に行ったり、危険な行動をしたりしたからだという自己責任のイメージが助長されます。しかし、人がどんなに気をつけていても感染することはあり、不幸にして感染した場合には社会全体の責任として治療を提供するというメッセージを政府が伝えていたかどうか、さらに検証が必要です。

(2) 社会保障政策の欠落

感染が拡大するなかで、医療サービスの供給体制の不備が明らかになりました。これは、過去二〇年間の新自由主義的医療政策の帰結であり、人災です。二〇〇〇年代の小泉純一郎政権以来、政府は医療費抑制政策や公立・公的医療機関の削減という政策を追求してきました。医療サービスの対象は、急性の病気よりも、生活習慣病などの慢性疾患を中心とするという前提の下に、政府は急性期感染症対策を担う公的病院を削減してきたのです。二〇二一年度予算には、公立・公的医療機関の病床削減のための補助金が盛り込まれています。新型コロナウイルスがこれだけ日本の医療体制の不備を明らかにしても、医療政策の転換は起きていないのです。

ワクチン接種についても、社会的連帯を醸成することとは結びついていません。日本でも、ワクチンは医療関係者に最初に接種されました。本来であれば、感染を抑止するためには、医療従事者と並ぶ社会に不可欠なサービス(essential service)の担い手、教員、保育士、介護士、公共交通機関の従業員、清掃作業員、運送業や小売業の従業員などに優先的にワクチンが提供されるべきでした。それらの職種の人々は仕事の必要上、不特定多数の人間と頻繁に接触するからであり、それらの仕事が止まると、社会経済生活に大きな支障が出るからです。しかし、菅義偉政権はワクチン接種の件数を増やすために、自治体による高齢者等への接種と並行して、職域接種を進めました。職域接種がすぐに可能なのは、常勤の産業医や看護師を抱える大企業だけです。ワクチン接種においても、大企業正社員と中小企業や非正規労働者の格差が広がったということができます。

パンデミックは、新自由主義的政策がこの二〇年間にもたらしていた日本社会のひずみもあぶりだしました。その典型例は、社会実態における家族モデルの変化と政策立案者の認識のずれです。二〇二〇年二月末に、当時の安倍首相は翌週から全国の小中高校や特別支援学校の春休みまでの休校を決定します。この対策が科学的な根拠に基づいていない、政治的なアピールだったことはもちろん問題です。安倍首相の頭のなかでは、子どもたちの学校が休みになれば、親、とくに母親が家で昼食を作り、勉強も手伝うことが当然の前提とされていたと思われます。長期間の休校に伴う子どものケアについて、働く親たちは自己責任で準備させられました。定額給付金も世帯単位で支給されたため、政府が想定している「普通」の家族ではないかたちで生活しているシングルマザーなどには行き届かない事例もありました。

従来の日本の社会保障、社会福祉は、年金、介護、障がい者など、定型化された顧客に対して一定の財、サービスを給付するという業務をおこなってきました。しかし、パンデミックは低所得、非正規労働などの弱い立場の人々にさらに大きな負荷をかけました。サービス業で働いている人々のなかには、シフトを大幅に減らされるというかたちで実質的に失業したと同然の人々が出現しました。こうした新しいリスクに襲われた人を直接支援するための政策や行政の仕組みをつくりだすことも新しい課題であるはずです。

(3) 政治的回路の不在

二〇二一年一〇月に行われた衆議院選挙は、パンデミックに対応した社会民主主義的合意を構築する政治的機会のはずでした。しかし、自民党は議席減を小幅に抑え、実質的に勝利しました。これに対し、立憲民主党、共産党、社会民主党、れいわ新選組は大規模な選挙協力をおこなって「与党」対「野党連合」という二者択一の構図を作り、小選挙区では一定の成果をあげましたが、全体として議席を減らしました。また、日本維新の会が大幅に議席を増やしました。選挙結果自体を分析することは本稿の目的ではありません。パンデミック後、初の国政選挙だったこの衆議院選挙で、なぜ人間の生命と生活を救う政策が十分議論されなかったかを考察しなければなりません。

政策論議が深まらなかった大きな理由は、二〇二一年八月下旬から新型コロナウイルスの新規感染者数が急速に減少し、日本人全体が「喉元過ぎれば熱さを忘れる」の状態に陥ったことと、九月初めに菅首相が退陣を表明し、自民党は安倍、菅両政権のコロナ失政を追及することを封印したまま、コロナ危機の暗い記憶を菅政権とともに過去に流し去ったこととの二つだと思われます。

八月に感染の第五波がピークに達するまでの間、政権に対する不満、批判は高まりました。四月の衆参の三カ所の補欠選挙・再選挙、七月の東京都議会選挙、八月の横浜市長選挙など、重要な選挙で自民党は敗北を続けました。しかし、こうした投票行動は政府に対してお灸をすえる行動だったと、後から解釈することができます。内閣支持率の低下を受けて菅首相が退陣を表明すると、感染急減とも重なって、コロナ失政を論じる雰囲気は消滅しました。

野党はコロナ失政を選挙の争点に据え、国民の生命と生活を支える政策を打ち出し、論争の構図を設定すべきでした。野党の主張はメディアで紹介されることが少ないので、野党から争点を設定するのは難しいことです。しかし、安倍、菅政権の失敗のために医療崩壊が起こり、救えたはずの命がどれだけ失われたかという追及を前面に出さなかったことは否定できません。

私自身は、野党協力における共通政策の原案を起草したので、野党側の政策が人々の信頼を勝ち取ることができなかったことについて、客観的な分析をする立場ではありません。私の言葉でいう社会民主主義的合意の具体的な内容はほとんど盛り込んだつもりです。しかし、重大な後悔が一つあります。それは、野党共通政策に消費税率五％の政策を入れたことです。消費税減税あるいは廃止は、れいわ新選組の最大の政策であり、共産党や社民党も主張してきました。衆議院選挙にあたって、山本太郎れいわ新選組代表が参加の意向を示したため、急遽消費税減税を共通政策に入れることになりました。あえて厳しい反省をするならば、野党共闘がより良い共通政策を実現するための手段ではなく、共通政策が野党共闘を実現するための手段となったと言われても、仕方ありません。

野党はこぞって、分配なくして成長なし、新型コロナウイルスを始めとしてさまざまなリスクに襲われた人々に現金、現物の給付を強化することを訴えていました。給付の強化のためには財源が必要であり、一時的に国債で賄うとしても、安定的な財源が必要であることは当然です。消費税減税はほとんど関心をひきませんでした。選挙戦中の世論調査でも、消費税率引き下げを望まない人が望む人を上回っていました(『朝日新聞』二〇二一年一〇月二一日)。

社会民主主義的合意がなかなか形成できない第一の理由として、それを支持する側が、表面的な合意を求めるあまり、政策論議を深めてこなかったことが指摘できるでしょう。本物の政策合意に基づく野党共闘でなければ信頼を得られないことを、この選挙結果から学ぶべきだと思います。

第二の理由は、日本社会における新自由主義バイアスの存在です。この選挙では日本維新の会の躍進が注目を集めました。この党のスローガンは「身を切る改革」で、その中身は、公共部門をリストラすること、首長や議員の給料を減らすこと、公務員を減らし公共サービスを外注することです。維新の会が支配している大阪府、大阪市ではそれを実践して、市立病院の廃止、保健所の縮小、地方衛生研究所の独立行政法人化がおこなわれ、パンデミックに対処する能力が低下しました。二〇二一年春に大阪で医療崩壊が起こり、新型コロナウイルスによる対人口比の死者数が全国最悪となったことは偶然ではありません。しかし、感染が減少し人々の危機感がなくなると、維新の会は改革の旗手として一部の人々から支持を受けるようになりました。ほとんどのメディアも、維新の会の幹部による大阪の失政の責任を問うことはありませんでした。そのことは、メディアにおける新自由主義バイアスの表れだと私は解釈しています。

欧米では、パンデミックの後に何らかのかたちで社会民主主義的合意が形成されたのに対して、なぜ日本では新自由主義バイアスが強いのでしょうか。この問いについては、多面的で実証的な研究が必要です。ここでは、いくつかの論点を提起したいと思います。

一つの要因は、政府が愚かな政策を繰り出すことが、より賢明な政策を求めて政治を変える行動を促すのではなく、政府そのものへの不信、冷笑を招き、結果として政府機能の縮小を受け入れる気分を醸成するという点です。たとえば、二〇二〇年五月以降にいわゆるアベノマスクという政策がありました。四〇〇億円もの費用をかけた愚策でした。その他にも、ＰＣＲ検査をおこなわず、高熱が四日以上続かなければ保健所に相談できないとした受診抑制策や、二〇二〇年秋に第三波が収まったのちに旅行や外食を奨励し、次の流行の原因を作ったＧｏＴｏキャンペーンなど愚策が相次いでいます。これを見た国民は、だから他の政権に代えるのではなく、政治そのものに対する冷笑主義に陥るのです。

いざという時に政府は国民の命を助けないという教訓は、第二次世界大戦での敗戦の際に当時の日本国民が学んだとされています。敗戦によって国民の命を軽んじる大日本帝国は滅亡し、主権在民の日本国ができました。国民自身が民主主義を通して、国民の生命を尊重する政府を樹立することができるはずです。しかし、戦後日本ではほぼ一貫して保守政権が続き、社会民主主義は保守政権が存亡の危機を乗り越えるために、例外的に採用される政策理念でした（宮本 二〇二一）。

社会保障、社会福祉を権利として受け取るという観念が定着しない理由は、政府からの利益配分を人々がどのように受け止めるかという感覚の問題に帰着するように思えます。この点について、最近あまり流行らなくなりましたが、京極純一による政治文化論的な説明を紹介しておきます（京極 一九八三）。

京極は、明治以降の近代化のなかで、日本人は「自前」で生きることを美徳とする教育を受けて、身に着けたと指摘しています。京極あるいは同様の政治文化論の大家、神島二郎の描く日本近代化の過程のキーワードは、「出世民主主義」です。身分制度が廃止されたのち、人々は教育を受け、社会的階梯を上るよう自力で努力する生き方を奨励され、その上昇志向のエネルギーが近代化の原動力になったというわけです。公教育の整備による機会の平等と、自己責任による生き方が日本的近代人のモデルとされました。もちろん、競争の敗者が多数派となりますが、それぞれ「所を得る」ことも美徳とされました。そして、救貧、医療などの政府からの利益供与は、「〔天皇の〕大御心による仁慈、慈恵として、「赤子」の庇護を、そしてその範囲内で「分配の政治」を説明した」と京極は述べています。全国的に病院を展開する済生会や多くの地域の社会福祉協議会は、恩賜財団(天皇から下賜された基金による財団)を起源としています。

戦後は主権在民による民主主義国家が樹立されました。民主主義における政府による利益分配について、京極は次のように述べています。

「日本国憲法の下では、国民主権と国民自治を強調したにもかかわらず、国民の自前指向、自力指向を前にして、公正と平等を指向する国民連帯と相互扶助の表現として「分配の政治」を説明することは今日までなされていない」

その代わりに創出され、普及したのが「親心の政治」だと京極は言います。

「「親方日の丸」と依存する「地元」の側は子どもに当り、庇護する議会政治家なり、政府、諸官庁の側は「母」にあたる、という説明の下に、政治家の「親心」が「分配の政治」の正当性を関係当事者に対して保証する。」

とくに、近代化の途上に付きまとう地域間格差を是正することが保守政治家の使命であり、政治家が地元にもたらす公共投資などの恩恵は、政治家の親心によるプレゼントとして歓迎されたわけです。自民党の政治が「成功した社会主義」と呼ばれたのは、地理的、空間的な平等を追求するために公共投資や競争抑制を進めたからでした。

京極のこの本が出されて後、四〇年近くの間、日本の政治学は科学化を指向し、非科学的用語による京極の議論は顧みられなくなりました。しかし、政治の現実を観察して導き出したモデルは、とりわけ政治の当事者から広い共感を得ました。私が二〇年ほど前から唱えてきた「裁量的政策によるリスクの社会化」というモデルは、親心の政治を言い換えたものということもできると思います(山口二〇一九)。いずれも、政府から国民、社会に対して普遍的かつ公平に利益を配分するのではなく、権限と財源を差配する政治家や官僚の恩恵として分配する点を捉えようとしたものです。普遍的政策の理念が確立していないからこそ、利益配分が恩顧主義(paternalism)によっておこなわれるのです。

京極のモデルは、利益配分政治全盛の一九八〇年代までは説明力をもっていたと思われます。問題は、一九九〇年代後半以降、新自由主義的構造改革によって公共事業が削減され、規制緩和が進んだ後に親心の政治がどうなったかということです。

「改革」が支持を集めたのは、パターナリズムを嫌う民衆感情があるためだと思われます。パターナリズムの政治は、不公平な既得権を生み出し、税金の無駄遣いをもたらします。八〇年代末から九〇年代初めの大疑獄事件に端を発する政治改革ブームは、パターナリズムに対する当然の批判でした。

パターナリズムからの脱却は、二つの方向に行く可能性があります。一つは、「自由な」競争を基調とする社会で、新自由主義的構造改革が目指した道です。もう一つは、普遍主義的なリスクの社会化で、言い換えれば西欧、北欧型の福祉国家路線です。二〇〇九年に誕生した民主党政権は不完全ながらこの路線を追求しようとしましたが、財源確保のための消費税増税をめぐって内部分裂を起こし、路線転換は途絶しました。

維新の会の手法を見れば、パターナリズムへの反発が市場主義に回収される過程が分かります。まず、政府の腐敗と無能を誇張し、既成政党と官僚・公務員に対する反発を喚起します。それによる支持を改革という名の政府の縮小の原動力とします。そして、縮小された政府の機能低下ゆえに、人々をより脆弱な状態に追い込み、リスクに襲われた時に政府が期待できない以上、自己責任で対処するしかないという諦観を拡散します。

このように論じてくると、日本の政治は隘路にはまって身動きが取れないという悲観的な結論しかないようにも思えます。コロナ失政の後にもかかわらず、国民が政権の継続を選び、新自由主義路線の野党への支持を増やしたという選挙結果を見れば、希望は見えません。しかも、社会の分断や格差の拡大に対して政府が責任感を喪失し、国民の方も政治的無力感に浸って政府の責任を追及しなくなれば、政権危機は顕在化せず、宮本(二〇二二)の言う例外的な社会民主主義も発動されなくなるでしょう。

それでも、伝統主義的保守と新自由主義保守の二大勢力という政党システムを招来しないためには、社会民主主義の理念を掲げる野党を維持することが必要です。そのためには、選挙における投票だけでなく、政党が主催する対話集会で意見を表明するなど、さまざまな経路を通して、公助を求める市民の存在を政党に伝達することが必要です。これから、気候変動、人口減少に伴う社会保障制度の持続性の危機など、困難な状況が予想されるなか、そのことは私たち自身を守るためにも必要な行動なのです。

〈提　言〉

1　日本の社会、経済の停滞をもたらしている要因、とくにジェンダー差別、教育機会の不平等、非正規労働者に対する差別などの問題について理解を深め、適切な危機感をもつ。

2　個人の尊厳を大切にする、事実に基づく議論をするなどの基本的ルールを守ったうえで、政治に関する多様な議論を展開する。

3　国会における議論を正確、詳細に伝えるメディアをつくり育て、政党や政治家の活動について的確な評価をおこなえるようにする。

注

（1）二〇二〇年三月一八日、ドイツ連邦共和国大使館ホームページ、https://japan.diplo.de/ja-ja/themen/politik/-/2331262、二〇二一年一月八日最終閲覧。

（2）二〇二〇年四月一二日、Transcript Library, Boris Johnson Coronavirus Speech Transcript: Announcement After Release from Hospital-Rev より拙訳、二〇二一年一月八日最終閲覧。

（3）https://www.mackinac.org/OvertonWindow、二〇二一年一月八日最終閲覧。

参考文献

京極純一 一九八三、『日本の政治』東京大学出版会。

斎藤幸平 二〇二〇、『人新世の「資本論」』集英社新書。

丸山眞男 二〇一五、『超国家主義の論理と心理 他八篇』古矢旬編、岩波書店。

水野和夫 二〇二〇、「コロナ後、世界経済と資本主義が大転換」『現代の理論』第二四号。

宮本太郎 二〇二一、『貧困・介護・育児の政治――ベーシックアセットの福祉国家へ』朝日選書。

山口二郎 二〇一九、『民主主義は終わるのか――瀬戸際に立つ日本』岩波書店。

Astor, Maggie 2019, "How the Politically Unthinkable Can Become Mainstream", *The New York Times*, February 26, 2019.

Engler, Mark and Engler, Paul 2021, "Joe Biden's Progressive Economic Turn was shaped by social movements", *Inthesetimes*, June 2, 2021.

Rauchway, Eric 2021a, "Joe Biden shouldn't shy away from the radicalism of the New Deal", *Inthesetimes*, May 6, 2021.

Rauchway, Eric 2021b, *Why the New Deal Matters*, Yale University Press, 2021.

6　コロナ危機は自由民主主義を変えたのか

山崎　望

1　新型コロナパンデミックという危機

グローバルリスク

二〇一九年一二月に中国の武漢市で発見されたとされる新型コロナウイルス（COVID-19）は、短期間のうちに全世界へと拡大し、終息を見通せません。

社会学者のウルリッヒ・ベックの言葉を借りれば、こうした脅威は現代に特有の「リスク」として捉えられます。外部から人類を襲う「Gefaher, danger」とは異なり、「リスク（Risiko, Risk）」とは近代化と文明の発展に伴って、人間の作為により、いわば内側から作り出されたものです。ウイルス自体は自然界に存在しており人類社会の外部にあったものでしょうが、人類の活動が自然の奥深くまで入り込み新型コロナウイルスと遭遇し、グローバル化された経済活動や人の移動がパンデミックを招いたならば、それは「Risiko」です。さらに新型コロナパンデミックは、「グローバルリスク」としての性格をもっています。グローバルリスクは、その脅威を時間的に測定して確定することが難しいという特徴があります。感染の急速な拡大がいつ起こるのか、いつ変異種が生まれるのか、脅威が終息するのか、といった予測は、いずれも困難です。そしてどの範囲まで広がるのか、グローバル化が進む社会では、脅威の空間的な範囲を予測することも困難です。

またこうした新型コロナウイルスの脅威は、人々の生存、いわば「単なる生」に対する脅威であるのみならず、人々の生活様式に変更を強いるものです。その結果、人々の財と尊厳が奪われる「複合リスク」としての性格ももっています。外出制限をはじめ多様な行動の制限により、尊厳を形づくってきた人間関係の創造や維持が難しくなり、「文化的な最低限度の生活」を奪われる人々も増えています。人々は、自らを守ってきた時間的・空間的なバリアを失い、さまざまな形で不安に苛まれ、セキュリティの語源である「不安から自由であること」を求めている状態に追い込まれているのです。

新型コロナパンデミック以前の社会

では、これまで人々はいかにして、生にとって脅威となり得るさまざまな現象を、時間的もしくは空間的に測定できるものとして制御してきたのでしょうか。そのためにいかなる境界線を引いて、安全な内側と、危険な外側を分割してきたのでしょうか。

近代世界におけるもっとも代表的な境界線は「国民社会(national society)」を取り囲む境界線です。安全保障(security)から社会保障(social security)まで、国民社会がその単位とされてきました。

欧州や北米をはじめとする諸国では、「想像の共同体」である国民を形成するとともに、戦争や内戦の可能性に備える安全保障の制度と、福祉レジームをはじめ社会保障の制度が整えられてきました。思想家であるミッシェル・フーコーの言葉を借りれば、この過程で人々は「正しい」規範を埋め込まれた主体となり、また統計が駆使されて領土内の人口が管理され、人々は「積極的に生かされる」状態になったのです。

しかし新型コロナパンデミック以前から、こうした国民社会の形骸化が進んでいました。一九八〇年代以降、新自由主義が世界へ広がりました。その結果、多くの公的サービスが民営化され、公的機関も「企業マインド」によって運用され、財の総量における経済格差やライフスタイルにおける分断が進展していきました。こうした分断は、国民社会の内部に封じ込められて潜在化されていた民族、人種、宗教、性規範、階層などの亀裂と結びつき、「分断社会(divided society)」が形成されるようになりました。「想像の共同体」である国民を基礎に、福祉レジームにより統合されてきた国民社会は、分断社会へと変貌したのです。再び、フーコーの言葉を借りるならば、この過程で人々は新自由主義に即した規範を埋め込み直された「経済人(ホモ・エコノミクス)」となり(経済化)、それに適応できない人々は、安全な内側から危険な外側へと放逐されることになりました。また領土内の人口のすべてが「積極的に生かされる」状態ではなく、それに代わって、一部の人口のみが「より積極的に生かされ」て経済活動に専念し、そこから排除された人々は「死ぬに任せる」状態の社会へと変わったのです。新型コロナパンデミック以前に、福祉レジームを形成してきた諸国でも、国民社会を形成する境界線が流動化して脆弱になっていたことを確認しておきましょう。そして境界線が人々の生を守る確固としたものではなく、自明性を失っていたところに、新型コロナパンデミックが到来したのです。

グローバルリスクである新型コロナパンデミックの脅威は、国境線を越えていきます。経済的側面のみをとっても、世界大のサプライチェーンが張り巡らされた現代世界では、渡航制限や入国制限をとっても、完全な封鎖は現実的ではありません。さらに多くの国では、こうした制限以前に国内にウイルスは侵入していました。その結果、諸国は安全な内／危険な外を分かつ境界線の引き直しを迫られました。ロックダウン（都市封鎖）や移動制限は、国民社会の内部に空間的な境界線を引く行為であり、飲食店などの営業時間の短縮は、時間的な境界線を引く行為です。家族とその外部に境界線を引いてリモートワークに専念し、外部との接触を最小化することも境界線の一つの在り方です。

しかしこうした境界線を引いても、その境界線を越えて感染は続いています。その結果、生と死、安全と危険、内部と外部を分かつ境界線の脆弱性が露呈し、人々の不安は高まることになります。「入国制限をしても国内に感染がすでに広がっていたら」「都市封鎖をしても都市のなかに感染者が溢れていたら」「外出しなくても家族が感染していたら」というように。

こうした不安は、潜在的には誰もが罹患し得る状態であるために、国民社会を形成してきた境界線の意味を問い直し、国境を越えて世界中の人々を包摂する「世界社会」を形成する機会をもたらします。しかし、その反対に、国民社会の内部に、より安全と思われる境界線の引き方を求める潮流を引き起こしています。今や人々を包摂／排除する境界線は自明性を奪われているため、どのような境界線を引くべきか、境界線の引き方をめぐる政治が活性化しています。では、グローバルリスクである新型コロナパンデミックに対して、いかなる境界線の引き方がなされているのでしょうか。

2　新型コロナパンデミック時代の境界線(1)

新自由主義

第一は、新自由主義に基づく境界線の引き方です。新自由主義を研究しているウェンディ・ブラウンは、新自由主義とは公的機関の民営化などの市場化政策に限定されるようなものではなく、市場モデルをすべての領域と活動へあてはめるもの、と指摘しています。そして新自由主義の社会では、人間は市場における利潤追求のみに専心する「ホモ・エコノミクス」へと変貌する、と論じています。先に言及したように、すでに進展していた新自由主義に基づく「経済化」によって、人々は政治的な対応、すなわち集合的で拘束力の強い決定を政府に求めるよりは、個人単位で新型コロナウイルスの脅威に対応することになります。

とりわけ日本では、政府によってロックダウンや移動の制限、経済活動の停止を命じることに法的な制約があったこともあり、政府からの「お願い」や要請により、多くの場合、企業単位や個人単位での対応がとられました。「自己責任」による店舗の閉鎖や営業時間の短縮、IT技術を使用した労働のリモート化から、マスク着用や手洗い、個人によるアルコール消毒、社会的距離の確保、多人数での会食や外出の自粛など、その行為は多岐にわたります。これらの行為は、政府の「お願い」や要請があったとはいえ、多くの事例で法的拘束力は限定的もしくは存在せず、あくまで各人による対応です。ここでは、政府による直接的な統治により境界線を確定して安全を提供するのではなく、個人による「自己統治(self-government)」を通じて、コロナ対策と雇用可能性を維持する統治へと、統治の形が変容しています。個人は「ホモ・エコノミクス」として自身の就労可能性を高め経済的に自立するように強いられており、そのために新型コロナウイルスへの脅威を削減して「健康な生」を送ることが義務づけられています。新型コロナウイルスの脅威からの生の保障の問題は、集団的に対応されるものでもなく、各人が対応すべき課題へと変容しているのです。

その結果、以下のような境界線が引かれることになります。新自由主義は経済的自立による競争を各人に要請しますが、経済的自立が可能であり、新型コロナウイルスの脅威に対して個人レベルで多様な対応策が取れる人々と、経済的自立が困難で、個人レベルでの対応が難しい人々の間に境界線は引かれています。たとえば、多くのエッセンシャルワーカー(ここには女性、黒人、少数民族といったマイノリティが配置されています)は経済的自立が難しく、他人と物理的に接触する機会が多く、自己防衛が難しい状態に追い込まれています。他方で経済的自立が容易な人々はＩＴ技術を駆使してリモートワークをおこない、自宅という境界線に囲まれた城塞のなかで、他人と物理的に接触する機会を最小限におさえることが可能です。

日本でもスマートフォンをタップするだけで、ウーバーイーツや宅配便を手配して、「置き配」によって他人と接触することなく自宅で食事をすることができる労働者と、各店舗から顧客へ食品などを配送するエッセンシャルワーカーとの間に、境界線が引かれている。境界線の外側にいる人々は「コロナで死ぬか」「働けずに死ぬか」という二者択一を押し付けられているのです。また大阪をはじめ、病床が逼迫し医療崩壊が生じた事例においては、平時に「公費の無駄遣い」として公的医療機関を削減した結果、コロナの罹患者や他の病気の療養に対応できる「余裕」が消えてしまっていました。ここでは経済力がありその他の手段で治療を受けることが可能な人々と、そうではない人々の間に、境界線が引かれています。

ポピュリズム

グローバルリスクである新型コロナパンデミックに対する、第二の境界線の引き方として、ポピュリズムによる境界線が挙げられます。近年、自由民主主義国において活性化しているポピュリズムの特徴を整理しましょう。第一は、自分たちの正統性の源泉として、人民(people)を掲げる点です。統治のための権力は人民のものであるとしてエリートなどにより権力を奪われて統治されることに対して異議を申し立てます。また、この人民は一体的で同質性が高い集団が想定されています。第二は、反多元主義を掲げる点です。自分たち「だけ」が人民を代表している、という主張をして、その他の政治勢力は人民を代表していない、もしくは人民の外部として排除します。第三は、道徳政治およびアイデンティティ政治を導入する点です。人々を、徳のあるわれわれ／不道徳な彼ら、と分断して対立的な政治の構図を作り上げ、エリートやエスタブリッシュメント、もしくは移民、難民、少数民族、性的少数派などの多様なマイノリティは「不道徳な彼ら」として攻撃します。これらの批判は法ではなく、曖昧な道徳に基づくために、たびたび人種や移民、ジェンダーやセクシュアリティなどをめぐってタブーとされてきた論点を主張することも珍しくありません。第四は空疎なイデオロギーです。ポピュリズム自体は体系的なイデオロギーをもたない。それゆえにその時々に応じて批判の対象は変化し、政策に一貫性を見出せないこともたびたびあります。この「空疎さ」ゆえに他の思想やイデオロギーと容易に結合できるのです。第五はカリスマ的リーダーの存在です。リーダーは人民と直接に向き合い、人民の意志を歪曲するような中間組織は否定的に扱われます。

こうしたポピュリズムは、いかなる境界線を引くのでしょうか。正統性の源泉として同質性が高い人民を囲む境界線を重視するポピュリズムは、境界線の自明性が低下する状況で、人民を守るべく、人民とそれ以外の人々の間に境界線を引くことを主張します。その外部には同質性が高いとみなされない人々、すなわち少数民象、移民、難民をはじめとするさまざまなマイノリティや、人民とはかけ離れたと想定されるエリートたちが割り当てられます。多元主義に否定的で、道徳政治とアイデンティティ政治に基づく友と敵の分割を志向するポピュリズムは、法の遵守よりも、法で埋められない部分を道徳で補塡して、その基準が曖昧なまま、人民の外部とされた人々を攻撃します。内側には過剰な同調を求めて、外側に対して差別や攻撃をする、といった現象は世界各地で起きています。新型コロナパンデミックの発祥地とされる中国からの連想により、アメリカではアジア系住民に対するヘイトクライムが激増し、日本でも中国人や在日朝鮮人に対するレイシズムとポピュリズムが結びつき差別やヘイトスピーチが起きています。また日本では、「自粛警察」と呼ばれる人々が、合法的に開店している店舗や「夜の街」の労働者に対して、「不道徳な彼らがコロナを広めている」として差別や攻撃をする事例が相次ぎました。その範囲は「自粛要請」に応じない人々を批判するのみならず、罹患者や医療従事者、その家族、罹患者が多い地域のナンバーの車に乗る人まで広がっています。二〇二一年になりワクチンの接種が進展してからは、ワクチンの未接種者に対するバッシングや差別も横行しています。また専門知をもつ関係者も、「エリートのいうことは役に立たない」とされ、攻撃対象になっています。人民を形成する確固とした境界線を強く求めるポピュリズムは、境界線を無効化する新型コロナパンデミックに対して、場当たり的に、人民＝友＝安全／外部＝敵＝危険という図式を割り当てて境界線を引いているのです。

例外状態における統治もしくは権威主義

第三の対応として、「例外状態における統治」もしくは権威主義体制によって境界線を引く事例が挙げられます。政治学者のカール・シュミットは、法秩序と混沌の間を「例外状態」と名付け、秩序を維持するために、行政権力による政令を用いた統治を支持しました。こうした「大統領による独裁」という統治の方法を頻繁に用いたワイマール共和国は瓦解し、ヒトラーによる独裁に道を譲ることになったことは周知の事実でしょう。しかし「例外状態においていかに統治をおこなうか」という課題に対して、憲法の枠内でさまざまな条件をつけて行政権力に権力を集中させる「立憲独裁」の仕組みは、現在も多くの自由民主主義に存在します。「必要の前に法は沈黙する」という格言がありますが、権力の集中による対応を解である、と人々が考えてきたことがうかがいしれます。

例外状態における統治は、二〇〇一年の対米同時多発テロに対して、グローバルレベルで対テロ戦争が進展するなかで日常化してきました。こうしたなかで、新型コロナパンデミックがもたらした例外状態において、日本では二〇二〇年二月二七日、政府がスポーツやイベントなどの集会の二週間の中止や延期を要請し、三月二日からは関係者との調整が欠如した状態で一斉休校を要請しました。さらに二〇二〇年四月七日からは緊急事態宣言が発令されました。宣言は予定を越えて延長され、五月二五日まで継続しました。これは時間的な境界線を引くことによるリスク対応でした。また空間的には、緊急事態宣言の対象は当初の東京都など一都一府五県から、四月一六日には全国に拡大されました。空間的な境界線によるリスク対応です。さらに罹患者の急増や医療体制の逼迫を受けて、二〇二一年一月八日から、東京都を含む一〇都府県を対象として二度目の緊急事態宣言が発令され、これも三月二一日まで延長されました。さらに四月二三日から三度目の、七月一一日から東京都と沖縄県を対象に四度目の緊急事態宣言が発令され、最終的には一九都道府県に、期限は九月三〇日まで延長されました。時間的・空間的な境界線の再設定が要請されたのです。

このような国家権力による私権の制限措置は、都市閉鎖や外出禁止・制限、交通機関の停止や減便、店舗の営業禁止や時間制約など多様な形で、アメリカ、イギリス、ドイツ、フランス、イタリア、韓国など自由民主主義が定着している諸国でも実施されました。こうした措置が、国民の代表であり立法機関の位置づけをもつ議会ではなく、権力集中がなされた行政機関である政府（日本の地方自治体では各自治体の首長）によっておこなわれた点に着目すべきでしょう。国民から「より強力な措置を」といった「民意」があった事例もあるにせよ、「例外状態における統治」であり、原理上は国民の意見とは関係なく境界線が引かれる事例です。そして私権の制限により不利益を受けた人々を救済するか／否かについても、権力が集中した政府に委ねられている点が大きいのです。

こうした自由民主主義体制の諸国による「例外状態における統治」に対して、権威主義体制の諸国でも、権力を集中させていた政府から境界線が引かれることになりました。たとえば中国では二〇二〇年一月二三日に武漢市で、二月一六日に湖北省で都市封鎖が宣言されました。移動も強く制限され、違反者に対する罰則も導入され、生活必需品も配給制が敷かれました。さらに二月三日に臨時病院の建設が決定され、二九時間後には四〇〇〇以上の病床が確保されました。また監視体制としてスマートフォンによる位置情報の収集と監視カメラによる顔認識で、罹患者と濃厚接触者の行動を追跡する監視システム、「天網」を駆動させました。地域によってはドローンやロボットなどを使った体温測定や消毒剤散布が実行され、濃厚接触者の強制隔離がおこなわれました。こうした一連の対応は自由が制限され、民主主義も制限されている権威主義体制による統治の強化であり、都市封鎖が惹起した医療体制の崩壊や、重大な情報の隠蔽、告発者への人権侵害など、自由主義や民主主義の観点から批判が起きています。

ここでは、第一の新自由主義的統治による境界線の引き方でもなく、第二のポピュリズムによる境界線の引き方でもない、各人に自己統治を委ねて「動員」する方法ではなく、政府による一方的な「例外状態における統治」という境界線の引き方がされたこと、そして「例外状態における統治」では、自由主義と民主主義を制約する、政府への権力集中がおこなわれていることを確認しておきます。

3　自由民主主義の危機？

ここでグローバルリスクである新型コロナパンデミックに対する、これらの三つの境界線の引き方が自由民主主義に対して、どのような影響を与えているのか、を考えます。

まず自由民主主義は、自由主義と民主主義の結合物として把握できます。自由主義も民主主義も多義的な概念ですが、民主主義の思想的起源は古代ギリシアまで遡るとされるもので、多数派である平等な民衆(demos)による支配の思想です。これに対して自由主義の思想的起源は一七世紀に遡るとされ、個人の自由や自律を尊重し、絶対的権威や権力を拒絶する思想です。本論では自由主義をさらに私的所有権を重視する経済的自由主義と、権力や権威に対する経済的自由を除く諸権利(表現の自由や不当に拘束されない自由、信教の自由など)を重視する、政治的自由主義に分けておきます。この自由主義(政治的自由主義と経済的自由主義)が、一九世紀から二〇世紀にかけて民主主義と結合したものが自由民主主義です。

第二次世界大戦後になると、ファシズムを産み出した反省から、自由主義陣営では、一方で社会を不安定化させる資本主義を飼いならす福祉レジームが形成され(経済的自由主義の抑制)、他方では革命的な力を発揮する民主主義を制限した(政治的自由主義)、代表制民主主義が定着していきました。

しかし新型コロナパンデミックの発生以前から、自由民主主義はしだいに変容していました。すでに論じたように、一九八〇年代からの新自由主義の導入により、経済的自由主義の抑制が解除され、福祉レジームは形骸化した結果、国民社会の求心力が弱まり分断社会へと変貌していきました。さらに二〇世紀中盤と比較して代表制民主主義も衰退していきました。政治学者のコリン・クラウチは代表制民主主義の衰退を「ポストデモクラシー」と名付け、次のように主張します。たしかに選挙制度は存在しており、複数政党制の競争によって政権交代も可能ではある。しかし議会で議論されるテーマは、実質的には選挙によって選出されていない専門家集団(官僚や政府の諮問会議など)によって管理されるようになっています。また有権者の側でも投票率が低下して、政党や労働組合といった、かつて代表的な政治的アクターであった組織の組織率も低下し、こうした組織に対する信頼も低下しています。この結果、一部のグローバル化した巨大企業の利益を代表するエリート間の交渉によって現代政治は展開するようになっています。

こうした「ポストデモクラシー」に対して、二〇〇〇年代には各国でポピュリズムが勃興し、代表制民主主義を揺さぶると同時に、同質的な人民に基礎を置き、われわれ＝人民とみなさない人々、すなわちエリート・エスタブリッシュメントから多様な少数派までを敵として攻撃するようになりました。ポピュリストが権力を掌握したハンガリーやポーランド、トルコ、フィリピンなどでは政治的自由主義の後退が顕著で、「イリベラルデモクラシー（非自由主義型民主主義）」と呼ばれる政治体制へと移行しています。

自由民主主義、より正確には政治的自由主義と抑制された経済的自由主義、代表制民主主義の三者の組み合わせは、新型コロナパンデミック「以前」に変容し、政治的自由主義と代表制民主主義が後退し、経済的自由主義が強まっていました。

現在の新型コロナパンデミックに対する三つの対応、すなわち新自由主義的対応、ポピュリズム的対応、例外状態における統治（もしくは権威主義体制による対応）は、こうした新自由主義化に伴うポストデモクラシーの進展、それに対する反発を含むポピュリズムの台頭、対テロ戦争の文脈における例外状態における統治の進行という現象を背景とした対応です。三つの対応によって引かれた境界線は、いずれも自由民主主義が引いてきた境界線とは異なるもので、また三つの境界線は共存し得るものの、一致しているものでもありません。かつて政治的自由/経済的自由/代表制民主主義に基づく三つの境界線の結びつきによって国民社会という形で社会的包摂と民主主義の単位が作られたのであるならば、今や「社会」の範囲は流動的となり、その外縁を定めることができない状態になっています。

グローバルリスクとしての新型コロナパンデミックの脅威に対応する、三つの境界線をめぐる政治は、自由民主主義を成立させてきた境界線の置き換えを加速させています。

新自由主義的な対応は、経済的自由主義の抑制をさらに解き放ち、コロナ対策の個人化・脱政治化を進め、代表制民主主義を後退させています。そしてポピュリズムは人民の外部=敵として名指した人々を攻撃することで、政治的自由主義を後退させています。第三の例外状態における統治は、政府に権力を集中することで、政治的自由主義と代表制民主主義の双方を後退させています。

では、自由民主主義はどこに向かうのでしょうか。近年の政治体制論の知見を参照してみましょう。現代世界では一九七〇年代から始まり東欧革命を経た「民主化の第三の波」に代わって、二〇〇〇年代から揺り戻しというべき「権威主義化」が顕著になっています。本論では権威主義化の内実を、①以前から権威主義体制であった諸国で統制が強化されている事例、②一度、自由民主主義体制へと移行した後、再度、権威主義体制へと接近している事例(民主化の逆行)、③自由民主主義体制に対する不信が高まる兆候が観察されている事例(自由民主主義の脱定着化)に分けておきます。

こうした権威主義化の進展に加えて、近年、権威主義体制と自由民主主義体制を分かつ境界線は曖昧なものとなっています。比較政治学者のレビツキーとウェイが競争的権威主義体制として定式化したように、選挙制度が存在し、複数政党制で政党間の競争はあるものの、野党やメディアへの攻撃が日常化し、継続的に特定の政党や個人が権力を掌握し続ける体制の国々も増えています。これらの政治体制には限定的な自由は存在し、選挙の機会が制度化されてはいるものの、実態としては権威主義体制と類似した特徴をもっています。

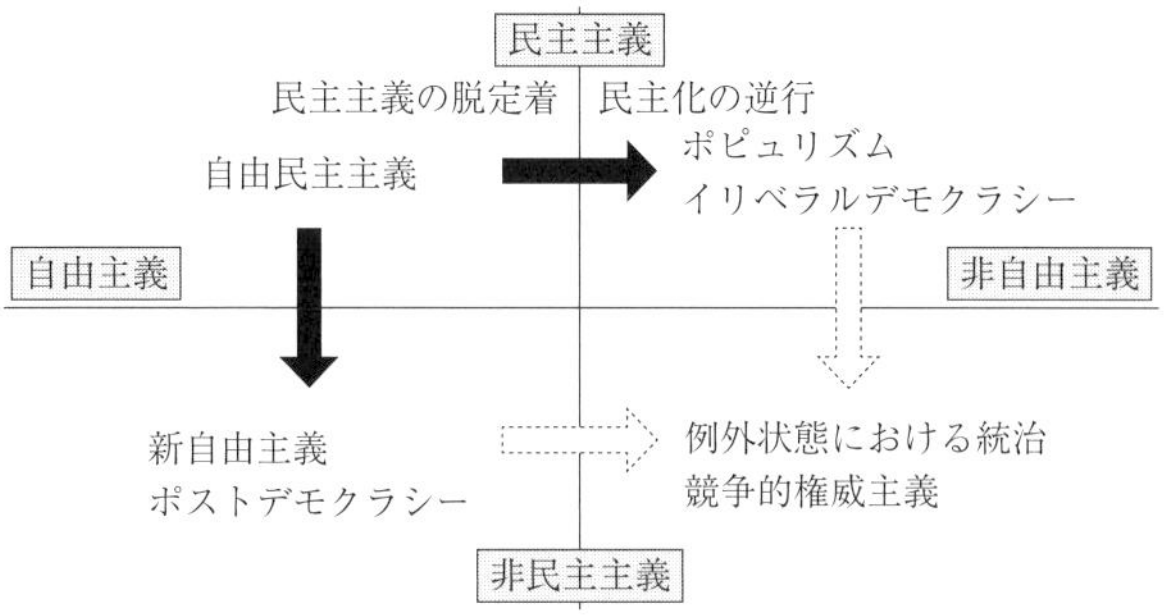

図 6-1　自由民主主義の分解と，権威主義への移行？

以前から変容していた自由民主主義は、新型コロナパンデミックというグローバルリスクによる対応を経て、「非自由民主主義」の方向へと、気が付きにくい形ながら、ゆっくり移行しています。それは自由民主主義体制の脱定着化であり、部分的には自由民主主義体制からの逆行を含んでいます。さらには競争的権威主義体制へ接近する「権威主義化」の過程です。

以前から進んでいた自由民主主義の揺らぎは、グローバルリスクとしての新型コロナパンデミックにより、政治的自由主義と代表制民主主義の後退、経済的自由主義の進行が進むことで、競争的権威主義体制へ向けた、ひそかな移行を引き起こしているのです。このことをまとめたものが、図6‒1です。

4 新型コロナパンデミック時代の境界線(2)

国家への期待

今度は視野を広げてグローバルな空間で捉えた時、グローバルリスクである新型コロナパンデミックに対して、いかなる境界線の引き方がされてきたか、を見ていきます。フランスのマクロン大統領やアメリカのトランプ大統領(当時)は、新型コロナパンデミックとの戦いを戦争にたとえました。象徴的なものとはいえ、戦争の担い手として主権国家を前面に打ち出す宣言として解釈することができます。

ポスト冷戦期以降、冷戦構造の解体を受けて、環境問題やグローバル化した経済問題といったグローバルイシューが前景化しました。各主権国家間の対立は存続するとしても、それと並行して国境を越えるグローバルイシューへ対応することは各主権国家の急務であり、逆説的ながら国境を越える統治(ガバナンス)の必要性が主張されました。国境を越えるさまざまな国際組織や地域機構、社会運動、NPOが台頭し、多国間主義や国際協調に加えて多様なアクターが相互接続してネットワークを作り、課題に応じてグローバルな統治を担う仕組みが形成されていきました。

しかし二〇一〇年代になると、世界各地でナショナリズムや自国優先主義が台頭するようになりました。「コントロールを取り戻せ」を標語としたイギリスのブレグジットや、「アメリカ第一」を掲げたトランプ大統領の誕生は、その象徴的な出来事です。こうしたなかで、新型コロナパンデミックに対して顕著になっている境界線の引き方が、主権を中心に据えた「ワクチンナショナリズム」によるものです。各国家は自国の分のワクチンを優先的に獲得するため熾烈な争奪戦を展開しています。二〇二〇年九月一四日にビル&メリンダ・ゲイツ財団(Bill & Melinda Gates Foundation)が「先進国がワクチンを公平に分配するのではなく、最初の二〇億回分のワクチンを購入した場合、新型コロナ感染症で死亡する人の数はほぼ二倍になる」と警告を発し、WHOのテドロス事務局長も「ワクチンナショナリズムとワクチン生産の制限は、パンデミックを長期化させる公算が大きい」と警鐘をならしています。またワクチンの提供をめぐって、「ワクチン外交」と呼ばれるように、アメリカや中国など大国間で影響力の拡大を競いあい、ワクチンがそのための手段として機能しています。

ワクチンナショナリズムは、まず自国民の生の安全を優先する思考であり、自国に住む人々＝安全／外国人＝危険という構図を作る境界線を引きます。それに加えて国際的な影響力を行使する手段としての側面をもつに至っています。グローバルリスクを前に、国家の存続、さらには影響力の拡大を目標とする行動が、国家を担い手として進んでいるのです。

レイシズム

各国によるワクチンナショナリズムに加えて、国際社会で先鋭化しているのはレイシズムによる境界線の構築です。レイシズムの歴史は植民地建設や奴隷制まで遡ることができますが、一九九〇年代以降には新自由主義が席巻して国民社会が解体していくなかで、自分たちが帰属する共同体や民族からみて「他者」である人々を排斥する、排外主義やレイシズムが台頭しました。二〇〇一年のアメリカ同時多発テロや二〇〇八年のリーマンショックを契機として、イスラーム教徒をはじめ移民、難民、有色人種、性的少数者など、「他者」とされた人々との関係をめぐる政治は、安全保障に関わる問題とされてきました(securitization)。それによって友＝内／他者＝敵＝外という構図が先鋭化したのです。この際に境界線を引く指標として機能したものの一つが人種(race)です。

新型コロナパンデミックは、このように深刻化していたレイシズムをさらに高揚させ、ヘイトクライムや差別の増加を引き起こしています。レイシズムは、社会の防衛を掲げて、人々にとって危険をもたらす人種をつくりあげ、排除を正当化します。すでに新自由主義によって形骸化された国民社会であっても、人々に帰属先を与える社会としてのイメージが残存していれば、その社会を守ることを掲げてレイシズムは機能します。

いくつかの事例を挙げておきます。アメリカではトランプ政権下で、大統領や政府高官が新型コロナウイルスを「中国ウイルス」「武漢ウイルス」と呼ぶなど、レイシズムを扇動する可能性のある言辞を繰り返しました。アメリカの世論調査機関「ピュー・リサーチ・センター」によれば(二〇二〇年七月時点)で、アジア系アメリカ人の約三分の一がレイシズムによる中傷や冗談にさらされたと回答し、二六％は物理的な攻撃におびえた体験を告白しています。また成人一〇人のうち四人が、コロナ禍が始まって以降、アジア系に対するヘイトスピーチを発することが社会全体で拡大したと認識している、と伝えています。またカリフォルニア州立大学サンバナディーノ校「ヘイト・過激主義研究センター」は、二〇二〇年、人口が多いアメリカの一六都市で発生したアジア系アメリカ人に対するヘイトクライムは一二二件となり、前年比で一五〇％増となったことを報告しています。

日本でも、罹患者が出た最初期からレイシズムによる境界線が観察できます。新型コロナウイルスを「武漢ウイルス」と呼ぶ国会議員もおり、生活支援給付金について小野田紀美参院議員（自民党）は「マイナンバーは住民票をもつ外国人ももっていますので、マイナンバー保持＝給付は問題が生じます」（二〇二〇年三月三〇日）とSNSに書き込み、給付対象から外国人を排除する趣旨の主張をしました。また安倍政権によるマスク配布（二〇二〇年三月）をめぐり、埼玉県さいたま市は、朝鮮初中級学校幼稚部（さいたま市）に対して直接に指導監督する施設ではないことを理由として、朝鮮学校をマスクの配布対象としませんでした。理由を訊ねた同園に対して、市の担当者は「朝鮮人による配布マスクの転売可能性」を示唆する発言をおこなっていることを、ジャーナリストの安田浩一が取材によって明らかにしました。マスクが新型コロナウイルスから命を守るもの、と考えられているのであれば、日本の国内社会において、レイシズムによる境界線が引かれ「積極的に生かす」のではなく、在日朝鮮人の幼稚園児たちを（潜在的には）「死ぬに任せる」行動がとられた、といえます。政府や地方自治体のみならず、国民の側からのレイシズムの発露もみられます。大村愛知県知事は、日本に感染が広まった最初期のクルーズ船の罹患者を医療施設に受け入れた際、「外国人に税金を使うな」「中国人、韓国人を追い返せ」といった抗議電話が相次いだことを明らかにしました。また横浜市の中華料理店には「中国人はゴミ」「出ていけ」と書かれた手紙が送りつけられ、各地に「日本人専用フロアプラン」を売り出すビジネスホテルもありました。

いくつかの事例を挙げましたが、新型コロナパンデミックに直面して、「社会の防衛」のために、国民社会内部にレイシズムによる境界線を引く行為は世界各地でおこなわれており、多様な民族や人種から構成される国民を、単一の人種に「純化」することを志向するレイシズムが、以前より拡大する傾向がみられます。

再編される世界秩序

グローバルリスクである新型コロナパンデミックに対する、国際社会における二つの境界線の引き方は、国際社会に対して、どのような影響を与えているのか、を考えます。

ワクチンナショナリズムにみられる、国家を前面に打ちだした対応は「主権の回復」を目指す現象です。ここではグローバルな統治に抗して自国優先主義が前景化します。資金や技術力がある諸国がワクチンを独占し、そこに住む人々が「積極的に生かす」対象とされ、そうではない多くの諸国の多数の人々は「死ぬに任せる」という境界線が引かれることになります。グローバル化された世界において、仮にワクチンによって資金や技術力のある国の人々は「積極的に生か」されることが可能になったとしても、ワクチンが提供されなかった地域においてウイルスが変異して、再度世界中に拡散するリスクを封じることはできません。しかし主権国家の視座から見るのであれば自国の存続を確保する境界線を引く行為としての側面が前景化し、さらに米中といった大国では影響力を拡大する、国際政治の覇権をめぐる安全保障戦略としての側面も前面に出ています。

これに対して、グローバルな統治を志向する動きとして、WHOや貧困国へのワクチン供給を目指す民間組織などが共同してCOVAXファシリティ(COVID-19 Vaccine Global Access Facility)という枠組みが立ちあげられています。豊かな国が資金を提供してワクチンを共同購入し、貧しい国々に分配する仕組みで、一九〇カ国が参加しています。しかしCOVAXに提供されたワクチンは、配分を受ける諸国の人口のごく一部の量に過ぎません。ワクチンナショナリズムによって、一部の国は直接に製造業者と契約して過剰ともいえるワクチンが備蓄され、ワクチン価格の上昇を惹起し、その結果として貧しい国々ではワクチンの調達は難しくなっています。ここで指摘できるのは、グローバルリスクである新型コロナパンデミックは、以前から高揚していた「主権の回復」の潮流をより激しいものにし、グローバルな統治の機能不全を引き起こしているということです。グローバル化の潮流のなかで、主権による統治から、国境を越えたグローバルな統治に向かっていた国際社会は、「主権の回復」を志向する潮流におされて、国家間で対立する、主権による統治を志向する世界へと移行しています。

他方でレイシズムによる境界線の形成は、「国民の純化」を志向するものとして把握することができます。ここではグローバルな人種や民族、宗教などによらず、社会のルールを形成する「ポストナショナルな市民」を志向する潮流や、多様な人種や民族、宗教などが各々の視点から意見を出し合い、社会のルールを形成していく「差異ある市民」を志向する潮流は後ろに退いています。以前から台頭していたレイシズムは、自らを多数派と位置づけ、社会の内部に境界線を引いて、自らが属する社会を脅かす存在と新型コロナウイルスの脅威を重ねあわせたものとして機能しています。

多数派民族の影響を強く反映する同質的な国民ではなく、人種や民族、宗教などによらず、社会のルールを形成する「ポストナショナルな市民」を志向する潮流や、多様な人種や民族、宗教などが各々の視点から意見を出し合い、社会のルールを形成していく「差異ある市民」という概念を打ち出

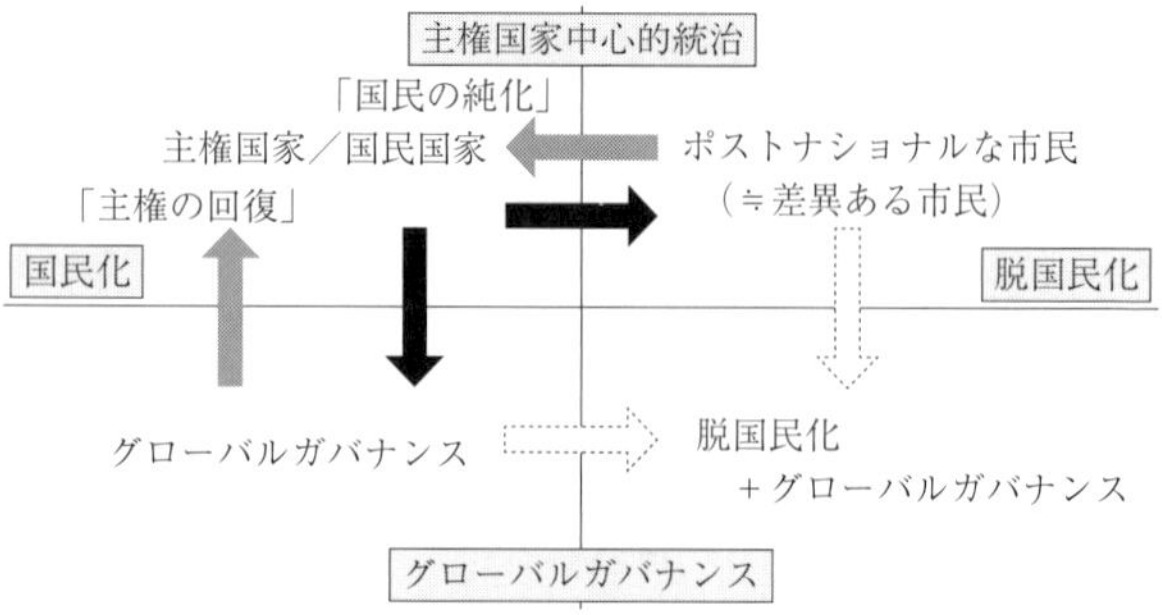

図 6-2　国民国家の分解と「純化・回復」

す視座から見るのであれば、レイシズムは社会を分断し、あり得たかもしれない包摂的な社会を拒絶するものです。それはグローバル化が進み混淆が進む社会で半ば不可能であるゆえに、暴力的な幻想として現れ、「純化された国民」という社会の形成とコロナ禍対策はまったく異なるものである、ということを見失っています。

しかし「純化された国民」を目指す潮流は強く、アメリカや欧州のみならず、日本を含む世界各地で観察される現象です。すでに福祉の単位としての国民社会が形骸化していても、人々の帰属や承認の欲望、あるいはそれを失う恐怖に訴えるレイシズムは、国民社会という単位の成立すら阻み、細分化され分断化された社会をつくりあげているのです。

グローバル化の進展により、国際社会は、国民国家を社会の範囲として、主権国家による統治をおこなう世界、すなわち国民(共同体)と主権国家から構成される社会から、ポストナショナルな市民や差異ある市民が形成する社会と、国境を越えるグローバルガバナンスがおこなわれる世界社会へ変化していきました。しかし二〇〇〇年代からその傾向は反転し始め、「主権の回復」と「国民の純化」が志向される世界へと変化し、さらにグローバルリスクである新型コロナパンデミックを前にその傾向が加速しています。自由民主主義という政治体制は、主権国家／国民国家という政治共同体の基盤の上に成立してきました。その変化は、自由民主主義をめぐる境界線にも影響を与えながら進行しているのです。こうした動向を図6-2でまとめておきます。

5　三つの提言

新型コロナパンデミックというグローバルリスクは、われわれが維持してきた自由民主主義や国民国家を試練に晒しています。パンデミック以前の世界に問題がなかったわけではありません。新自由主義、ポピュリズム、例外状態における統治、それらによる自由民主主義の揺らぎはすでに進行していました。また自由民主主義体制が成立する基盤となる主権国家／国民国家のレベルでも、レイシズムの噴出と主権の回復、それによる国際社会の変容といった現象も進んでいました。新型コロナパンデミックが引き起こした問題の多くは、その延長線上にあります。平時から競争を至上の価値として、自己責任論を広めて社会の存立を難しくし、余裕を無駄とみなして削り続けてきたこと。多様な人々、とりわけさまざまな弱者とともに社会をつくる民主主義の実践を怠ってきたこと。反レイシズムの規範を社会に埋め込まず、グローバルガバナンスによる対応が必要なこととの精査を怠ってきたこと。新型コロナパンデミックへの対応は、わたしたちの政治への取り組みを改めて問い直す必要があることを明らかにしたのです。

新型コロナパンデミックがグローバルリスクであり、ナショナルな自由民主主義に基づく既存の境界線の有効性を疑わせ、そこに従来からナショナルな自由民主主義を掘り崩していた潮流が加速する形で、さまざまな境界線が引かれていることを論じてきました。国民社会という形の社会的包摂が形骸化するなかで、境界線を引くことが不可避であるならば、われわれはいかなる社会的包摂の境界線を引けばよいのでしょうか。最後に、抽象的な原理ですが、三つのことを提言したいと思います。

〈提言〉

1 新型コロナパンデミックが「境界線を無効にする」性質をもつ点に着目すべき

あらゆる境界線、たとえば国境線や都市封鎖による境界線であっても、それは一定程度の有効性しかもてません。境界線は完全なものではなく多孔的であり、永続的ではありません。今日の「主権の回復」や「国民の純化」といった世界社会を分断する境界線の、コロナの脅威に対する有効性は限定的なものです。より踏み込めば、反レイシズムの規範が必要であり、また主権の全能性という発想を相対化するべきです。「誰でも罹患し得る」以上、既存の境界線を相対化した、より包摂的な境界線、すなわちローカルな社会から、国境を超えるメガ地域社会をはじめ、「世界社会」まで包摂する、重層的で多元的な社会的包摂を求めるべきです。

2 各人の境遇に応じた社会的包摂を

たとえば、日本における二〇二〇年三月の学校休校措置の急な決定は、現場に大きな混乱をもたらしたことを想い起こしてほしいと思います。学校に通う子どもの保護者の労働形態や家族形態、経済力や時間的余裕は多様であり、一元的な対応は不可能です。それゆえ、潜在的なニーズを含めて、多様なニーズに応答可能な社会的包摂の設計が必要です。

3　社会的包摂の境界線は、人々によって合意される必要がある

人々の置かれた境遇の多様性に即して、重層的で多元的な社会的包摂の境界線が必要とされます。その一部は国境をも超えて世界社会のレベルに達するものとなり、時間的にもさまざまなものになります。そのためナショナルな代表制民主主義のみならず、多様な形で社会的な包摂をされる構成員の合意によって境界線の正統性は基礎づけられなければなりません。さまざまな共同性の単位が融解する現代社会において、人々はお互いが置かれた境遇を想像することは難しくなっています。現実には不平等な関係性であっても、平等な立場を擬制として立ち上げ、人々の声に応答していく過程、すなわち熟議(deliberation)を含む民主主義が必要です。

参考文献

杉田敦 二〇一五、『増補版　境界線の政治学』岩波現代文庫。
宮本太郎 二〇二一、『貧困・介護・育児の政治――ベーシックアセットの福祉国家へ』朝日選書。
山崎望 二〇一八、「二一世紀に自由民主主義体制は生き残れるか――正統性の移行と再配置される暴力」『国際政治』一九四号、有斐閣。
山崎望 二〇二二、「グローバル化／ポスト・グローバル化と民主主義の位相」岩崎正洋編『グローバル化とポ

スト・グローバル化』ナカニシヤ出版（近刊）。
山崎望編 二〇二二、『民主主義に未来はあるのか?』法政大学出版局（近刊）。
Beck, Ulrich 1999, *World Risk Society*, Polity Press.（島村賢一訳『世界リスク社会論——テロ、戦争、自然破壊』平凡社、二〇〇三年）
Brown, Wendy 2015, *Undoing the Demos: Neoliberalism's Stealth Revolution*, ZoneBooks.（中井亜佐子訳『いかにして民主主義は失われていくのか——新自由主義の見えざる攻撃』みすず書房、二〇一七年）
Crouch, Colin 2020, *Post-Democracy After the Crises*, Polity Press.
Norris, Pippa 2019, *Cultural Backlash: Trump, Brexit, and Authoritarian Populism*, Cambridge University Press.
Jensen, Jody 2010, *Globalizing Governance in a Multi-Stakeholder World: The Global Prince, Merchant and Citizen*, LAP LAMBERT Academic Publishing.
Levitsky, Steven & Lucan A. Way 2010, *Competetive Authoritariamism: Hybrid Regimes After the Cold War*, Cambridge University Press.
Mounk, Yascha 2018, *The people vs. Democracy: Why our freedom is in Danger & How to Save it*, Harvard University Press.（吉田徹訳『民主主義を救え!』岩波書店、二〇一九年）
World Bank World Bank Group Publications '2021, *The Covid-19 Vaccine Production Club: Will Value Chains Temper Nationalism?*, World Bank Group.
Young, Jock 1999, *Social Exckusion, Crime and Difference in Late Modernity*, Sage.（青木秀男・伊藤泰郎・岸政彦・村澤真保呂訳『排除型社会——後期近代における犯罪・雇用・差異』洛北出版、二〇〇七年）

7　「地域責任」と地方分権の限界[1]
――コロナ対応を例として

川島佑介

1　「地域責任」としてのコロナ対応

(1)　自助社会の相似形としての「地域責任」

本書のタイトルの通り、昨今では「自助社会」という考え方が強くなっています。筆者の考えでは、自助社会とは、各個人の置かれた状況に合理的な配慮がないまま、個人に決定を否応なく迫り、その結果を「自己責任」として各々に引き受けさせる社会です。こうした自助社会の問題点は、本書の各章で論じられている通りだと思います。ところで、この自助社会の考え方は、何も個人に限らず、個人を地域に置き換えても当てはまると考えられます。つまり、各地域の事情にかかわらず、各地域に決定を求め、そして、「地域責任」を引き受けさせていく、という考え方です。

ここで注意したいのは、「地域責任」と地方分権が表裏一体のものであるということです。自治体に決定権限が与えられている以上、その責任も自治体が負うのはある意味では自然な理屈かもしれません。ここ三〇年あまり、日本の自治体は多くの権限を手にしてきましたが、同時に、財政規律や人口維持などの責任もより強く負うようになってきました。しかし、「地域責任」と地方分権には、限界もあるのではないかというのが、本章の主張です。すなわち、自治体に決定と責任をひたすら求めても、自治体には困惑をもたらし、思うような政策効果も発揮できないのではないか、と懸念されます。

本章は、「地域責任」と地方分権の限界を、危機管理、とくに新型コロナウイルス対応を題材にして考察してみたいと思います。危機管理とは、多数の人命に直接的な危機が迫っており、これに対応するため、自治体を含む政府が平時とは異なる組織形態をとり、特別な業務を遂行することと定義できます。危機管理は、基礎的な政府機能の一つであり、政府デザインを検討するのに適切な題材であると思われます。また、危機と言っても多種多様ですが、とくに二〇二〇年初から日本が取り組んでいるコロナ対応を危機管理の例として、本章で取り上げます。

実際、コロナ対応で注目を集めているのが都道府県知事です。大都市である東京都の小池知事や大阪府の吉村知事をはじめ、各都道府県の知事たちは、都道府県の方針決定、メディアへの説明、打開策の模索に日々追われています。本章では、都道府県ではどのようにコロナ対応が進められているのか、そして都道府県中心のコロナ対応は成果を上げているのかを問いたいと思います。結論を先取りすれば、各都道府県は、分断された状況のなかで、個々が苦闘を繰り広げています。そして残念ながら、これらの個別の苦闘は思うような効果を上げられていない、ということになります。

なお、特筆のない限り、本章の日付は二〇二〇年を指しています。

(2) コロナ対応をめぐる国と地方の関係

日本の政府と自治体が取り組んでいるコロナ対応は、すでに大いに注目されています。竹中治堅は、コロナ対応を時系列的にまとめた上で、「首相の指導力が制約されている」と述べています(竹中 二〇二〇、六頁)。なぜなら、新型インフルエンザ等対策特別措置法は、感染症対応を決める権限を都道府県知事に与えているからであり、都道府県知事たちは、安倍首相と比べて経済政策よりもコロナ対応を重視してきたからです(竹中 二〇二〇、二九八頁)。アジア・パシフィック・イニシアティブの報告書でも、特措法では、「国の地方に対する指揮権限が弱い」と指摘されています。国(首相)の都道府県知事に対する権限は、「総合調整」にとどまり、国の指示に従わなかった場合の対応も不透明だということです(アジア・パシフィック・イニシアティブ 二〇二〇、二五五頁)。

法制度だけではなく、都道府県の実際の動向にも分権性を見出せると指摘されています。金井利之は、危機管理に権力集中の志向性を見出しつつ、コロナ対応で実際に見られた現象は、権力の迷走とそれによる自治体の放縦であると論じています(金井 二〇二一)。片山善博も、同様の見解に立った上で、都道府県間の対立事例や、対応の違いを指摘しています(片山 二〇二〇、三章)。都道府県間の相違に注目した研究者として、曽我謙悟が挙げられます。彼は、保健所職員数、病床数、想定患者数、知事発言の種類と数といった各種量的データを分析した上で、都道府県間の差異が大きいと結論付けています(曽我 二〇二〇a、曽我 二〇二〇b)。法的にみても、やはり主に都道府県がコロナ対応をおとなっていること、そしてこの権限は実質的なものであるからこそ、都道府県間の差異が生じていることが分かります。他方で、都道府県の内部で展開された政治過程は明らかになっていません。また、分権的なコロナ対応の評価もまだなされていません。本章はこうした課題に取り組みたいと思います。

(3) 本章の分析対象、「都道府県の接触確認システム」

都道府県によるコロナ対応として本章がとくに注目するのは、都道府県が運用する接触確認システムです。接触確認システムとは、スマートフォンのアプリやデータベースを用いて、感染者と濃厚接触した疑いがあることを、利用者にいち早く知らせることを目的としたものです。通知が来た利用者は、さらなる感染を招くような行動を慎むことによって、感染の拡大を防止することが想定されています。

接触確認システムの具体例としては、厚生労働省が運営するＣＯＣＯＡが有名です。ＣＯＣＯＡは、スマートフォンの近接通信機能(ブルートゥース)を利用して、利用者同士の接触を記録するシステムです。感染者との近接が判明すると、利用者に感染者との接触を通知します。これとは異なり、都道府県が運用する接触確認システムは、場所を登録します。つまり、利用者は、行く先々で接触確認システムに登録します。感染者が同じ場所を利用したことが明らかになった場合、利用者に通知が届くようになっています。

都道府県によるコロナ対応に注目する本章が、接触確認システムに注目する理由は、第一に、接触確認システムについては法規制がない点です。つまり、接触確認システムを用いるかどうかは都道府県に完全に委ねられており、「地域責任」とされているコロナ対応の実態を典型的に示していると思われます。第二に、接触確認システムがかなり早い段階で注目されているからです。COCOAは四月一一日にアプリ開発が報道されており、五月九日にはアプリの概要が報道され、六月一九日から運用されています。(2) 都道府県が運用する接触確認システムは、それよりも早く、たとえば神奈川県では五月二〇日に運用が開始されています。コロナ対応のなかでは長い実績があり、都道府県による取り組みの成果を検討する適切な題材だと思われます。

2 導入状況と成果の分析

(1) 都道府県の裁量の余地の大きいシステム導入

まず、各都道府県が運用している接触確認システムの導入状況についてまとめます。各都道府県の接触確認システムは、二種類に分けることができます。一つは、都道府県が独自に開発・運用しているシステムです。これは、一二の都道府県が用いています。

もう一つは、通信アプリケーションソフト「LINE(ライン)」を用いたものです。接触確認システムの導入以前から、LINEはコロナ対応に活用されてきました。三月八日に神奈川県がLINEを用いた「新型コロナ対策パーソナルサポート(行政)」をリリースして以降、三二もの都道府県で「新型コロナ対策パーソナルサポート」(正式な名称は、都道府県によって多少異なります)が運用されました。これは、コロナに関する知識発信、体調に応じた相談窓口の案内、コロナ感染症の発生状況の連

	独自の接触確認システム	導入日	LINE の接触確認システム	導入日
滋賀県			もしサポ滋賀	6/10
京都府	こことろ(京都府新型コロナウイルス緊急連絡サービス)	7/1		
大阪府	大阪コロナ追跡システム	5/29		
兵庫県	兵庫県新型コロナ追跡システム	7/10	兵庫県新型コロナ追跡システム	7/10
奈良県				
和歌山県				
鳥取県	とっとり新型コロナ対策安心登録システム	8/5	LINE 版とっとり新型コロナ対策安心登録システム	8/5
島根県				
岡山県			もしサポ岡山	8/12
広島県	広島コロナお知らせ QR	8/14		
山口県				
徳島県	とくしまコロナお知らせシステム	6/30		
香川県			かがわコロナお知らせシステム	8/11
愛媛県			えひめコロナお知らせネット	7/10
高知県				
福岡県				
佐賀県				
長崎県				
熊本県				
大分県				
宮崎県				
鹿児島県				
沖縄県			RICCA	10/16

注：空欄は未導入を示す(2022 年 1 月現在)．各都道府県のコロナ関連および広報に関するウェブサイトに基づき作成.

表 7-1　各都道府県の接触確認システム(日付は 2020 年)

	独自の接触確認システム	導入日	LINE の接触確認システム	導入日
北海道	北海道コロナ通知システム	5/29		
青森県				
岩手県			もしサポ岩手	7/1
宮城県	みやぎお知らせコロナアプリ(MICA)	5/25		
秋田県			秋田県版新型コロナ安心システム	7/10
山形県			山形県新型コロナ安心お知らせシステム	11/9
福島県				
茨城県	いばらきアマビエちゃん	6/15		
栃木県			とちまる安心通知	9/4
群馬県				
埼玉県			埼玉県 LINE コロナお知らせシステム	7/10
千葉県				
東京都	(1)都立施設入館システム (2)もしサポ@東京	(1) 6/12 (2) 7/10	東京版新型コロナ見守りサービス	6/12
神奈川県			LINE コロナお知らせシステム(行政)	5/20
新潟県			新潟県新型コロナお知らせシステム	10/16
富山県				
石川県				
福井県				
山梨県				
長野県	どこキャッチ	6/30		
岐阜県	岐阜県感染警戒 QR システム	5/30		
静岡県				
愛知県				
三重県			安心みえる LINE	8/25

絡に用いられるサービスです。(3)「新型コロナ対策パーソナルサポート」に加えて、LINEは、都道府県が用いる接触確認システムをリリースしました。これは一六の都県がそれぞれ導入しています。なお、東京都、兵庫県、鳥取県は、独自システムとLINEシステムを併用しています。

各都道府県の接触確認システムの導入状況とその名称、導入日をまとめたものが表7-1です。

この表からは、以下の三つのことが分かります。第一に、接触確認システムのほとんどが二〇二〇年の前半期に運用開始されており、とくに独自システムは、八月一四日までに出揃っていることです。これは、当初は都道府県が手探りで接触確認システムを開発していたのですが、国によるCOCOAの開発が徐々に明らかになるにつれて、都道府県による接触確認システムの開発・運用の必要性は薄くなっていったのではないか、と考えられます(伊藤 二〇〇二)。

第二に、独自の接触確認システム導入状況に関しては、都市部、すなわち人口が多い都道府県で導入実績が多い傾向はありそうです。人口が多いということは、感染者数も多いということや財政力に余裕があるということを意味します。ただし、例外も多く観察されるため、人口や感染者数、財政力が独自の接触確認システム導入の有無をうまく説明できるわけでもなさそうです。

第三に、LINEの接触確認システムの導入状況は、全体として「東高西低」の傾向があります。すなわち、LINEの接触確認システムは東日本でとくに普及しています。しかし、これも決定的とは言いがたいのではないでしょうか。また、それ以外にも、人口や感染者数、財政力がLINEの接触確認システムの導入の有無に与える影響はほぼないと言えそうです。

つまり、接触確認システムを導入するかどうかに対しては、何か普遍的な事情が働いているわけではないようです。言いかえるならば、都道府県は、独自の接触確認システムを導入するか否かについて、大きな裁量権を持って決定した、と言えそうです。

(2) 導入をめぐる都道府県の「苦闘」

都道府県内部の政治過程を観察すると、接触確認システムの導入過程は、行政職員らの「苦闘」として表現できそうです。早期に独自の接触確認システムを導入し、県条例に接触確認システムの利活用を盛り込むなど、最も積極的な県のひとつと言える茨城県を取り上げ、このことを示したいと思います(4)。

茨城県では、議会や民間企業ではなく、行政が接触確認システムである「いばらきアマビエちゃん(以下、アマビエと略記します)」の開発を提案しました。アマビエは、感染拡大防止と経済活動の両立が目的とされたため、保健福祉部局ではなく、産業戦略部中小企業課が主に議会対応をおこなっています。

県議会でもアマビエをめぐっては継続的に白熱した議論が展開されました。主要な論点は三つありました。第一に、アマビエとCOCOAとの関係です。両者の機能はほぼ同じであり、なぜあえてアマビエを導入する必要があるのかという質問が提出されました。これに対して行政側は、COCOAは近接通信、アマビエは場所の登録という仕組みの違いを挙げて、両者を併用することで相乗効果を狙うと答えています。

しかし、この相乗効果論は、県議会では徐々に後退していくことになります。そのきっかけになったのが、第二の論点である条例化の是非です。九月の定例会で、知事が提案した「茨城県新型コロナウイルス感染症の発生の予防又はまん延の防止と社会経済活動との両立を図るための措置を定める条例」が審議されました。この条例案では、事業者（商業施設や飲食店等）も利用者もアマビエに登録することが義務付けられています。とくに事業者については、登録されていない場合には、県が登録を勧告したり事業者名を公表したりできると定められています。これは憲法の自由権に抵触しないのか、と問われた大井川知事は、公共の福祉の観点から合法であり、事業者名公表の前に粘り強く説得をおこなう予定であると答弁し、アマビエの条例化を強く推し進めています。

しかし、条例化にもアマビエそのものにも強い期待をかけるということは、アマビエの相方であるはずのCOCOAについても条例化すべきではないかという質問を生むことになりました。行政は、国がCOCOAはいつでも利用者によって削除可能としていること、また国の管理する情報に県が関与できないという二点を理由に、条例にCOCOAを盛り込むことはできないと答弁します。これ以降、COCOAはほとんど県議会での議論の対象とならなくなり、県議会は、県独自の施策であるアマビエの運用のみに関心を払っていくことになります。

とはいえ、アマビエの利活用が低迷していることには当初から懸念が示されていました。そもそも接触確認システムは、少人数が登録するだけでは意味がありません。利用者が拡がって初めて意味をもちます。そのため、いかに利用者を伸ばすかが、第三のそして最大の論点でした。アマビエの利活用の拡大に向けて、県は懲罰的な方法ではなく、誘導的な方法を採りました。すなわち、事業者に対しては、知事が先頭に立ったキャラバン隊による登録呼びかけ、時短営業への協力金の支払いにアマビエ登録を要件とするという方法を採りました。こうした取り組みが奏功し、九月には約二万六〇〇〇事業所の登録があり、二〇二一年六月には約六万二〇〇〇事業所の登録へと伸びています。他方で、利用者の方は伸び悩んでいました。県は、利用者に県産品プレゼントキャンペーンを展開したり、長い議論のすえ、濃厚接触メール受信者には優先的にPCR検査を提供することを認めたりして、利用者の拡大を図りました。それでも、二〇二一年六月時点で利用登録は延べ約三三五万件にとどまっています。

都道府県の「苦闘」の内実にいっそう迫るため、続いて、A～Dの四つの都道府県へのインタビュー調査を紹介します。(5) A県とB県は独自の接触確認システムを導入しています。C県はLINEの接触確認システムを導入しています。D県は接触確認システムを導入していません。

A県もB県も、コロナ感染症が長期化、深刻化するなかで、県としてやれることを模索したことがシステム導入の決め手であったと述べています。C県も独自の接触確認システムの開発を検討したが、LINEの方が開発経費や労力が少なく、情報登録に際しての抵抗感の少なさもあって、LINEを用いた接触確認システムを選択したと述べています。

A県とB県における導入に至る政策過程は以下の通りです。A県では経済系部局が、B県では企画系部局が接触確認システムの導入を提案しました。システム開発で先行する都道府県から情報を得るよう努め、また保健部局と意見交換をおこないつつ企画を練り上げていきました。他方で、国や県下市町村、近隣都道府県とはとくに意見交換をおこなっていなかったようです。仕様が固まると、随意契約で接触確認システムの開発を民間会社に発注し、運用を開始しています。

ＬＩＮＥによる接触確認システムを有するＣ県の導入は、比較的遅く、ＣＯＣＯＡの導入後でした。Ｃ県担当者は、「ＣＯＣＯＡは接触の程度がわかるが、共有した空間と日時が特定できない」とし、「［ＣＯＣＯＡとＬＩＮＥによる接触確認システムの］二つのシステムを併用すれば、より効率的な疫学調査が可能となるほか、バーコードポスターの掲示により利用者の安心感にもつながる」と述べています。導入に至る政策過程は、Ａ県およびＢ県とほぼ同様であり、国や県下市町村とはとくに相談せず、担当部局との意見交換や先行する都道府県への調査を踏まえています。

Ｄ県では、そもそも接触確認システム導入の声は上がらなかったとのことです。感染症の特性上、限定された地域で流行するわけではなく、一つの県でのみ活用できる接触確認システムの開発が必ずしも感染拡大抑止につながるとは考えていなかったため、県独自の接触確認システムの開発をおこなわず、厚生労働省が開発し全県での活用が可能なＣＯＣＯＡの利活用推奨および導入の促進をおこなったと述べています。

四つの県における導入過程の分析からは、以下の二点が明らかになります。第一に、都道府県による接触確認システムの導入にあたっては、各都道府県が大きな裁量をもっています。つまり県に対して決定的な外圧が存在しているわけでなく、県が感染拡大防止に有益と判断して、導入を決めています。また、導入にあたっては、国や市町村、近隣都道府県の意向や動向は考慮されていません。あくまでも、接触確認システムがうまく機能するかどうかの参考として、先行事例が調査されるにとどまっています。さらに、導入を主導する部局が、必ずしも保健・衛生系部局ではないことも、都道府県の裁量の大きさを示しているのでしょう。感染状況や保健・衛生業務そのものから接触確認システムの有無が導かれるのではなく、能動性と余力がある部局が存在するかどうかという都道府県の事情が分岐点だからです。

第二に、都道府県の暗中模索です。コロナという新しい危機のなか、A～C県は県独自に取りうる政策として接触確認システムの導入を図っています。利用促進についても、本項冒頭で紹介した茨城県は、県としておこないうる事業はすべておこなったと言えるのではないでしょうか。混乱状況のなか、打てる手を試しながらコロナと戦っている都道府県の姿は、苦闘と表現するのが最も適切でしょう。

（3）接触確認システムの効果はなかった

では、都道府県による接触確認システムは、コロナ感染症拡大防止に実際に寄与しているのでしょうか。以下の図7-1と図7-2は、残念ながら、総合的に見ると、その答えがNOであることを示しています。

図7-1は、一〇万人あたりの新規感染者数について、「独自システム導入都道府県」と「LINEシステム導入都県」、そして比較のために全国の数を示したものです(6)。この図における「独自システム導入都道府県」のグラフには、独自の接触確認システムを導入した後の都道府県が順次加えられていきます。すなわち、五月二五日にまず宮城県が入り、五月二九日に北海道と大阪府が、五月三〇日に岐阜県が、独自の接触確認システムを有する都道府県として加えられていきます。加えられた都道府県の合計新規感染者数を、総務省統計局による令和元年推計人口の総計で割ります。たとえば五月

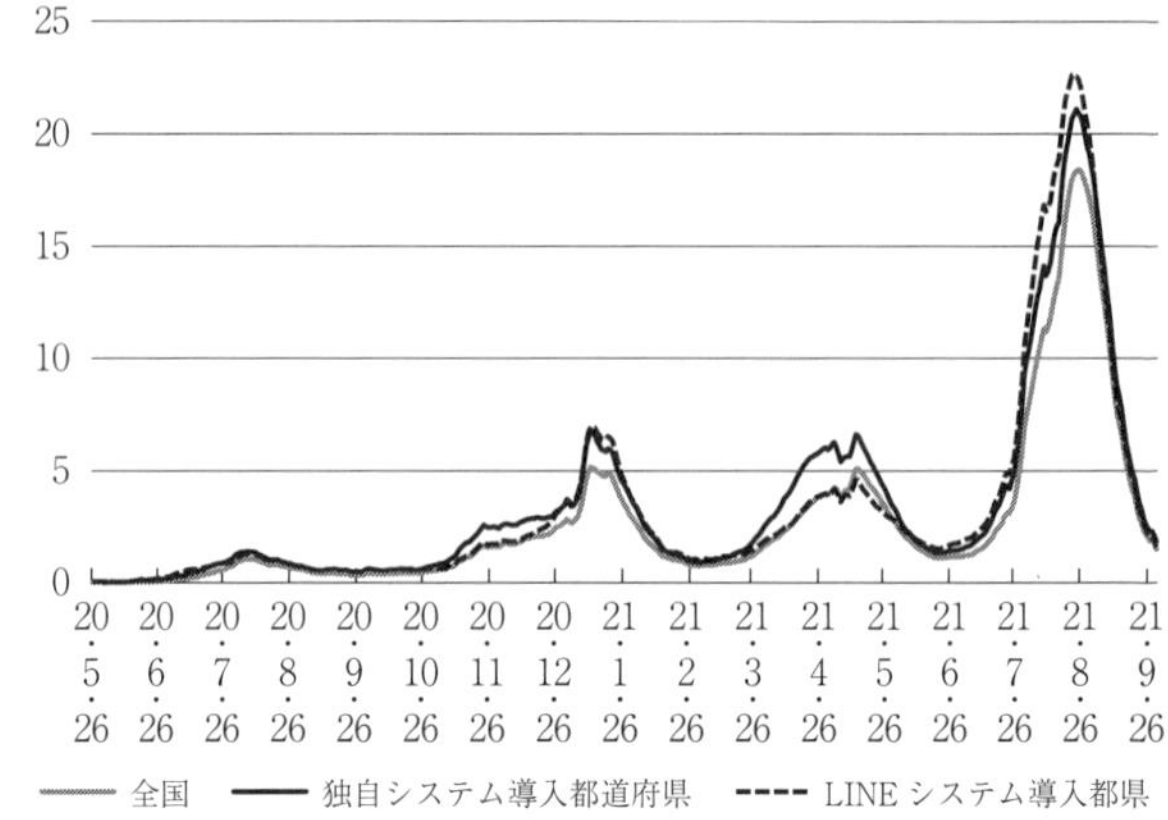

図 7-1　10 万人あたり新規感染者数・直近 7 日間平均

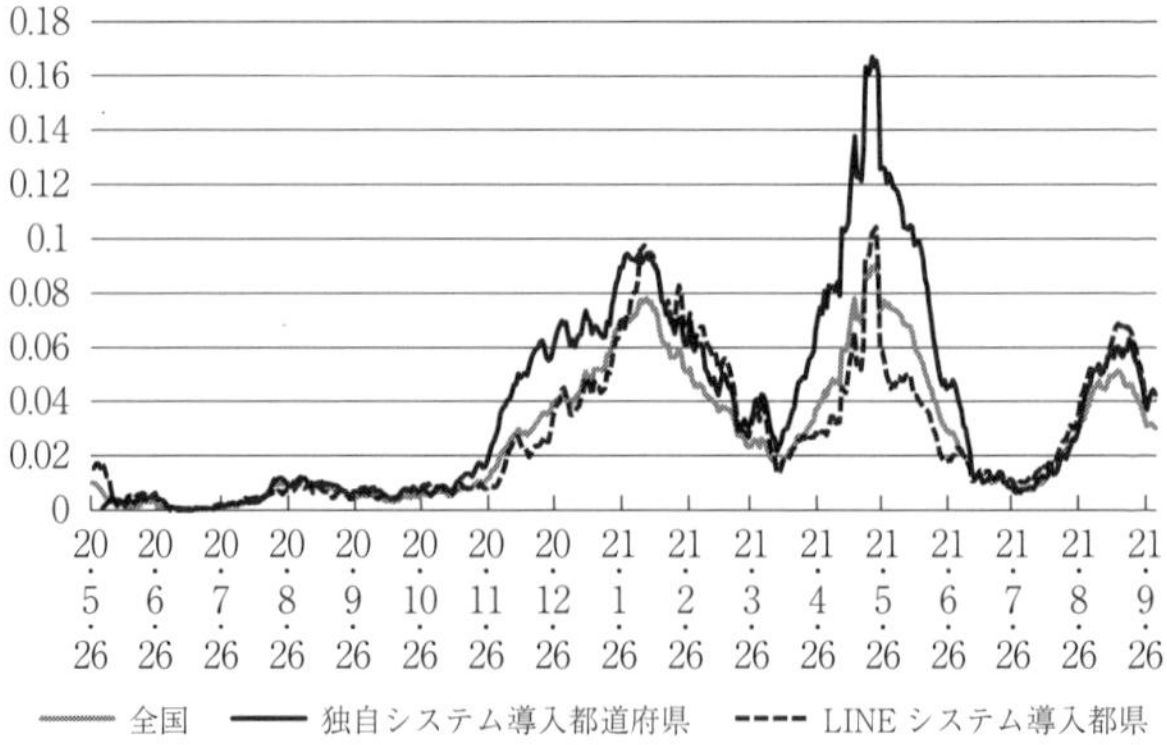

図 7-2　10 万人あたり死亡者数・直近 7 日間平均

二九日は、「北海道の新規感染者数(三人)＋宮城県の新規感染者数(〇人)＋大阪府の新規感染者数(〇人)」を「北海道の人口(五二五・〇万人)＋宮城県の人口(二三〇・六万人)＋大阪府の人口(八八〇・九万人)」で割り、人口一〇万人あたり新規感染者数〇・〇一八三という数字を出しています(なお、二種類の接触確認システムを有する東京都については、先の六月一二日から加えています)。「LINEシステム導入都県」も同様です。

さらに、PCR検査総数が曜日によって異なり、感染判明者数も曜日によって異なりますので、直近七日間の平均を取りました。したがって、「独自システム導入都道府県」については、五月二五日(宮城県)の六日後の五月三一日から、「LINEシステム導入都県」については、五月二〇日(神奈川県)の六日後の五月二六日からデータが存在します。データ収集終了日は、いわゆる第五波が収まり、四回目の緊急事態宣言が解除された、二〇二一年九月三〇日としました。

図7-1は、独自の接触確認システムを有する都道府県における感染状況が、むしろ相対的に悪いことを示しています。ほぼ常に全国の値を上回っており、年末年始の第三波、二〇二一年四―五月の第四波ではとくに感染が広がってしまっています。早く収まるということもありません。LINEの接触確認システムを有する都県も同様ですが、第四波では、感染状況はやや改善しているように見えます。

ところで、コロナ感染症は、無症状・軽症の患者もいれば、重症・死亡する患者もいるという具合に、症状の幅が大きいことが特徴的です。そのため、問題となるのは軽症者数ではなく、重症患者をいかに救えるかと言えるかもしれません。また、日本では検査能力が不足気味であり、PCR検査が抑制的であることから(アジア・パシフィック・イニシアティブ 二〇二〇、一八〇―一九八頁)、報道されている新規感染者数は、コロナの感染状況を正確に反映しているとも限りません。このように考えれば、重要なのはコロナによる死亡者数であると言えるかもしれません。接触確認システムが期待通り機能すれば、高齢者や基礎疾患を有する市民など脆弱性の高い市民は、自らが濃厚接触者になったことを素早く知って備えることができるし、脆弱性の高い市民の身近にいる市民も、濃厚接触者となったことをいち早く知ることで、行動を抑制し、死亡者数の減少が期待されます。そこで、コロナによって死亡した人数についても同様の調査を行いました。その結果が図7-2です。

しかし、図7-2も図7-1と同じことを示唆しています。すなわち、独自の接触確認システムを有する都道府県もＬＩＮＥの接触確認システムを有する都県も、死亡者数の状況は比較的良くありません。ただし、第四波だけは別で、ＬＩＮＥの接触確認システムを有する都県は、全国平均レベルまで抑制されており、かつ全国平均よりも迅速な収束を見せています。

ただし、ＬＩＮＥの接触確認システムを有する都県における感染抑制が、当該システムによるものかどうかは疑わしいのです。なぜなら、都道府県による接触確認システムは、実は、そもそもほとんど利用されていないからです。ＬＩＮＥの接触確認システム導入第一号である神奈川県では、二〇二一年三月五日に、システム運用開始から約九カ月もの間、通知実績が一件もなかったことが報じられました。保健所の調査で濃厚接触者は特定できていたとする一方で、保健所の業務逼迫によって通知を入力する手が回らなかったのが原因だと説明されています（『神奈川新聞』二〇二一年三月五日）。

実際に活用されていないのは、ＬＩＮＥの接触確認システムだけではなく、独自の接触確認システムでも同様です。例として京都の事例が挙げられます。京都市は、府とは別に、市独自の接触確認システムである「あんしん追跡サービス」を六月一日から運用していました。しかし、同サービスの利用率は一％あまりにとどまっていると報じられました（『京都新聞』七月四日）。加えて、京都府でも独自の接触確認システム「こことろ」を七月一日から運用しています。利用者数や対象施設は順調に増えていったものの、利用者は施設を訪れるたびにチェックインをおこなわねばならないため、この手間が嫌がられ、チェックインは毎日延べ二〇〇件ほどにとどまっていました。そのため、緊急連絡メールは四カ月間一度も発信されていないことが明らかになりました（『京都新聞』一一月一二日）。なお、本研究のインタビュー調査でも、B県では濃厚接触者が特定できたことから、注意喚起情報の発出は運用開始以降一度もなかったとの回答がありました。

都道府県による接触確認システムへの自己評価も微妙です。LINEの接触確認システムを有するC県は、導入システムを「妥当」と評価しています。独自の接触確認システムを有するA県は、感染対応意識の醸成や、（事業者には当該システムに参加する際にメールアドレスを登録してもらうため）事業者に向けての営業時短要請や支援策を迅速に周知できる点を成果としてあげています。ただし、A県は、「利用登録が少ない場合もあり、まだまだ利用者登録を拡大するべき」とも述べています。同じくB県は、濃厚接触者が特定できない場合の万一の備えとなった点や、事業者は感染防止策を講じていることをアピールでき、利用者も安心して店舗等を利用できたと述べています。とはいえ、意識の醸成やアピールと安心という感覚的効果や、事業者への一斉連絡の手段といった副次的効果に回収されており、感染者が発生した場合、その濃厚接触者に連絡し、感染拡大防止を目指すという本来の目的に即しているとは言えません。また、神奈川県やB県が述べるように、濃厚接触者は別ルートで特定できているため、接触確認システムは県の職員の業務負担軽減に貢献しているわけでもありません。

3 「地域責任」の限界

(1) 自治体の努力の空転

前節では、自治体が苦闘を繰り広げているさまを明らかにしました。自治体は独自の接触確認システムを作り、普及に努めていますが、その効果は、極めて限定的です。では、なぜ自治体は、独自の接触確認システムを次々に作成しているのでしょうか。その答えは、新型インフルエンザ特別措置法の作りにあります。同法三三条は、以下のように規定しています。「政府対策本部長〔内閣総理大臣〕は、新型インフルエンザ等緊急事態において、第二十条第一項の総合調整に基づく所要の措置が実施されない場合であって、新型インフルエンザ等対策を的確かつ迅速に実施するため特に必要があると認めるときは、その必要な限度において、指定行政機関の長及び指定地方行政機関の長並びに第十九条の規定により権限を委任された当該指定行政機関の職員及び当該指定地方行政機関の職員、都道府県知事等並びに指定公共機関に対し、必要な指示をすることができる」。つまり、国が都道府県に対して指示を出しうるのは、「所要の措置が実施されない場合」に限られます。本章で取り上げている接触確認システムの導入のように、都道府県が独自の政策を打ち出した場合、国はそれを止める権限をもちません。(7) 比喩的に表現すると、国は、手を出さない都道府県に、手を出すよう求めることはできます。しかし、都道府県が出した手がバラバラである場合、国はそれを引っ込めさせたり、一つの方向にまとめたりすることは、法的にはできないわけです。そして自治体が独自にできることを模索した結果、独自の接触確認システムが乱立することになります。

しかし、システムの乱立は、期待通りの結果をもたらしません。その理由は、以下の二点です。

第一の理由は、自治体行政にあります。行政は、接触確認システムを他の行政の仕組みと適切に連携できていません。すなわち、行政は、感染者や濃厚接触者を接触確認システムとは別に特定していますし、接触確認システムの注意喚起メールは手動で発出するところも多く存在します。行政にとっては、接触確認システムの導入は、既存の業務を合理化するのではなく、新しい業務が加えられることを意味します。多忙を極める状況においては、法令で定められた業務が優先され、接触確認システムの優先度が下がっていきます。こうして、少なくない労力と資金を投じたシステムはじゅうぶんに活用されていないのだと思われます(8)。

第二の理由は、接触確認システムを利用しない市民にあります。接触確認システムは、大勢の人が同じシステムを使わなければ意味がありません。現在では、都道府県境を越える移動は日常的におこなわれるのにもかかわらず、県境でシステムの有無や種類が変わることや、国、都道府県、市という複数のシステムが並立していることが、接触確認システムの大きな問題だと考えます。翻って、たとえばイギリスでは、ＮＨＳ(国民保険サービス)が一元的に接触確認システムをアプリとして提供しており、二〇二一年一二月時点では、日本よりも人口が少ないにもかかわらず、日本よりも多いダウンロード数を記録しています。その評価も日本よりも高いようです。多数の人に利活用してもらうシステムは、やはり、一元的に提供すべきなのでしょう。

自治体による自主的な政策採用が許容され、実際に展開されることは、地方分権の理念に照らせば望ましいのでしょうけれども、それが望ましい結果をもたらすわけではありません。

(2) 空転は予想されていた

接触確認システムをめぐる空転は、現在の中央地方関係に鑑みれば、予想された結末でした。というのも、自治体が自主的に政策を採用すること、そしてそれが期待通りの結果を生まないのは、自治事務とされている危機管理行政全体に共通することだからです。たとえば、防災分野で用いられているシステムに、危機情報管理システムがあります。これは、大規模自然災害や重大事件、大事故といった緊急時に多方面から大量にもたらされるさまざまな情報を一元的に処理・蓄積・配信するＩＣＴベースのシステムを指す総称です。筆者らが危機情報管理システムの導入状況について市区町村を対象に分析をおこなった結果、市区町村にシステムの導入と選定の裁量が大きく、そして多様性も大きいことが明らかになりました。また、自治体職員からは、システムの乱立に対する疲れや、小規模自治体が取り残されているという批判の声もあげられていました。異なるシステム間で情報が共有されないのも、接触確認システムと同様です。そのため、現場からは、自治事務として放置するのではなく、国の主導性が強く求められていました(川島・伊藤 二〇二〇)。

また別の例として、地域防災の基本計画である地域防災計画も挙げられます。各都道府県と各市区町村は、地域防災計画を定めることが法律で定められています。各種防災計画には、「防災基本計画→都道府県防災計画→市区町村防災計画」という垂直的関係が定められており、上位計画と矛盾のあるような計画を立てることは禁じられています。そのため、上位計画に依拠してさえいれば、自治体の防災計画同士は自然と調整がつくと想定されています。しかし、矛盾とまではいかなくとも、自治体間の調整がなされていませんので、実際には、構成も語彙も、自治体間で大きく異なる地域防災計画ができあがってしまっています。自治体職員からは、自治体間調整の意義をある程度は認めつつも、職員数が足りていないため、上位計画の更新にあわせて地域防災計画を更新することで手一杯であり、自治体間調整をおこなう余裕がないという声もあげられました。東日本大震災のような大規模な危機で、自治体間連携に問題が生じたのは、平素からの調整不足が一因だと思われます。

このように、危機管理の分野全体において、自治事務の名のもとに、「地域責任」の前面化と地方分権が進められています(9)。そして、それは自治体に業務過多をもたらし、自治体間での不均衡と調整不足ももたらしています。

4 「地域責任」にかかわる政府デザイン

地方分権が大きな政治的アジェンダとなってから、およそ三〇年が経過しました。この間、多くの「改革」が結実し、行政の仕組みも大きく変わりました。二〇一二年に制定された新型インフルエンザ特別措置法も、地方分権の動きのなかで作られており、都道府県知事が大きな役目を担う都道府県中心主義が採用されています。すなわち、それぞれの地方において、現場の状況を踏まえ、適切な決定がきめ細かく下されることが期待されていました。

しかし、いざコロナ禍が始まると、現場で起こっていたのは、都道府県による苦闘でした。この苦闘は、「個人戦」でした。すなわち都道府県は、国や他の自治体と調整せず(調整できず)、自らが独自にやれることを模索しています。しかし、単独の自治体におこないうることには限界があります。

では、「地域責任」と地方分権にかわって、どのような政府デザインが考えられるでしょうか。一つ目の選択肢は、国による標準化の途です。たとえば、連邦制を採るアメリカにおいてすら、連邦政府はシステムと補助金を通じて自治体間の標準化を進めています。他方で、日本においては標準化の動きは活発ではありません(伊藤 二〇二二)。標準化というと地方自治への侵害に思われるかもしれませんが、そうではなく、一から行政活動を組み立てる手間を省き、小規模自治体への支援となり、また自治体間の連携にも効果が期待されるものです。

二つ目は、自治体間連携の強化です。定住自立圏構想や連携中枢都市圏構想の取り組みはありますが、いずれも単発的であったり、日常業務の延長にとどまったりしているものが多い印象です。「個人戦」を脱するためにも、より長期的な視野に立った自治体間連携が求められていると思います。

三つ目は、とくに小規模自治体に対する人材派遣のさらなる増強です。すでに、国や自治体間の人材交流は盛んにおこなわれています。ただし、国や都道府県の職員は、県庁所在市など大きな自治体に派遣される例が多いです。人手不足に悩み、取り残されているのは、むしろ小規模自治体です。小規模自治体の行政能力を底上げし、小規模自治体と国や都道府県との意思疎通を活発にさせる工夫が必要だと思われます。

いずれの選択肢を採るにしても、公的セクター、とくに自治体職員の増員は必要です。過去四〇年以上、日本は公務員の数を減らし続けてきましたが、それは行政サービスの空洞化を意味するものでした。コロナ禍によって、公的セクターの縮小の限界も明らかになったと思われます。

そして「地域責任」と地方分権の問題点は、危機管理の分野に限りません。近年の日本の「政策のモード」全体にも現れているのではないでしょうか。地方分権自体には評価される面も確かにあると思います。しかし、地方創生やふるさと創生にみられるように、自治体間の競争を煽り政策立案と責任を丸投げする側面や、危機管理にみられるように、自治体に非現実的なほどの膨大な業務を委任する側面もあります。自治体においては足並みの乱れや空洞化が起こっています。政策の有効性を引き上げ、自治体間に非合理的な格差を生み出さないために、政府デザインの再検討が求められています。

〈提　言〉

1　地方分権が、危機管理の自己責任化とも言うべき「地域責任」の前面化をもたらしている側面があります。危機への対応は国の基本的な責務ですし、広域的な方法が求められますので、地方分権にはなじまないと思われます。

2　自治体による主体的、先進的な取り組みは、他自治体との連携可能性のトレードオフをもたらすことを認識し、他自治体との意見交換や協働の模索を積極的におこなうべきです。

3　とりわけシステムについては、広く使ってもらうことが何よりも肝要ですので、簡易化するとともに、広い範囲で一元的に整備することを目指すべきです。

注

(1) 本章執筆にあたり、インタビュー調査をお引き受けくださった各県職員の皆さまに厚く御礼申し上げます。また、茨城大学人文社会科学部行政学ゼミで先行的に調査し、問題提起してくれたゼミ生にも感謝申し上げます。しかし、本章の分析や見解は、川島が単独で提出するものであり、本章の責任も、川島が単独で負います。

(2) COCOAの開発の経緯については、アジア・パシフィック・イニシアティブ(二〇二〇)、三八三―三八七頁にて詳述されています。

(3) ただし、LINEの情報漏洩疑惑問題もあり、二〇二一年三月を中心に、サービスの停止や終了が相次いでいます。

(4) 本項における茨城県の記述はすべて、茨城県議会議事録に基づいています。

(5) ここで言う「県」は都道府県である可能性も含んでいます。匿名化のため「県」と一括で表記しています。

(6) 図7-1と図7-2のデータは、NHKの「特設サイト　新型コロナウイルス」で公開されているデータに基づいて作成しました。

(7) より専門的に言えば、日本の自治体は概括授権されている、ということになります。すなわち、自治体は明記されている禁止事項以外は広くおこなう権限を有しています。

(8) 接触確認システムと似た例として、厚生労働省のG-MIS(医療機関等情報支援システム)とHER-SYS(感染者等情報把握・管理支援システム)は、都市部の自治体では既存システムと重複しており、職員の負担となっていることが指摘されています(アジア・パシフィック・イニシアティブ 二〇二〇、三一九―三二〇頁)。

(9) 危機管理の分野のなかで、国民保護が法定受託事務ですが、国民保護においても自治体の職務は小さくありませんし、自治体ごとの取り組みの差異も小さくありません(川島 二〇二〇)。

参考文献

一般財団法人アジア・パシフィック・イニシアティブ 二〇二〇、『新型コロナ対応・民間臨時調査会 調査・検証報告書』ディスカヴァー・トゥエンティワン。
伊藤修一郎 二〇〇二、『自治体政策過程の動態――政策イノベーションと波及』慶應義塾大学出版会。
伊藤潤・川島佑介 二〇一四、「自治体間連携からみる地域防災計画」『名古屋大学法政論集』第二五九号。
伊藤潤 二〇二一、『米国の国内危機管理システム――NIMSの全容と解説』芙蓉書房出版。
片山善博 二〇二〇、『知事の真贋』文春新書。
金井利之 二〇二一、『コロナ対策禍の国と自治体――災害行政の迷走と閉塞』ちくま新書。
川島佑介 二〇二〇、「国民保護行政のなかの分権性と融合性」武田康裕編著『論究日本の危機管理体制――国民保護と防災をめぐる葛藤』芙蓉書房出版。
川島佑介・伊藤潤 二〇二〇、「市区町村における危機情報管理システムの研究」『季刊行政管理研究』第一七〇号。
曽我謙悟 二〇二〇a、「保険・医療体制、コロナ対応の四七都道府県格差」『中央公論』第一三四巻第八号。
曽我謙悟 二〇二〇b、「データで読み解くコロナ危機と知事のリーダーシップ」『中央公論』第一三四巻第九号。
竹中治堅 二〇二〇、『コロナ危機の政治――安倍政権 vs.知事』中公新書。

Ⅲ部 包摂型社会を展望する

8　メリトクラシーを「弱毒化」するために

本田由紀

1　「自助」とメリトクラシーのからみあい

本書全体が対決しようとしている「自助」とは、「自分で生きろ」という考え方です。それをさらに噛み砕いて言い換えれば、「自分でがんばって生きろ、自分の力を発揮して生きろ」ということになります。「がんばって生きろ」というのはすなわち、〝努力〟を行動に表せということであり、また「自分の力を発揮して生きろ」というのはすなわち、個々人がそれぞれ何らかの〝能力〟やその結果としての〝成果〟に基づいて収入や地位を得て生きていけ、ということです。このように、「個々人が〝努力〟、〝能力〟、〝成果〟によって生きろ、うまく生きられず苦しい状態にあるのはその個人が〝努力〟、〝能力〟、〝成果〟を示すことができないせいなので、責任は本人にあり助けてやる必要はない」という考え方が「自助」の本質であると言えます。

そして、個々人の〝努力〟、〝能力〟、〝成果〟が何よりも重視される社会とは、これまで「メリトクラシー(meritocracy)」と呼ばれてきたものに他なりません。「メリトクラシー」は、日本語では「能力主義」と訳されることが多いですが、英語の「メリト(メリット)」は「功績」という意味をもつので、「能力主義」よりも「業績主義」の方が本来の語感には近い訳語です。それがなぜ「能力主義」と訳されてきたかについてはのちほど議論しますが、本章では片仮名のまま「メリトクラシー」と表記することにします。

家柄など変えることができない個人の属性によって一生が決まってしまう社会よりも、個人の〝努力〟、〝能力〟、〝成果〟によって社会的な地位や収入が決まるメリトクラシーは、公正で効率的であるとする考え方は根強く見られます。同時にメリトクラシーは、先に述べたように「自助」や「自己責任」という厳しい考え方と強く結びついており、それは苦しい人を切り捨てる冷酷さをもっています。このようなメリトクラシーの光と影を、私たちはどのように整理して理解し、その光を活かしながら影を弱くすることができるでしょうか。本章が取り組むのは、このような課題です。

以下では、まず第2節でメリトクラシーという言葉を最初に生み出したイギリスの社会学者マイケル・ヤングの議論に沿って、改めてメリトクラシーの構成要素について議論し、それがなぜ公正で効率的な社会のあり方として肯定的に捉えられてきたのかを論じます。続いて第3節では、メリトクラシーが日本社会では独特な表れ方をしていることについて説明します。第4節では、とくに近年、メリトクラシーに対して投げかけられているさまざまな批判を紹介します。第5節は、これらの批判の根底にある、メリトクラシーの構成要素が含む諸問題を改めて整理します。それらの問題は、対症療法では解決できないことを第6節で述べた上で、同時にメリトクラシーをまったく廃絶することの難しさについて第7節で論じます。そして最後の第8節では、メリトクラシーの弊害を可能な限り弱めつつ、活かせる部分を活かしてゆくための、日本社会に向けての具体的な提言をおこないます。

2　メリトクラシーの構造を分解する

イギリスの社会学者で労働党のブレーンでもあったマイケル・ヤングは、一九五八年に『メリトクラシーの勃興(*The Rise of the Meritocracy*)』という小説を書きました(Young 1958)。これはメリトクラシーが支配するディストピアを描くことで、労働党の政策に警鐘を鳴らす目的で書かれたものです。そのなかでマイケル・ヤングはメリトクラシーを、「IQ＋努力＝メリット」という式で表し、人々がメリットに応じて地位を獲得するような社会として定義しました。

この【「IQ＋努力＝メリット」→地位】というメリトクラシーの定式化において、「IQ＋努力」の部分は〈要因〉、メリットはそれによって獲得される〈達成〉、そして最終的に得られる地位は〈報酬〉を意味しています。つまり、メリトクラシーとは、〈要因〉→〈達成〉→〈報酬〉という、三つの構成要素を二つの矢印がつなぐ仕組みだと言えます。

重要なのは、この三つの構成要素それぞれのなかに、メリトクラシーを正当化するロジックが組み込まれているということです。マイケル・ヤングが否定的なものとして描いたメリトクラシーは、その正当化のロジックにより、その後の二〇世紀後半以降にはむしろ肯定的な社会のあり方として世界に広がりました。
その正当化のロジックとは、第一に、ＩＱと努力から成る〈要因〉については、生まれもっての〝能力〟としてのＩＱは、遺伝にも左右されるという点では不平等の要素を含みますが、同時に如何ともしがたい個々人の運命として、あるいはそれに恵まれていることはキリスト教圏では神の祝福として、受け止められていました。加えて、個々人が行動で示すことができる努力については、強い意志や主体性の表れ、すなわち美徳とみなされてきた面が大きいと言えます。

第二に、〈達成〉については、それが絶対的にすばらしいものであれ、相対的な優劣であれ、共通の基準や何らかの評価制度を通じて証明されたものである場合に、やはり公正で客観的な価値のしるしとして受け入れられがちです。とくに、二〇世紀を通じて先進諸国で公教育制度が普及・拡大したことにより、同様の教育環境のなかで同様に学んだ上で示される学業成績や学歴は、公正で客観的な〈達成〉の典型とみなされてきました。

第三に、そうした〈達成〉に応じて、職業的な地位や収入といった〈報酬〉が得られるということについては、そうした高い〈報酬〉は個人が高い〈達成〉を示そうとするためのインセンティブ、〈達成〉を得るために個人がかけた努力や時間などのコストへの見返り、〈達成〉の社会的有用性や美徳への見返りという意味を与えられており、やはり総じて合理的で正当なものと受け止められてきたのです。

このように、〈要因〉、〈達成〉、〈報酬〉のいずれもについて、容易には抗いがたい正当性のロジックが組み込まれているということにより、メリトクラシーは世界の多くの国々で支配的な仕組みであり続けています。

3 日本のメリトクラシーの特徴——「能力主義」という変異種

ただし、メリトクラシーは、上述の〈要因〉→〈達成〉→〈報酬〉という大きな枠組みに関しては多くの社会で共通でありながらも、その具体的な表れ方に関しては、個々の社会の文化(言語や宗教など)や制度、慣行、歴史などによってやや異なっているということにも注意を向けておく必要があります。

とくに日本社会に注目するならば、先述したようにメリトクラシーが「能力主義」と訳される場合が多いことからもうかがわれるように、〝能力〟という言葉・概念がきわめて高い重要性を与えられていることが特徴的です(本田 二〇二〇)。イギリスのマイケル・ヤングは〈要因〉の構成要素としてIQを挙げていましたが、もっと多義的で漠然とした〝能力〟という言葉と、そのさまざまなバリエーションが、個人の人生を左右する重要な選抜の場面や、日常的な語りのなかで、頻繁に繰り返し使われることが日本の特徴です。バリエーションとしては、たとえば学校のなかでは学校的〝能力〟としての「学力」や、近年では「生きる力」「人間力」などの、さらに曖昧な〝能力〟が、より高い方が望ましいもの、身につけるべきものとして、政策的にも推進されてきました。

何らかの具体的で明確な〈達成〉よりも、その背後の〈要因〉であるところの〝能力〟を思い浮かべ、重視し、それによって人々の差異を説明しようとするのが日本社会の特徴です。何かすばらしい具体的な〈達成〉を成し遂げていなくとも、高い地位についていたり目立っていたりする人に対して、〝能力〟という〈要因〉を、後付け的な解釈によって読み込み、説明・理解しようとする傾向が日本にはあります。〈要因〉と〈達成〉を混同する傾向が強い、と言うこともできます。目には見えない〝能力〟というものが、あたかも個々人のなかに実際に存在するかのように多くの人が感じ、それが存在するという前提で世の中の物事が動いているのです。

〝能力〟や、そのバリエーションである「学力」や「人間力」という言葉には、それが多いか少ないか、高いか低いかに応じて、人々を縦に序列づける働きがあります。このような縦の序列は、日本の高校や大学において、いわゆる「入試難易度」や「偏差値」、「高校ランク」「大学ランク」と表現されるピラミッド構造が明確であるということと密接に関わっています。

このような高校や大学のランクは、どこの国にもあるわけではありません。そもそも高校入試が無い国も珍しくありませんし、高校の卒業を証明する資格試験に合格していれば、どの大学にでも出願することができ、大学間にははっきりした序列がない教育システムが、ヨーロッパでは広く見られます。とくに、日本の高校間の明確なピラミッド構造は、国際的に見ても特異であることが、最近の教育社会学の国際比較研究からは明らかになっています(多喜 二〇一〇、藤村 二〇一九、松岡 二〇一九など)。日本では、義務教育である中学校の卒業までに形成された「学力」の格差が、どの高校に進学できるかに直接に反映され、進学した先の高校が「進学校」なのか「中堅校」なのか「困難校」なのかに応じて、高校卒業後の進路(進学か就職か、どんな大学に進学するか)が大きく左右され、そして大学ランクがその後の就職先に影響します。このように、個々の高校が陸上競技場の走路(トラック)のように人々の人生を振り分けてゆく(これを教育社会学では「トラッキング」と言います)状況が色濃く存在するのが、日本のメリトクラシーの特徴です。

日本の特徴として第二に指摘しておくべきは、仕事の世界のあり方です。最近、「メンバーシップ型雇用」、「ジョブ型雇用」という言葉がよく知られるようになっています（濱口 二〇二一）。日本の正社員は「メンバーシップ型雇用」と言われ、個々人の職務（ジョブ）の輪郭や専門性が明確でなく、会社のメンバーとして一体となって働く特殊な性質をもっているという点で、世界標準である「ジョブ型雇用」とは大きく異なっていることが指摘されています。こうした「メンバーシップ型雇用」においては、採用や社内昇進などの際に、ジョブのスキルではなく、抽象的な「職務遂行能力」や会社に貢献しようとする「情意」などが重要視されます。成果主義や目標管理などが以前よりは導入されるようになっているとはいえ、輪郭の明確な〈達成〉ではなく、やはり〝能力〟に重きが置かれるという点で、日本の教育と労働市場は連動していると言えるのです。

もう一つの日本社会の特徴は、セーフティネットの脆弱さです。周知のように、生活保護の受給率や捕捉率は日本では他の先進諸国と比べてきわめて低く、生存保障のための制度として十分に機能していません。人々は、自分の〝能力〟を発揮して働いて収入を得ることが前提とされており、その意味でも〝能力〟が非常に重視される社会になっています。

このように、具体的で明確な〈達成〉ではなく、その背後にあるであろうと考えられている〈要因〉としての〝能力〟が、教育、仕事、福祉といった多くの社会領域を支配しているということが日本の「能力主義」であり、それは世界に広がっているメリトクラシーの一つの変異種であると言えます。メリトクラシーの得失と変革可能性を模索する際には、こうした社会間の差異を知っておくことが役立ちます。なぜならそれは、「他の可能性」（オルタナティブ）を考える際のヒントになるからです。

4　メリトクラシーへの批判の浮上

さて、先の第2節では、メリトクラシーにはその正当性を確保するロジックが組み込まれていると述べました。しかし、とくに近年、その正当性への疑念、言い換えればメリトクラシーがさまざまな問題をもっていることが指摘されるようになっています。

たとえば、二〇二〇年に刊行され、二〇二一年に日本でも翻訳が出版された、ハーバード大学教授のマイケル・サンデルの *The Tyranny of Merit*（直訳すれば『功績の専制』、翻訳書のタイトルは『実力も運のうち　能力主義は正義か？』）という本が、広く注目を集めています。

サンデルは、メリトクラシーを以下のように批判しています。

「第一に、不平等が蔓延し、社会的流動性が停滞する状況の下で、われわれは自分の運命に責任を負っており、自分の手にするものに値する存在だというメッセージを繰り返すことは、連帯をむしばみ、グローバリゼーションに取り残された人びとの自信を失わせる。第二に、大学の学位は立派な仕事やまともな暮らしへの主要ルートだと強調することは、学歴偏重の偏見を生み出す。それは労働の尊厳を傷つけ、大学へ行かなかった人びとを貶める。第三に、社会的・政治的問題を最もうまく解決するのは、高度な教育を受けた価値中立的な専門家だと主張することは、テクノクラート的な自惚れである。それは民主主義を腐敗させ、一般市民の力を奪うことになる」（Sandel 2020／邦訳、一〇五―一〇六頁）。

すなわちサンデルは、メリトクラシーは高い学歴をもつ専門家を傲慢にし、そうではない人々との間に分断や蔑みをもたらし、連帯や民主主義、一般の人々の自信や尊厳にダメージを与えるという問題をもつとしています。こうしたメリトクラシー批判は、サンデルに限られません。マクナミーとミラーは、より早い二〇〇九年に、*The Meritocracy Myth*（『メリトクラシーの神話』）という本のなかで、メリトクラシーが実際には公正ではなく、不平等や差別を含んでいることを指摘しています（McNamee and Miller 2009）。他にも、マルコヴィッツの *The Meritocracy Trap*（『メリトクラシーの罠』、Markovits 2019）など、同様の指摘は数多く存在します。「アメリカン・ドリーム」と言われるように、メリトクラシーを通じた成功の規範がひときわ強く根付いている社会であるアメリカにおいて、こうしたメリトクラシー批判が繰り返しおこなわれるようになっていることは示唆的です。

日本でも、メリトクラシーの変異種であるところの「能力主義」の問題点を批判する議論は、高度成長期の一九六〇年代から存在していました。最近の例としては、『能力２０４０――ＡＩ時代に人間する』と題するブックレットにおいて、教育学者や社会学者が「能力主義」をさまざまな角度から批判しています（池田他 二〇二〇）。その主な論点は、「能力」は個人に属するものであるかのように考えられているが実際には他者との関係のなかでつくりだされること、「能力主義」は不平等の正当化、「能力による差別」、優生学などをもたらしてしまうこと、「能力」によらない生存権保障や連帯が必要であること、などです。

また、教育社会学者の山口毅（二〇二〇）は、「能力主義」の廃絶を提唱しています。山口は、「生き延びるためには教育や訓練による能力の獲得が必要だ」、「能力獲得の機会の平等化が必要だ」、「能力を適切に測定することが必要だ」といった、日本で非常にしばしば見られる主張のいずれもが、〝能力〟を高めるという条件付きで人々の生存を保障することの容認、言い換えれば〝能力〟を高められない者は死んでもよい、という考え方につながる危険性をはらんでいると、厳しく批判しています。「能力主義」を温存したままでは、〝能力〟が少ないとされて困窮する人々に仮に社会福祉などで再分配をおこなっても、その人々の尊厳がおとしめられてしまっていることの解決にはならない、と山口は主張しています。山口によれば、不可欠なのは「結果の平等」と「必要に応じた分配」であり、「能力主義」を修正して存続させようとする議論はすべて間違っているということになります。こうした山口の議論は、もっとも根底的な「能力主義」批判のバージョンと言えるでしょう。

5　メリトクラシーの正当性にはいかなる問題があるのか

このような諸批判が噴出している背景には、メリトクラシーの構成要素である〈要因〉、〈達成〉、〈報酬〉や、それらを結ぶ矢印のいずれについても、その正当性を保障してきたロジックを、現実が裏切り始めているという事態があります。

まず〈要因〉に関しては、従来考えられてきたようにIQ（〝能力〟）と努力が主な〈要因〉なのではなく、個人の出身家庭や生育環境がどれほど恵まれていたかという、運や属性が重要であるということが、数多くの調査研究によって明らかにされています。個々の家族の間には、多様な資源――経済的資源、文化的資源、社会関係的資源、時間的資源など――に関して格差があります。このうち経済的資源とは、言うまでもなく世帯所得のことです。とくに日本のように、政府の公的教育支出が少なく家族の私的な教育費負担(高等教育の高額な学費や、塾など学校外教育への支出を含む)への依存が大きい国では、家族の経済力が子世代の教育〈達成〉に直接に影響します。文化的資源は、主に保護者が、どれほど教養や知識、趣味や考え方、蔵書や持ち物などを所有しており、どのような日常的行動をとっているかを意味します。社会関係的資源とは、知人・友人などの人間関係のネットワークの広がりと厚みのことです。時間的資源とは、どれほど時間の余裕があるかを意味します。

これらの諸資源が総じて豊富な家族に生まれ落ちた子どもは、そうでない子どもと比べて、社会で望ましいとされる〈達成〉――「学力」、「人間力」、学歴など――を獲得する上で有利になりがちです。イギリスの社会学者フィリップ・ブラウンは、現代はすでにメリトクラシーではなく「ペアレントクラシー」、すなわち親(ペアレント)の差配や決定が子どもの〈達成〉の重要な要因であると指摘しています(Brown 1990)。さらに、最近の研究では、家族だけでなく、住んでいる地域に諸資源がどれほど蓄積されているか(たとえば、高学歴・高収入の住民がどれほど多いかなど)が重要であるという研究成果も示されるようになっています。

恵まれた家族や地域に生まれ、諸資源の恩恵を相続して有利な地位を得るというプロセスは、誰にでも普遍的にチャンスとルートが開かれているという意味での公正さとは、ほど遠いものでしょう。ただ、公正ではなくとも、宿命や運命として、不満を伴いながらも人々がそれらを受容してしまっているような社会風潮も見受けられます。日本について言えば、近年若者を中心として使われるようになっている「親ガチャ」(子どもにとってどのような親のもとに生まれるかはくじ引きのようなものであること)や「実家が太い」(出身家族の諸資源が豊かであること)などの言葉は、不公正であっても否定しがたい現実を、あきらめや恨みのニュアンスとともに表現するものであると言えます。

第二に、〈達成〉についても、その社会的有用性や客観的価値、あるいはそれらを測定するための基準や装置の妥当性などに対して、疑念が向けられるようになっています。たとえば前述のマイケル・サンデルは、アメリカの有名大学において、裕福な家族が大学に高額の寄付などをして子どもを入学させる不正入試が大きな関心を呼んでいることを述べています。日本でも、医大の入試において女性差別が存在することが告発されました。このような明らかな不正行為でなくとも、日本ではいわゆる「学力」が、個別で些末な知識を効率的に処理できるかどうかを意味しているにすぎず、社会や仕事との関連が薄いということが繰り返し指摘されています。国際学力テストなどで日本は高い得点をあげているにもかかわらず、GDPや貧困率などの社会経済的指標に関しては凋落を続けていることが、その証左です。また、ペーパーテスト以外での面接などによる試験についても、面接官の主観や偏見が入り込みがちであり、差別を生み出していることも知られるようになっています。

第三に、〈達成〉に対する〈報酬〉についても、その格差の幅が妥当であるのか、実際に社会的貢献を反映しているのかといったことが、批判的に問われるようになっています。たとえば、文化人類学者のデヴィッド・グレーバーは、話題となったその遺作『ブルシット・ジョブ』において、形式的な手続きや組織運営を表面的にとりつくろうような「クソどうでもいい仕事」ほど報酬が高く、確実に社会や人々にとって不可欠な「エッセンシャル・ワーク」(医療・介護・保育などの対人的なケア労働や、運輸・小売など必要物資を提供する労働)ほど報酬が低いという逆説が、広く観察されることを指摘しました(Graeber 2019)。加えて日本に関しては、大企業と中小企業の間、正規雇用と非正規雇用の間、男性と女性の間など、各種の仕切り線の両側における賃金格差が他国と比べても大きいことが従来から繰り返し指摘されており、〈報酬〉の決定において不当な差別や制度的分断が強く影響していると言えます。

このように、〈要因〉、〈達成〉、〈報酬〉やその結びつき方についての、既存のロジックの正当性が信憑性を失ってきているのが現状です。さらに、メリトクラシーの正当性が疑わしいということに留まらず一歩進んで、メリトクラシーが社会や個人に対して破壊的に作用するという弊害さえ指摘されるようになっていることは、前節で見た通りです。メリトクラシーは人々の間に序列や分断、傲慢さと侮蔑や自己否定をもたらし、対話・連帯・共感を阻害する作用をもつおそれがあるのです。

しかし、ここで同時に考えなければならないのは、現代においては気候変動、環境破壊、パンデミック、国際紛争、人権侵害などの世界的な課題や危機が浮上しており、それらの問題に対して、テクノロジーをはじめ適切な知識やスキルを駆使した対応がいっそう必要とされる状況になっているということも事実だということです。つまり、日本を含む現代の世界が、さまざまな価値・意義・貢献を確実にもたらす実質的な〈達成〉(功績、メリット)を希求していることは否定できません。

それでは、このメリトクラシーのジレンマに、いかなる対処が可能なのでしょうか。以下では、主に日本の現状に即しながら、ありうべき方向を検討してゆきます。

6　メリトクラシーの問題への対症療法としての「学習支援」

日本では、「能力主義」の主要な問題として、「教育格差」というテーマがとりあげられることが多くなっています。教育社会学者の松岡亮二が二〇一九年に刊行した『教育格差』という本は非常に話題になりましたし、教育現場の教員に「教育格差」の実態を伝えようとする教科書（『現場で使える教育社会学――教職のための「教育格差」入門』）も二〇二一年に出版されました。

こうした「教育格差」とは、〈要因〉としての出身家族と〈達成〉としての「学力」や学歴が結びついてしまっており、不平等につながっていることを指摘するものです。そしてそのことへの対策として、研究者の多くは、より詳細な実態調査や、不利になっている層に手厚く資源投入することにより、〈達成〉――とくに「学力」――の不平等を減らすことを提言します。

より具体的な実践的取り組みとしては、「学習支援」が多くの学校や地域で広がりつつあります。これは、ＮＰＯやボランティアなどが、とくに困窮家庭の子どもなどを対象として、放課後や週末などに、無料で勉強を教えるというものです。勉強だけでなく、居場所や食事が提供されたり、生活や進路の相談もおこなったりしている場合が多いことが、調査結果から明らかになっています。この「学習支援」は、国の困窮者自立支援制度の一環として位置づけられているために、かなり多くの自治体で実施されるようになっています。支援対象者は中学生が過半数を占め、高校入試に備えて「学力」をつけ、高校進学を支援することが重要な目的になっています。

こうした取り組みがなければ高校進学もあやうく、また人とのつながりも欠いてしまうような、家族の諸資源が乏しい子どもにとって、そのような「学習支援」が一定の機能を果たしていることは確かでしょう。しかし、懸念が残るのは、先に述べたような日本の高校のピラミッド構造のなかで、高校の入学試験の成否は、同学年集団のなかでの相対的な「学力」の高低によって決まってくるからには、こうした子どもたちが何とか進学できる高校は序列のなかで下位や中位の位置にある場合が多く、それは高校卒業後の進路を制約するのではないかということです。高校に進学しても、生活の苦しさなどから中退してしまう場合もあります。そして義務教育や普通科高校などでの学習内容は、仕事や社会生活上での有用性が高くないことから、「学習支援」による困窮状態からの脱出は限界をはらんでいます(渡辺 二〇一八など)。

さらに言えば、このような「学習支援」は、日本の独特の「能力主義」の構造に対する変革や批判ではなく、「目の前の子ども」に対して個別に〝能力〟を少しでも高めることにより、既存の構造のなかでの生き残り確率を上げようとする活動に他なりません。現存する仕組みのなかで次々に生み出される苦しい状況の子どもたちに対して、個別の支援により対処することは、あたかもモグラ叩きのように果てしない営みであり、「能力主義」の問題への解決策としては不十分であると言わざるを得ません。

7 メリトクラシーの全廃は可能か

しかし他方で、前掲の山口毅が主張するように、「能力主義」を全廃することは、社会と個人にとって望ましいと言えるでしょうか。

社会が運営されてゆく上で、さまざまな職務や役割を遂行する知識やスキルをもった人間がその職務や役割に就き、ただしくその職務や役割が果たされることが不可欠であることは言うまでもありません。そして、そのような知識やスキルを可能な限り行き渡らせるためには、教育や訓練の制度が必要です。山口の言うように、そうした個々の職務や役割の遂行に必要な知識やスキルまでを否定してしまうことは、歯を破壊する歯医者、髪をざんぎりにする美容師、統計知識をもたない政府官僚、憲法や国際関係の歴史に無知な政治家などを容認してしまうことになります。曖昧な〝能力〟が重視されている日本では、すでにこれらの専門的な知識やスキルは低く見なされており、その弊害が、たとえば政府の官僚が統計不正や公的文書の改竄にたやすく手を染めてしまうというかたちで表れています。

アメリカのメリトクラシーの現状を厳しく批判したマイケル・サンデルも、「専門・職業教育」や「職業訓練」までを否定しているわけではありません。それどころか、難関大学の入学試験の一環として「くじ引き」を導入することにより、その学歴に高すぎる価値が置かれることを防ぎ、逆に職業教育・職業訓練への財政的支援と制度を拡充することをサンデルは主張しています。「手始めにできることの一つとして、評価のヒエラルキーの解体がある。有名大学に入った学生に、コミュニティ・カレッジや技術・職業訓練プログラムに進んだ人よりも大きな栄誉と威信を授けるのをやめるのだ。配管工や電気技術者や歯科衛生士になるための勉強も、共通善への価値ある貢献として尊重されるべきであり、SAT〔アメリカにおける大学入学のための共通テスト〕の得点の低さや財力の不足によりアイビーリーグ〔アメリカの有名大学の総称〕へ進めなかった人への残念賞と見なしてはならない」(Sandel 2020／邦訳、二七五頁)。

つまり、メリトクラシーの問題を解決しようとして、実質的に有用な知識やスキルという〈達成〉まで投げ捨ててしまうならば、それはたらいの水と一緒に赤ん坊を流し去ってしまうことに等しいでしょう。再分配や社会保障の原資としての税収を確保するためにも、適切な知識とスキルに基づいて、経済と産業が一定の活力を保持し、人々の生活に必要なモノやサービスが合理的に提供されるような状態が望ましいことは言うまでもありません。

先に言及した『能力２０４０』というブックレットに寄稿している社会学者の市野川容孝も、「私は誰もが無免許で車を運転したり、医療行為をおこなったりしてよいとは思わない。学校の先生についても、然るべき知識や実習が必要だと思う」(四三頁)と書いています。これは、個々の職務や役割を果たすための知識やスキルは尊重しなければならないという、本章の主張に重なる考え方です。ただし市野川は、この引用部分にすぐ続けて、「しかし、そういう資格の有無が、結果(つまり所得や分配)の大きな不平等を正当化できるとは思わない」とも書いています。この市野川の指摘には、メリトクラシーや「能力主義」の弊害を是正しつつ、その廃止できない核を守る方策を考えるための重要な示唆が含まれています。それはどういうことでしょうか。

8　メリトクラシーを「弱毒化」するには――「水平的多様化」の実現に向けて

(1)〈達成〉→〈報酬〉の切断

先の第6節では、メリトクラシーの諸問題に対して、個人の〝能力〟獲得を支援するだけでは不十分であると述べました。続く第7節では、メリトクラシーを全廃することは不可能であると論じました。現状を変えずに、ひたすら個人に働きかけて現状に適応させようとするのも、現状をかなぐり捨てるのも、どちらも駄目だとすれば、残された道は、メリトクラシーの基本枠組みである〈要因〉→〈達成〉→〈報酬〉という図式に立ち戻り、それらをどう是正してゆけるかを考えるしかありません。

ここで提案したいのは、〈要因〉→〈達成〉→〈報酬〉における二つの矢印を、可能な限り断ち切るという方向です。まず二つ目の〈達成〉→〈報酬〉の矢印を断ち切るためには、〈達成〉によって〈報酬〉に大きな格差がつかないようにする――完全に均一にすることは難しいにしても――ことが必要です。先の市野川の指摘も、この点に関するものでした。

〈報酬〉として重要なのは、やはりまず収入です。労働を通じて収入が得られる人については、先に述べた、日本における大企業と中小企業、正規雇用と非正規雇用、男性と女性といった、賃金格差を生み出す境界線を薄くし、同種の職務の間ではどこで働いていてもほぼ同水準の賃金が得られるようにすること、そして、職務間の賃金の差も可能な限り縮小してゆくことが必要です。そのためには、企業を超えて、各職務に従事する人々の団体や組合が、標準賃金を要請してゆくことが役に立ちます。曖昧な〝能力〟ではなく、具体的な〈達成〉としての職務や知識・スキルを大切にしてゆくということは、従来の「メンバーシップ型雇用」から「ジョブ型雇用」「ジョブ型採用」への転換が不可避であるということも意味します。個々の職務・ポストで必要とされる知識やスキルを明示し、それに適合する人にその職務やポストに就いてもらうということにより、賃金水準の適正化だけでなく、専門性や裁量性の発揮による職務遂行の合理化・効率化も期待されます。

現在低すぎる賃金になっている職務や働き手については、最低賃金を上げてゆくことが必要です。地域間で最低賃金額が異なり、その額も低すぎる現状には大きな問題があります。全労連と地方組織が実施している「最低生計費試算調査」によれば、全国どの地域で暮らしても、生活費として少なくとも月額二四万円程度が必要であることが明らかになっており、これは時給に換算すれば一五〇〇円以上にあたります。こうした月額および最低賃金を最低基準として、それ以上の額に上げてゆく運動や交渉を、働く者の間でおこなってゆくことが必要であり、その際にはすでに存在する「特定最低賃金」（特定の産業について設定されている最低賃金。関係労使の申出に基づき最低賃金審議会の調査審議を経て、地域別最低賃金よりも金額水準の高い最低賃金を定めることが必要と認められた産業について設定される）の制度も活用できるはずです。政府・企業も、どのような仕事をしていてもこうした収入が確保されることを法制化してゆくべきです。

就労によって収入を得ない・得られない人々についても、上記の最低生活費に匹敵する所得の保障がなされる必要があります。個々の事情に応じて、住居、光熱費、食料などの現物や、医療などの基本的サービスを、所得に代えて選択できるようにすることも考えられます。どのような状況になっても生命と生活が脅かされないということが「生存権」の考え方であり、その上で多様な〈達成〉を自由に追求できるような状態が目指されるべきです。

また、〈報酬〉には収入だけでなく、名誉や承認といった、非金銭的なものも含まれます。どのような職務や役割であっても、金銭だけでなくそれ自体としての実質的な価値や有用性を見出し、同じ職務や役割に従事している者同士でその誇りを共有し、さらに良い内容へと高めてゆくことは可能だと考えます。稼得収入を得ていない人々も、たとえば同じ病気と闘っている人々、同じ趣味や関心をもつ人々との間で、インターネットも駆使して、コミュニティを形成してゆくことができます。すでに現在でも、多様な職種や活動に関する団体や組合が、情報交換や相互の励ましなどの活動をおこなっています。それを、さらに多くの職種や事柄へと広げ、人々を包摂してゆくことを提唱します。

(2)〈要因〉→〈達成〉の切断

もう一つの矢印は、〈要因〉と〈達成〉を結びつける矢印です。すでに述べたように、〈要因〉としてメリトクラシーのロジックでは〝能力〟と〝努力〟が強調されていましたが、現実には、生まれ落ちた家族や住んでいる地域の諸資源が子どもの〈達成〉を左右しています。

この矢印を可能な限り断ち切るための方策として、不利な状況にある層への支援だけでは限界があることを、第6節では述べました。テストの得点や望ましいふるまいなど、人々の間の相対的な優劣が〈達成〉の基準とされている限り、人々の間には序列が作り出されてしまい、そのなかで有利な位置を占めるのは、もともと多くの資源を活用できる層であることには変化がありません。

ここで提案したいのは、〈達成〉の、相対的な序列としての性質を弱め、①共通にクリアすべき絶対的な最低基準の緩やかな確認と、②質的に異なるさまざまな分野やテーマの追究へと分解するということです。これは、とくに教育という領域において重要になる事柄です。

まず①は、学校教育において、たとえば義務教育修了時点、高校修了時点、といった大きな区切りになる時期までに、大体これくらいは知っておいてもらいたい、という内容項目を示し、それが約八割程度の水準で習得できていることの確認を以て、次の教育段階に進む資格を得たものとする、ということを想定しています。例を挙げるならば、「二次関数のしくみを説明できる」「生き物の種類と基本的な違いを説明できる」といった内容項目を、ほぼ達成できているかどうかを、在学している学校内で確認するという、最低限の評価に留めるということです。この目標に向けて、どのような進度や方法で学ぶかについては、個々の子どもに自由度を与えます。現在の日本で支配的な、教員の主導による一斉授業ではなく、教科書を読む、問題を解く、友だちと話し合う、ＩＣＴを利用して調べるなど、児童生徒が多様な学び方で学べるようにします。ただし、どのような方法で学ぶ場合も、教員によるきめ細かい見守りや手助けが一斉授業よりもいっそう求められますので、現状よりも教員配置を厚くする必要があります。日本の学校教育は、他の先進諸国と比較しても一学級当たりの児童生徒数が多く、それは一斉授業や「教育格差」、さらには教員の過重労働などの深刻な諸問題と直結していますので、基盤的な教育条件としての教員数の増加は不可欠です（本田 二〇二二）。最低習得水準を確認する必要があるのは、それが公教育制度としての目的であり責任であるからですが、それ以上のアクロバティックに難しい問題や些末な知識の記憶を全員に求めることはしません。

そして②は、上記の①さえ確保できれば、それ以外に、個々の児童生徒の関心や志向に即して、さまざまな分野やテーマの学習や探究ができるようにする、ということです。これについても、質的に互いに異なるそれぞれのテーマを追究するので、縦の序列を廃するという目的をもっています。たとえば「海生哺乳類の生態に詳しい」ことと、「特定の外国語が堪能である」ことと、「ロボットを自作できる」ことと、「地域の過疎化・高齢化の実態に詳しい」こととの間に、序列はありません。

これら①②に連動する形で、中学から高校、高校から大学への入学者選抜も変革が必要です。前提として、他国と比べても普通科が異常に多くを占めている日本の高校の学科を、大括りな分野別に多様化することを提唱します。基本的な習得水準をクリアしていることが確認されていれば確実に次の教育段階に進むことができ、高校や大学の入学者選考は、応募者が定員を超えていなければ実施しなくてもかまいません。専攻が必要になる場合は、②で各人が追究してきた分野やテーマと、学科や学部との適合性によって受け入れの可否が判断されます。

そんなことがいったい可能なのか、と感じられる読者もいるかもしれませんが、実のところ、すでに現在でも、高校や大学の「総合型選抜」(いわゆるAO入試)や「学校推薦型選抜」(いわゆる推薦入試)では、上記とほぼ同様の入学試験がおこなわれています。むしろ、会場に多数の受験者を集めて一発勝負で一点刻みで実施される「一般入試」のほうが、偏差値や難易度など、序列のロジックに信憑性を与えている、異常な選抜のあり方であると、発想を転換する必要があります。

こうした二つの矢印の切断の提案は、メリトクラシーや日本の「能力主義」の弊害としての不平等や序列、人々の間の分断を弱めることを目的としています。生命と生活の安心の確保と、実質的な〈達成〉の自由な追究を可能にするための提案です。気宇壮大な提案ではなく、世界の諸国のなかには、たとえば北欧やスイスなど、この提案と類似の仕組みをすでに実現し、社会経済の活力を維持している国々もあるということを、付言しておきます。

おわりに

この章では、メリトクラシーやその日本版としての「能力主義」が、「自助」社会の根幹にあることから論を始め、その問題点を明らかにした上で、全廃ではない改善方策を提案してきました。

この提案を実現するには、社会全体の法律や制度の変革が必要ですが、もしこの提案に理があると考えていただけるならば、一つの地域、学校、企業からでも、導入・試行していただきたいと考えています。

しかし、残る懸念は、冒頭で述べた、「自分で生きろ」「個々人が〝努力〟、〝能力〟、〝成果〟によって生きろ、うまく生きられず苦しい状態にあるのはその個人が〝努力〟、〝能力〟、〝成果〟を示すことができないせいなので、責任は本人にあり助けてやる必要はない」という冷酷な「自助」社会こそを望ましいと考え、それによって利益を得ている層が日本には厳然と存在し、その層にはここでの提言はまったく響かないであろうということです。しかし、そのような「自助」社会は、不平等や困窮する人を膨大に生み出し、それによって社会全体が活力を失い、衰退・自壊に向かうであろうことも確かです。日本ではすでにその兆候がいたるところで露わになっています。それを座して見ているだけなのか、それとも変革に取り組むか、その岐路は目前にあります。

〈提　言〉

1　収入格差の縮小と「生存権」の保障のため、最低生計費額を基準とした収入水準と、基本的なモノ・サービスを保障する。

2　ジョブ型の採用・雇用を拡大する。個々人の職務や活動に即した団体や組合への所属により、職務や活動の実質的な価値に基づく相互承認を確保する。

3　一発勝負・一点刻みの高校・大学入試を縮減し、分野別の総合型選抜・学校推薦型選抜を大幅に拡大する。すべての希望者が教育機会を得ることができるよう、無料・低額で無選抜の教育機会を拡充する。

引用文献

池田賢市他 二〇二〇、『能力2040――AI時代に人間する』太田出版。

多喜弘文 二〇一〇、「社会経済的地位と学力の国際比較――後期中等教育段階における教育と不平等の日本的特徴」『理論と方法』二五巻第二号、二二九―二四八頁。

中村高康他編 二〇二一、『現場で使える教育社会学――教職のための「教育格差」入門』ミネルヴァ書房。

濱口桂一郎 二〇二一、『ジョブ型雇用社会とは何か――正社員体制の矛盾と転機』岩波新書。

藤村正司 二〇一九、「後期中等教育の比較制度分析――PISA 2015から「日本的特徴」を再考する」『教育学研究』第八六巻第四号、五一―六五頁。

本田由紀 二〇二〇、『教育は何を評価してきたのか』岩波新書。

本田由紀 二〇二一、『「日本」ってどんな国？――国際比較データで社会が見えてくる』ちくまプリマー新書。

松岡亮二 二〇一九、『教育格差――階層・地域・学歴』ちくま新書。

山口毅 二〇二〇、「反能力主義――教育と生存保障の結びつきに関する規範的考察」日本教育社会学会第七二回大会課題研究Ⅱ「能力主義をどう考えるか？」二〇二〇年九月六日発表資料。

渡辺由美子 二〇一八、「学習支援の現状及び在り方――学習支援の第二ステージに向けて」内閣府「第六回子供の貧困対策に関する有識者会議」資料二―二。

Brown, P. 1990, "The Third Wave: Education and the Ideology of Parentocracy", *British Journal of Sociology of Education*, 11(1), pp. 65-85.

Graeber, D. 2019, *Bullshit Jobs: The Rise of Pointless Work, and What We Can Do About It*, Penguin Press.（酒井隆史他訳『ブルシット・ジョブ――クソどうでもいい仕事の理論』岩波書店、二〇二〇年）

Markovits, D. 2019, *The Meritocracy Trap: How America's Foundational Myth Feeds Inequality, Dismantles the Middle Class, and Devours the Elite*, Penguin Press.

McNamee, S. J. and R. K. Miller Jr. 2009, *The Meritocracy Myth*, Rowan & Littlefield.

Sandel, M. 2020, *The Tyranny of Merit: What's Become of the Common Good?*, Penguin Press.（鬼澤忍訳『実力も運のうち　能力主義は正義か？』早川書房、二〇二一年）

Young, M. D. 1958, *The Rise of the Meritocracy: 1870-2033*, Penguin Press.（窪田鎮夫他訳『メリトクラシー』講談社エディトリアル、二〇二一年）

9　個人化の時代の包摂ロジック
――「つながり」の再生

須田木綿子

はじめに

孤独・孤立が、重要な社会的課題として注目されています。その背景には、これまで個人を守り、支えてくれていた家族や地域の機能の弱体化が挙げられます。非正規雇用の広がりによって、職場を通じて安定的な人間関係を形成する機会も減少しました。また、セーフティネットと呼ばれる保健・福祉事業の仕組みも、十分な支えとはなりきれていないようです。こうして多くの人が、社会のなかのさまざまな出来事に直接さらされ、巻き込まれ、対応に難しさを覚えても、誰かに相談したり、頼ることもできなくなっていると考えられます。

このようななかで、ＮＰＯやボランティアの活動には、新しい「つながり」を形成し、私たちの暮らしに信頼と安心を取り戻す力になってほしいとの期待が寄せられています。しかし過去にも、社会的課題への対応の主体として、NPOやボランティアが注目されたことがありました。二〇〇〇年以降の、保健・福祉領域の民営化政策の過程においてです。しかし、折々にメディアに取り上げられる活動はあっても、制度のあり方に影響力を発揮したり、社会全体の空気を変えるには至りませんでした。のみならず、その後のNPOやボランティアの活動は、むしろ停滞しているという指摘もなされています。

本章は、NPOやボランティアは停滞しているのではなく、行政の側がNPOやボランティアの制度化に成功しなかったのだと考えます。そして、制度化の対象となった領域の外側で新しいタイプのNPOの活動やボランティアが生まれつつあり、それまでとは異なる方法で「つながり」を構築しつつあることに着目します。そのような新しい活動を、今度は孤独・孤立の課題に対応するために制度化しようとして再び同じ轍を踏むのではなく、その力を育み、社会全体で享受するためには、どうすればよいでしょうか。本章では、官—民の関係に対する考え方と行政支援のあり方に、再検討が求められることを論じます。さらに、新しいタイプのNPOやボランティアの特性を考慮すると、それらの活動を促すためのインフラ整備に取り組んでいる組織への支援も、あわせて求められることを示します。

本題に入る前に、以下の二点について確認をします。

本章では、保健・福祉領域の民営化政策を、二つの視点から検討します。ひとつはデボルーション(devolution)、すなわち民営化政策に伴う責任と権限の政府の下部組織(地方自治体)および民間への委譲の視点です。そしてもうひとつは、ニュー・パブリック・マネージメント(New Public Management：NPM）、すなわち、民営化された保健・福祉領域に関わる多様な組織をガバナンスする原理の視点です（Christensen and Lægreied 2007）。言い換えますと、民営化政策については、政策決定過程やその背景にある政治理念などの観点から検討する立場もあるのですが（宮本 二〇二一）、本章は、その結果、国と地方自治体との関係や官―民関係がどのように再編され、民間の活動であるNPOやボランティアはどのような立場におかれているのかに焦点をあてます。

また、「NPO」や「ボランティア」は多様な意味で使われますが、「NPO」にはいわゆるNPO法人、協同組合、一般社団や一般財団を含むものとします。法人格をもたない任意の組織は「ボランティア組織」として、「NPO」と区別します。そして、これらを「NPO&ボランティア」と総称します。その他に、宗教法人（各種の宗教団体や施設）、医療法人（病院やクリニックなど）、社会福祉法人（各種の社会福祉組織や施設）、学校法人（いわゆる私立学校）も学術的には「NPO」に含まれますが、本章では必要に応じてこれらの法人について個別に言及します。

1　保健・福祉領域の民営化とNPO&ボランティア

（1）デボルーションとニュー・パブリック・マネージメント

日本でNPO&ボランティアに関心が集まったきっかけとして、一九九五年の阪神・淡路大震災の経験をあげる論者が少なくありません。しかし、NPO&ボランティアへの関心の高まりは先進諸国に共通して生じたものであり、国際的な動向を視野におさめた説明が必要です。そして現在では、

NPO&ボランティアが注目されるようになった経緯を、一九八〇年代に英米から発した福祉国家体制の再編に伴う民営化政策との関連において整理する方法が共有されつつあります。

福祉国家の定義については膨大な議論の蓄積がありますが、本章の関心の限りにおいて、福祉国家体制を次のように定義します。つまり、保健・福祉サービスの購入(財源確保)と供給の双方に、国家が責任を負う体制です。そして本章における福祉国家体制の再編とは、保健・福祉サービスの購入責任と供給責任を切り離し、前者はひきつづき国家が責任を負いますが、後者は民間組織に委ねられる、すなわち民営化の過程を意味します。日本では、一九九〇年代の終わりに導入された社会福祉基礎構造改革がこの流れに該当します。そして二〇〇〇年には、介護保険制度が施行されました。日本で最初に民営化された、公的な保健・福祉サービスの仕組みです。つづいて、障害者支援、保育、低所得者支援、地域事業領域の諸活動が民営化されました。

それまでの公的な保健・福祉サービスは、原則として国家責任において提供されていました。それが民営化政策を通じて、行政に代わって、営利組織や社会福祉法人をはじめとする公益法人に加えて、NPO&ボランティアがサービス供給に従事することとなりました。そして行政は、原則としてサービス供給活動から撤退しました。それまでの保健・福祉事業は、行政機構に組み込まれて官僚化し、硬直化していましたので、ここにNPO&ボランティアが参加することによって必ずや新風をふきこみ、サービス利用者の視点から改革を進める力になるだろうという期待が寄せられました。しかし、NPO&ボランティアには活動の停滞が指摘されています。その理由を検討するにあたり、まずは民営化の仕組みについて確認しておきましょう。

民営化の過程では、国家が担っていた責任と権限が、政府の下部組織(地方自治体)と民間に委譲、すなわちデボルーションされます。たとえば先の介護保険制度は国家規模で運営されていますが、予算は市区町村が管理します。また、サービスの供給は民間組織に委ねられ、株式会社や社会福祉法人、医療法人、NPO&ボランティア等の参加が認められました。それら民間組織を事業者として指定する責任と権限を有するのは、都道府県もしくは市区町村です。そして、これらのサービス供給に関わる多様なアクターをまとめ上げる原理がニュー・パブリック・マネージメント(NPM)です。NPMには、一般市場におけるような商業的競争(個々のサービス利用者の選択と嗜好の尊重と価格に基づく競争を促す。以下「市場化」と総称します)と管理主義(一定の予算内でメニューに定められたサービスを、できるだけ多くの利用者に公平かつ効率的に提供することを促す)という、相反する原理が共存しています。そして多くの国が公的な保健・福祉サービスを民営化したという点で民営化は経路離脱の側面をもちますが、市場化と管理主義という異なる原理間のバランスのとり方はそれぞれの国の状況に応じて異なる経路依存の側面をもちます。そして管理主義は、規制を通じて国家の影響力を強めるという点で、中央集権的な政府間関係が形成されることも指摘されています(Christensen and Lægreied 2007, Suda 2005, pp. 430-452)。民営化と市場化は、イコールではありません。少なからずの国において、民営化政策は市場化よりも管理主義を強調しており、我が国もそのひとつであると考えられます(須田 二〇二一、九六―一〇六頁)。

（2）NPO&ボランティアへの影響

民営化によって、それまではごく限られた人々にしか利用できなかった保健・福祉サービスが、広く行き渡るようになりました。またサービス利用者は、自分が好む事業者を選ぶことができるようになりました。しかしそのなかで、NPO&ボランティアは、多くの課題を経験することとなりました。

その原因のひとつが、経済効率性の強調と競争原理の導入にあります。民営化の過程では多くの場合、デボルーションとともに公的資金の投入先が、サービス供給側（サプライ・サイド）からサービス受給者側（デマンド・サイド）に転換されます。この仕組みによって、サービス供給組織は互いに競争する関係におかれます。介護保険制度がその典型です。介護保険制度以前も、民間の組織（主に社会福祉法人）がサービス供給に関わっていましたが、事業者には、サービス提供に必要な経費が措置委託費として送金されていました。事業者、すなわちサービス供給側＝サプライ・サイドに公的資金を投入する仕組みです。これに対して介護保険制度では、高齢者の側に公的資金が投入されています。利用したサービスの経費の七〇―九〇％が、介護保険予算から利用者に還付されます。つまり、サービス利用者＝デマンド・サイドへの公的資金の投入です[1]。平岡（二〇一八、五四―八〇頁）は、サプライ・サイドへの公的資金の投入を「サービス購入型」、デマンド・サイドへの公的資金の投入を「利用者補助型」としています。こうして介護保険制度においては、サービス利用者が経費の一〇―三〇％を自己負担するだけで、多様な介護サービスを利用できるサービス券（バウチャー）をもって、サービス事業者を自分で選ぶこととなります。事業者は、そのような利用者をできるだけ多く獲得してサービスを提供することによって収入を得るので、自らのサバイバルのために互いに競争をするようになりました。

しかしＮＰＯ＆ボランティアは、「競争」ではなく、他組織との連携や共存を重視する傾向にあるため、サバイバル競争では不利な立場におかれることとなりました。

また、国によって、市場化と管理主義のどちらが強調されるかは異なりますが、提供されるサービスは画一的なものとなる傾向が共通して報告されています。市場化の原理では、高額の料金とひきかえにサービス利用者が望むサービスを自在に提供することは可能ですが、そのような経済力を持つ利用者は限られています。実際には多くの事業者が、大多数のサービス利用者に対して、できるだけ低価格で一定の品質のサービスを経済効率的に提供することによって収益を確保します。そしてそのために、サービスの過程を単純な作業に細分化し、それを組み合わせることをもって、個々の利用者の求めに応じます。これを、保健・福祉サービスのマクドナルド化といいます(Harris 2003)。いっぽう管理主義が強調されると、規制で定められたとおりにサービスを提供するので、サービス内容を工夫するよりも、サービス提供にかかる経費の削減によって収益を確保するために、やはり経済効率性が追求され、結果としてサービスのマクドナルド化がすすみます。求められるサービス内容のこのような変化は、個々の利用者ごとの多様性に配慮した、きめ細やかで柔軟な対応を身上とするＮＰＯやボランティアの意欲を大きく削ぐこととなりました。

サービス利用者との関係にも変化がもたらされ、サービス事業者は、単純なニーズをもち、成果のあがりやすい利用者を好むようになりました。高齢者であれば、週に一度の入浴サービスをスケジュール通り提供して、満足してもらえるような利用者です。いっぽう、複雑な課題を抱える利用者へのサービス提供には、慎重にならざるを得ません。たとえば、同居する家族による虐待が疑われるような高齢者であれば、入浴サービス中に高齢者の体にアザをみつけ、虐待の疑いを担当課に報告する手続きが加わるかもしれません。経済的な虐待がある場合は、支払いが滞るかもしれません。また、家族が何らかの課題を抱えていると他者が家庭内に入ることを拒む傾向が強いので、スケジュール通りに訪問しても、その場でキャンセルされることがあるかもしれません。このような利用者は「手がかかる」ので、避けられるようになります。事業者の側で利用者を選別する、クリーム・スキミング(cream skimming)という手法の広がりです。クリーム・スキミングは一般に、株式会社をはじめとする営利組織に多くみられるといわれます。そして「手がかかる」利用者が、社会福祉法人やNPO&ボランティアにたどりついた際、それを受け入れる事業者は、経済効率性においても、競争力においても、さらに不利な状況を深めます。

(3) 制度化の失敗

NPO&ボランティアの力は、どうして生かされなかったのでしょうか。

ひとつは、自由主義的な資本主義社会におけるNPO&ボランティアの位置づけに関わります。

Van Til(1988)は、民主主義理論の視点から次のように整理しています。(2)

Populism(大衆主義、ポピュリズム)

社会の構成員が重要な社会的課題について直接議論に参加する直接民主主義のイメージに近い。協同性を重視し、特定の個人や組織が優位性を独占することを避ける。理想主義的で実現は困難。自治や個人の自律を尊重する。あるべきＮＰＯ＆ボランティアの活動としては、サービス提供型よりも、協同組合や当事者のセルフ・ヘルプ活動を重視する。

Idealism（理想主義）

政策とは、対話を通じた互いの成長と啓発の過程を通じて形成されるものと考える。政治参加は人間的な活動であり、それによって個人の自己実現がなされる。制度や社会組織に対しては、そのような理想をどれほど体現できているかという視点から改善の道筋が模索される。総じてＮＰＯ＆ボランティアの活動については懐疑的。集団化して個人や少数派の意見を抑圧したり、行政とつながることによって他を圧して自己利益を実現する力を拡大させる可能性もあるので、監視が必要な存在と考える。

Pluralism（多元主義）

主たる社会組織として国家・行政組織、経済活動に従事する組織、アソシエーションを想定し、各組織が異なる影響力をもちながら共存・協働しつつ、それぞれの利害を実現する。個人は自身の関心にとらわれがちであり、政治の意思決定過程に参加をすることで、他者の利害との調整を図ることの重要性とそのためのスキルを学ぶ。ＮＰＯ＆ボランティアの活動については、その成果よりも、参加を通じて得られる自己実現と安心、自由、自助に基づく自律性の維持を重視。極端な主張や一過性のデモ活動などに対しては、既存の社会組織が構成する秩序を乱しかねないものとして慎重な姿勢。

Social democracy（社会民主主義）

Pluralism（多元主義）に内在するエリート主義と不平等に対する関心の低さを批判的に継承し、利害の調整にあたっては正義を問い、社会における協働と連帯を重視する。セルフ・ヘルプ、草の根の社会変革運動には肯定的。ＮＰＯ＆ボランティアによる事することは、協働と連帯の象徴として意義を認めるが、社会的課題を根本的に解決する力はもちえないとして、その機能については限界があるとする。ＮＰＯ＆ボランティアがサービス供給活動に従

Neo-corporatism（いわゆるネオコン）

行政がブローカー役を担い、経済活動を牽引する営利企業と労働者双方の利害のバランスを図りつつ、インフレーション、失業率、経済政策のあり方などを調整する。官僚制に基づく公的サービスの仕組みを否定的に評価し、営利・非営利の民間組織に代替を求める。とりわけＮＰＯ＆ボランティアは、サービス供給に従事して公的支出の削減に貢献する存在として有用。意思決定過程における市民参加の意義については消極的な評価。

以上をふまえてVan Til（1988）は、それぞれの理論的立場からみたＮＰＯ＆ボランティアの位置づけを、表9-1のようにまとめました。

Neo-corporatism（ネオコン）が新自由主義に相当し、ＮＰＯ＆ボランティアの活動については、サービス供給の領域においてのみ、社会民主主義と見解が一致しています。宮本（二〇二二）は、保健・福祉領域の民営化の過程を、社会民主主義、経済的自由主義（新自由主義）、保守主義の対立的構造に

表 9-1 NPO ＆ボランティアと５つの民主主義の理論

	NPO ＆ボランティアの活動		
	サービス供給	セルフ・ヘルプ	草の根の社会運動的活動
Populism（大衆主義）	0	＋	＋
Idealism（理想主義）	－	0	0
Pluralism（多元主義）	＋	＋	＋
Social democracy（社会民主主義）	＋	＋	＋
Neo-corporatism（ネオコン）	＋	0	－

＋＝積極的評価，0＝ニュートラル，－＝消極的評価
出典：Van Til (1988), p. 53.

基づいて読み解き、一九九〇年から二〇一〇年前後にかけての政権変動という例外的な状況のなかで実現した社会民主主義的施策と位置づけています。そのような複雑な政治状況のなかで、Neo-corporatism≒新自由主義と社会民主主義の数少ない見解の一致点として、保健・福祉サービス領域の民営化に伴うNPO&ボランティアのサービス供給過程への参加が実現したと整理することができそうです。Neo-corporatism≒新自由主義は公的支出削減の一助として、社会民主主義は協働と連帯の象徴として、と、同床異夢ではありましたが。

いっぽう、NPO&ボランティアの停滞については、民営化が新自由主義に牽引されていたことに起因すると考える立場があります（仁平 二〇〇五、四八五―四九九頁）。たしかに、Neo-corporatism≒新自由主義のNPO&ボランティアに対する見解は上述のとおりです。しかし社会民主主義も、サービス供給過程に参加することの意義については限定的な評価をしています。新自由主義と社会民主主義いずれにおいても、民営化された保健・福祉サービスの領域では、NPO&ボランティアが大きな影響力をもつというシナリオは、描きにくいようです。

さらに、北欧のような社会民主主義的といわれる国々においても、新自由主義の影響が強いとされる米国においても、民営化された保健・福祉の領域でサービスの供給に従事するＮＰＯ＆ボランティアについては、本章で示したような課題が同様に報告されています。したがって課題は、〇〇〇主義という政治理念ではなく、各国に共通して導入されたＮＰＭそのものか、デボルーション、つまり責任と権限の委譲の手続きに関わるテクニカルな過程に起因する可能性も考えられます。宮垣（二〇一九、七五―八〇頁）はこの経緯を、「制度化の失敗」と総括しています。

（4）社会にとっての意味

以上のことは社会全体にも大きな意味をもつので、やや論旨はそれるのですが、以下の三点について確認をしておきます。

保健・福祉サービスのマクドナルド化は、全国に支店を多くもつような大規模な組織の優位性を高めます。そしてこのような大規模な組織は、本社の経営判断で出店と退出をするのであって、それぞれの地域へのコミットメントは薄くなります。こうして、民営化された保健・福祉サービスは、地域密着から遠ざかるものとなります。

また、先に述べた市場化と管理主義のプレッシャーの共存とクリーム・スキミングが組み合わさって、受けられるサービス内容に関する利用者間の格差が拡大しています。そしてその傾向はとりわけ、高齢者ケアの施設サービスの領域で顕著です。この数年の間に、都心の一等地で一流ホテルが食事を担当し、それぞれの嗜好を考慮した快適な生活空間を提供するような有料老人ホームを、営利の事業者が競うようにして建設しています。サービス利用者には定められた経費が介護保険制度を通じて支払われますが、この種の施設に入所するためには、サービス利用者がさらに高額な追加費用を自身で支払うことが求められます。少数の富裕層を対象とすることで、高額の料金とひきかえにサービス利用者が望むサービスを自在に提供するという市場化の機能が、この限られた領域でフルに追求されています。しかし、多くの高齢者にはそのような経済力はなく、施設入所が必要でありながら家計上の理由で在宅にとどまる場合さえ少なくありません。そのような場合は、マクドナルド化されたサービスでニーズを満たすこととなります。

さらに重要な課題として、デボルーションの法則といわれるものに注目する必要があります(Handler 1995)。中央政府(日本の場合は国)は、完全には解決できない、もしくは解決できるとしても長期化するような課題をデボルーションする傾向にあり、問題もデボルーションされた先にとどまって中央政府には戻らないという法則です。再び高齢者ケアの例に戻ると、すでに述べたようなサービス提供拒否のような深刻な問題が生じたとしても、まずは事業者の収益偏重の姿勢や、管轄の地方自治体の監督責任が問われます。事業者が、クリーム・スキミングをせずにサービスを供給できるような財政的余裕をもたせるには介護報酬の値上げが必要だとしても、国は、そのような施策は介護保険料の値上げにつながり、それに関する国民の合意を得ることは困難だと説明するでしょう。つまり、介護保険の制度設計に再検討の余地があるように思われても、最終責任の所在が不明となります。こうした仕組みにおいては課題を根本的に解決することは難しく、その場しのぎの対応が続けられることになります。

2　新しいNPO&ボランティアの躍動

（1）エピソディック・ボランティアへの着目

民営化された保健・福祉の領域の外側では、NPO&ボランティアはまったく別の展開をしており、新しい生命力をもって躍動しています。この動向を理解するためには、個人と社会の関係性の変容について述べなければなりません。これに関する代表的な議論が、Beck(1992)によるリスク社会でしょう。ひと昔前であれば、よほどの事情のある人のみが体験していたような孤独や貧困などの人生のリスクが、誰にでも起こり得る時代となりました。しかし血縁・地縁等の中間組織は弱体化し、既存のセーフティネットも民営化の過程のなかで未解決の新たな課題を抱えるようになっています。個人は社会の出来事に直接さらされ、自身の力の弱さを認識して無力感を高め、他者や社会を信じたり、少し先の将来にむかって真面目な努力を重ねることも空しくなり、そのときどきの快の感覚のみを求めるようになるというのが、リスク社会の風景です。新しいタイプのボランティアは、このようなところから生まれてきました。

最初に人々の話題になったのは、それまでNPO&ボランティアの活動を牽引してきた人々の間の不満としてでした。「今どきのボランティア」は、無責任で自分勝手だ、というものです。「今どきのボランティア」の典型的なイメージは、次のようなものです。真面目に学校を出て中堅企業に勤め、友達も数人いて時々は楽しいことがあり、大きな出来事もなく、淡々と毎日を過ごします。そうして三〇歳前後になって突然、地域の祭りに興味をもち、神輿のサークルに入ります。時間があればサークル仲間とジョギングをして体力をつけたり、祭りのパンフレットや寄付集めのサイトづくりなどに積極的に関わります。寄付も、頼まれれば快く応じます。しかし、「今度の水曜日の夕方に作業を手伝いに来ていただけますか」などと尋ねると、「ちょっと予定が分からないので」と約束をしません。そうでありながら、けっこう頻繁に、ふらっとやってきて、熱心に手伝います。仕事ぶりは優秀です。しかし、少しでも注意をされるなどしたら、とたんに来なくなります。機嫌よく祭り当日を迎えたとしても、神輿を担ぎ、打ち上げにも参加して大いに楽しそうに過ごしたのち、翌日からいっさい来なくなるといったことが起こります。こちらからメールや電話を入れても、返事はありません。翌年の祭りにも音沙汰はないのですが、数年後には突然現れて、再び活動に参加するかもしれません。

やがて、このようなタイプのボランティアたちは、「エピソディック・ボランティア」と呼ばれるようになりました(Brudney 2005)。エピソディックは「エピソード」の形容詞で、病気の発作を意味します。慢性的な病気のなかには、普段は何事もないのに、ある日突然、症状が勃発して日常生活もままならなくなり、その症状がおさまれば、再び何事もなかったかのようになるものがあります。このまたその症状も三日で終わるのか、三カ月、あるいは年単位で続くのかの予想もつきません。このような発作症状を、「エピソード」といいます。「今どきのボランティア」たちの気まぐれぶりは、そのような病気の発作と一緒、というわけです。

エピソディック・ボランティアは、先に述べたリスク社会と個人化の申し子ともいえます。リスク社会では、地道に努力をしても、いつ、どこで脱線が起こるのか、予測できません。にもかかわらず、ちょっとつまずきでもすれば、個人の才覚と責任に帰せられます。どうすればうまくいくのか、正解もありません。こうして、迷いだけが増えていきます。勉強に励むことに意味はあるのか、今、努力をしたとして、それはいつ、どのように報われるのか、安定した職業に就くことが幸せなのか、自分は結婚して家庭をもちたいのか……。このようななかでエピソディック・ボランティアは、自分探しをしている人々であるという理解が深まってきました。もちろん、社会や誰かのためを思う気持ちもありますが、それと同時に、自分は何を求めているのか、社会とどのように関わっていきたいのかについてのシミュレーションの場として、NPO&ボランティアに関わっている場合が多いと考えられます。そして、一定の価値や規範を社会的に共有することが困難になったポスト・モダンといわれる現代社会では、このような自己シミュレーションは生涯続くといわれています。

(2) エピソディック・ボランティアが紡ぐ「つながり」

エピソディック・ボランティアは総じて、純粋で、無欲な人々です。大きな社会の物語を信じていないので、いわゆる出世や、有名になることにも夢中にはなれません。声高に手柄を自慢することもありません。そもそも、自分が誰かの役に立てるとも思っていないので、「あなたはボランティア活動に参加していますか」と訊かれたら「いいえ」と答えるか、はじめから調査に応じないでしょう。ひとつの活動に長年コミットすることが少ないので、統計的にも把握しにくい存在です。しかし今や、このようなエピソディック・ボランティアは、私たちのまわりにたくさんいて、新しい形の「つながり」を多く生み出しています。以下に、例を挙げます。

事例1

東北で桜の木を植える活動をしているNPOがあります。二〇二二年四月現在で、これまでにのべ七一六六人のボランティアが参加し、一九七八本の桜を植樹しました。目標は一万七〇〇〇本です。将来、再び津波の災害があっても人的被害を最小限におさめることができるように、そのために津波災害の記憶を桜に代えてとどめたい、という趣旨に多くの人が共感し、これまでに三億円以上の寄付が集まっています。具体的な活動は桜の植樹ですが、それを通じて被災地と被災地以外の地域をつないでいます。会社からのボランティア活動として参加する人々がいるいっぽうで、エピソディックなタイプのボランティアも多く関わっています。被災地の外から植樹に参加するボランティアは現地で宿泊し、飲食をして、地域経済活性化の一助となっています。ボランティアの側にも、得るものがあります。地域の人々と交流して孤独や心の疲労を癒したり、充実感や自己効用感を高めて、日常に戻ります。また、通常の寄付に加えてクラウド・ファンディングの仕組みを導入することで、さらに多様な人々の参加を可能にしています。スマホ上の操作だけで、寄付を通じて被災地や植樹ボランティアと一緒に事業に参加することができます。そして団体のホームページを見れば、寄付金によって桜の植樹が進み、地域の風景が変わっていく様子をフォローすることができます。ここには、伝統的なコミュニティでもなく、就労の場でもなく、個人の日常生活のなかの思い思いの時間や空間に、個人が好む方法で他者との「つながり」を感じられる機会が創出されています。

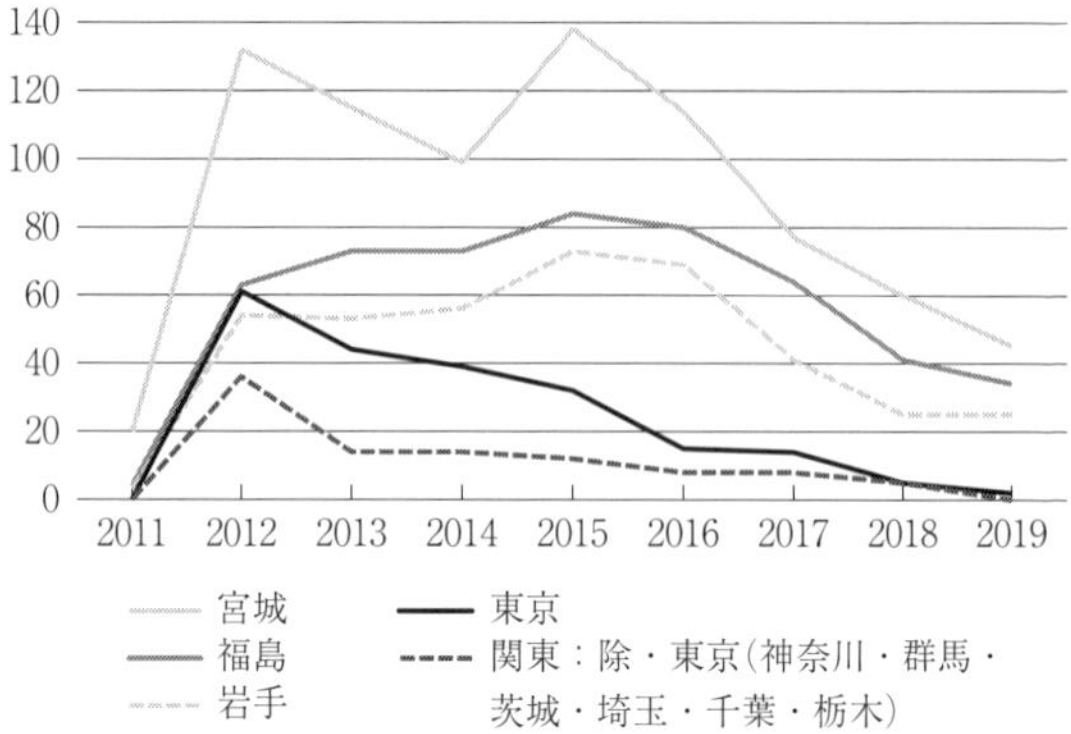

図 9-1　東日本大震災支援助成プログラムへの応募件数
出典：須田・小山（2021）.

事例2

エピソディック・ボランティアは、流動性が高い人々でもあります。

ひきつづき、東日本大震災に関わる事例を紹介します。ある民間のNPO支援センターとファンドが、企業から寄せられた復興支援資金をとりまとめて八件の助成プログラムを共同運営しました。図9-1は、それらのプログラムに応募したNPO&ボランティアの件数の推移です（須田・小山 二〇二一）。震災発生当初は、甚大な被害のあった宮城・岩手・福島の三県とならんで、東京と東京以外の関東（神奈川・群馬・茨城・埼玉・千葉・栃木）からの申請が多くありました。しかし二〇一三年以降、それら被災地以外の団体からの申請は潮が引くように減少し、被災地ではボランティア不足も報道されるようになりました。

表9-2は上記の助成プログラムのなかでも、東日本大震災に関わるNPO&ボランティア組織のスタッフに一―二年間の給与と研修を受ける経費を補助するプログラムの資料です。「助成対象者数」とは、その支援の対象になったスタッフの人数です。これらのスタッフが、二〇一九年の段階で何人

残っているかを追跡したところ、二〇一二年度のスタッフの継続率は「〇%」でした。この時期の活動は瓦礫撤去や仮設住宅居住者の支援などを目的とするものが多く、被災地の復興とともにそれらの活動もミッションを終えて、団体が解散したり、スタッフの異動・退職があったためと推察されます。しかし、二〇二二年三月の時点で活動を継続していたNPO&ボランティア組織から情報を収集したところ、いなくなったスタッフとの交流は多くの場合続いており、「いなくなった」スタッフの少なからずが、被災地内外の産業振興事業や町づくり活動にひきつづき従事していることも分かってきました。

表 9-2　NPO スタッフの活動継続状況

年度	助成対象者数	継続	非継続	継続率(%)
2012	11	0	11	0.0
2013	10	6	4	60.0
2014	9	8	1	88.9
2015	12	8	4	66.7
2016	9	6	3	66.7
2017	9	7	2	77.8
2018	7	4	3	57.1
2019	14	13	1	92.9
計	81	52	29	

出典：須田・小山(2021).

エピソディック・ボランティアは、その折々に社会的に関心を集めている課題に集中します。ひとつの課題が落ちつけば、次の課題に関心を移します。その流動性が、気まぐれで、あてにならないといわれる所以でしょう。しかし、いつ、どこにいても、社会的課題への関心は継続してもち続けているのです。だからこそ、その時々の課題に即座に反応し、必要と思われるところに出没し、物事がおさまるとともに姿を消します。

事例3

ひきこもり当事者が始めた「一般社団法人ひきこもりUX会議」による活動があります(林 二〇二二)。折々に開催される集まりに自分の都合がいい時に参加するというエピソディックな特性が、フルに発揮されています。匿名性も守られています。さらに参加者には、結婚をして子育て中の女性など、一般には「ひきこもり」とは思われない人々も含まれています。生きづらさを感じて、自由に外に出られないという感覚がある限り、それは「ひきこもり」として受けいれられます。既存の理解でこの活動の特徴を述べるなら、自分が「ひきこもり」だと感じている人々の間に、共感と支え合いを基盤とするコミュニティが形成されている……という表現になるでしょうか。しかし、ここに参加する人々に参加理由を尋ねても、「生きづらさを感じているから」「ここに来るとほっとするから」と答えるのみでしょう。自分たちがコミュニティに貢献しているとか、同じ悩みをもつ人を支えていると思っている人は、例外的にしか存在しないでしょう。自己利益に動機づけられ、「支援する―される」という枠組みを超えた「つながり」と理解する方が、実態に即しているように思われます。

(3) エピソディック・ボランティアのインフラ整備

エピソディックなNPO&ボランティアが生み出している「つながり」を社会的な包摂の力に転換するためには、保健・福祉サービス供給の場合とは異なる枠組みにおける行政とNPO&ボランティアの協働が必要であると考えられます。とりわけ考慮すべき事柄として、以下の三点を挙げます。

第一に、エピソディックなNPO&ボランティアに関わる人々の多くが、必ずしも活動の広がりを求めていないということです。ここに集まる人々は、自分たちが生きたいようにいられる場所を求めています。なかには、そのような自分たちの存在を社会に知ってもらい、居場所を拡げたいと思う人たちもいますが、全員ではありません。無理に他の組織や、広く社会につながっていこうとすると、自分たちの居場所そのものが崩壊するリスクが生じます。たとえば津久井(二〇一四、六六―七七頁)は、顔にアザや傷などをもった人々の当事者団体の活動が、メディア対応などのグループの外に向けての活動の増加に伴って内部分裂の危機に瀕した経緯を報告しています。「つながり」には安心が大切であり、その安心は、同質な人々との「つながり」に基づいて生み出されています。これに対して社会には、多くの異質な個人や組織が存在し、そのような異質性から身を守り、安心を維持するために、あえて自らの交流空間を閉じることを選択するのは、エピソディックなＮＰＯ&ボランティアの論理です。したがって、従来の行政委託や補助金のように、個人や個別の組織に直接公的資金を投入しても、その成果は支援を受けた個人や組織にとどまり、広がりを得にくいものになりがちです。

第二に、エピソディックなＮＰＯ&ボランティアの活動は、既存の社会貢献活動の感覚になじみません。先ほどの事例1の桜の植樹のような活動は、その典型です。桜の植樹が、被災地復興のための喫緊の課題と考える人は少なかったことでしょう。桜の植樹による直接的な受益者を特定することや、どのような社会的ニーズに対応するのかという視点から活動の意義を表現することも困難です。さらに、災害の記憶を伝えることで減災意識を高め、災害で亡くなる人が減ることを本質的な目標としており、その達成の度合いを、数年の単位で数値で表現するという評価方法にもなじみません。結果として、このような活動の事業計画は曖昧と評価されたり、そもそも復興支援と認められないこともあり、既存の行政委託や補助金の対象になりにくいものです。実際のところ、活動を始めた当事者も、そのような行政との連携を想定してはいませんでした。

第三に、既存の支援の枠組みにもなじまない場合が少なくありません。事例3のひきこもりに関わる活動の関係者は、ひきこもりと言われる状態にある人を支援の名目でそこから引き出すのは、暴力に近いと述べています。また池田(二〇二二)は、住民の交流の場であるカフェやサロンの活動への参加者の少なからずが、居住する地域とは異なる地域のカフェやサロンにわざわざやってきて、身近な人には話せないような家庭の事情や自身の心情を他の参加者と共有するひと時の機会をもつことで、日常を継続する力を得ている様子を報告しています。居住する地域の相談窓口などに行くと、どこの誰かが分かってしまうので利用しにくいという事情があるようです。行政区域を越えていることも既存の公的な支援の枠組みから外れているのですが、それを除いても、匿名性の維持が重視され、それゆえにアウトリーチや早期介入などを避ける傾向にあることは特筆すべきです。支援を拒んでいるのではなく、既存の支援の枠組みが、安心できる「つながり」を必要とする人々の感覚になじまないのです。

このようななかで経験的に、NPO&ボランティアの活動を支えるインフラを整備して、「つながり」をつくる活動を間接的に応援する方法が有効であることが分かってきました。この場合のインフラには、安定的な資金獲得につながるような情報提供や活動のマネージメントに関する相談、マネージメントのスキル・アップに関わる技術支援などが含まれます。さらに、NPO&ボランティアがそれぞれのペースで互いにゆるやかにつながる機会を提供することで、参加者の安心をまもりながら他組織と交流する術を学びあい、やがては行政や企業との連携事業の創出にも至っています。

インフラ整備に取り組む組織のかたちはさまざまです。もっともオーソドックスな存在としては、社会福祉協議会を挙げることができます。地域住民の主体的な活動を支援する組織です。しかし行政機構に組み込まれていて、市区町村〜都道府県といった行政区域を越える活動ができません。また、折々の政策に翻弄され、とりわけ少なからずの市区町村レベルの社会福祉協議会は、中長期的な見通しをもって担当する地域の活動を方向づけるような主体的な取り組みを継続的におこなうことが難しくなりました。このようななかで、全国の自治体が設立した四六一のボランティア支援センターのうち二割程度が、行政区域を越え、短期的には目に見えにくい成果に取り組むＮＰＯ＆ボランティアの活動の支援をおこなっています。また、助成財団センターが二〇二〇年に実施した調査に回答した九八五の財団が実施する二一四六の助成プログラムの約二割が、ＮＰＯ＆ボランティアの支援に関わっています(助成財団センター 二〇二〇)。さらに全国に約五十の民間のコミュニティファンドが存在し、生活協同組合に連なる組織も、ＮＰＯ＆ボランティアの活動を支援する事業をおこなっています。

事例1の桜の植樹活動は、民間の助成を受けて活動規模の拡大に伴う事務局機能の強化を図り、さらに会計管理、ホームページを通じたタイムリーな活動報告の態勢を整えて寄付の拡充を図るとともに、全体の財源のなかではわずかな割合ではあるものの行政の補助金を得るなどして、活動を支える財源の幅を広げています。事例3として紹介したひきこもりの活動は、熱心な市区町村レベルの社会福祉協議会の応援を得て就労支援活動との連携が可能になりました。また事例2では、民間のＮＰＯ支援センターとファンドが、震災発生直後は、瓦礫撤去等、必要と思われる活動にスピーディーに資金を配分することに努力を傾注し、被災地の課題が復興から平時へと移行するに伴って、恒常的な地域課題に関わるＮＰＯ＆ボランティアに支援の重点を移しました。流動的なＮＰＯ＆ボランティアの個別の活動を、震災から復興の過程に沿ったストーリーの中に位置づける役割を果たしたのです。

本章の事例で取り上げたような活動に取り組むＮＰＯ＆ボランティアには、参加者の安心や事情に配慮した支援が望まれます。そしてそれらの活動の有効性を高めるために、インフラ整備に取り組む組織を支えるための仕組みが、あわせて求められます。

（4）官と民の間

ＮＰＯ＆ボランティアは、ヨーロッパの市民革命や、米国の開拓の歴史に根差しています。市民革命は時の権威を相対化し、市民による自治の仕組みをつくりあげました。日常の課題は地域組織やその他のアソシエーションを通じて対応し、自分たちの代表を選出して社会全体の方針を議会で調整します。米国では開拓民が手作りで町をつくって自治をしていたところに行政が後から整備され、今日の合衆国の形態を整えました。市民の自治空間が社会組織のインキュベーターとして機能し、政府や行政は、そこから生み出された存在でした。そして、この過程で、人々が対話し、必要に応じて組織的活動をおこなうことを可能にする仕組みが、ＮＰＯ＆ボランティアでした(Hall 1992)。ＮＰＯ＆ボランティアのためのインフラ整備は、このようなインキュベーター機能の再構築といえそうです。

インキュベーター機能は、行政機構から独立していることが市民社会の自律性の担保につながると考えられます。市民社会の自律性は、行政と対立するためのものではありません。人々が望む方法で社会と関わり、貢献する道筋を提供するものであり、それこそが、「つながり」を生み出す過程なのです。また、専門家の役割を否定するものでもありません。ＮＰＯ＆ボランティアの活動は共感性に優れていますが、複雑な心理的・精神的課題が背景にある場合や、個人の生命や財産に関わる課題については、専門家の介入が必要です。そしてこれら専門家の役割は、制度化された機構のなかに位置づけられています。専門的な支援が充実することによって、NPO&ボランティアも安心して固有の役割を果たすことができます。

なお、前述の、各自治体が設置した四六一のボランティア支援センターは、保健・福祉領域の民営化と同様の方法で運営されており、行政資金でおこなうことが定められた事業だけを、規制にしたがっておこなう傾向があります。しかしそのようななかでも、行政の既存の枠組みにはなじまないNPO&ボランティアを支援するために、苦労しながらも自主財源を開拓し、インフラ整備を続けているボランティア支援センターが二割と言われています。さらにNPO&ボランティアの活動を支えるためのインフラ整備に取り組む民間組織も、同じような努力を重ねています。これらのインフラ整備の活動を支援するための新しい官民協働のあり方として、行政資金を提供しつつ、それを自己資金と自由に組み合わせて事業をおこなうことを認めるミックス・ファンディングや、行政資金と寄付を組み合わせるマッチング・ファンドといった仕組みの導入は、検討に値するように思われます。

福祉国家とNPO&ボランティアは代替関係にあるのではなく、補完関係にあるという認識は、Salamon and Anheier(1998)が提唱し、その後各国での検証を経て、非営利組織研究の領域では定説になっています。NPO&ボランティアを安上がりに使うのではなく、福祉国家のパートナーとしての関係性の構築が、強く望まれます。

3　個人化の時代の包摂ロジック

孤独・孤立の課題を出発点に、エピソディックなＮＰＯ＆ボランティアによる「つながり」の構築と、その活動を支援する方策について論じてきました。最後に、その方策を個人化の時代の包摂ロジックとして、以下の三点にまとめます。

〈提　言〉

1　孤立・孤独の課題は、社会全体の個人化と関わっています。エピソディックなＮＰＯ＆ボランティアは、その個人化のなかから生まれ、新しい「つながり」を生み出しつつあります。このような活動を既存の行政の感覚で拙速に制度化しようとすることには、再検討を求めます。「つながり」を生み出す機能が指の間からこぼれ落ちるように失われ、活動が形骸化しかねないからです。

2　エピソディックなＮＰＯ＆ボランティア独自の機能と価値を認め、それを育むための工夫が必要です。そのための具体的な方策として、ＮＰＯ＆ボランティアの活動を支えるインフラ整備に取り組む組織の機能を強化することが有効であると考えます。

3　官―民の関係のあり方についても、再考が求められます。ＮＰＯ＆ボランティアを安上がりに使うのではなく、福祉国家のパートナーとしての協働関係の構築が強く望まれます。

注

(1)　このような制度設計の理念にしたがうなら、介護保険制度のサービス利用者は、まずは利用したサービス経費の全額を事業者に自身で支払い、その領収書をもって自身が居住する市区町村の担当課に申請をして経費の七〇―九〇%を還付してもらうことが、本来の運用のあり方になります。しかし介護保険サービスの利用者はそのような複雑な手続きをおこなうことが難しい場合が多いので、サービス利用者は一〇―三〇%の自己負担分のみを事業者に支払い、残りの七〇―九〇%は市区町村の担当課が介護保険予算から事業者に送金することになっています。この送金をもって行政と事業者は委託関係にあるとする論説を見かけることがありますが、市区町村は、サービス利用者にとっての便宜を考慮して以上のような手続きを代行しているにすぎません。介護保険制度は公的資金の投入先を、サプライ・サイドからデマンド・サイドに転換する仕組みです。

(2)　各政治理論の要約も含めて内容はVan Til(1988)によりますが、文章表現については、訳者である本章の筆者が責任を負います。

引用文献

池田恵子 二〇二一、「大規模災害からの復興の地域的最適解に関する総合的研究理論篇(3)――復興の「地域的最適解」研究における包摂とエンパワーメント」第九四回日本社会学会大会二〇二一年一一月一四日。
助成財団センター 二〇二〇、http://www.jfc.or.jp/bunseki/bunseki-top/ (二〇二〇年九月六日閲覧)。
須田木綿子 二〇二一、「介護保険制度における競争原理とサービス供給組織の適応」『社会政策』第一三巻一号、九六―一〇六頁。

須田木綿子・小山弘美 二〇二二、「被災地復興とNPOエコロジー」第七回震災問題研究交流会、二〇二一年三月九日。
高木寛之 二〇〇九、「ボランティア文化の変容に対応したボランティア支援の在り方――社会福祉協議会ボランティアセンターの取り組みを中心に」『福祉社会学研究』第六巻。
津久井康明 二〇一四、「セルフ・ヘルプ・グループ・ユニークフェイスにみる機能の変遷について」『社会福祉学』第五五巻三号。
仁平典宏 二〇〇五、「ボランティア活動とネオリベラリズムの共振問題を再考する」『社会学評論』第五六巻二号。
林恭子 二〇二二、『ひきこもりの真実――就労より自立より大切なこと』ちくま新書。
平岡公一 二〇一八、「介護保険制度の創設・改革と日本の高齢者ケアレジーム」須田木綿子・平岡公一・森川美恵編著『東アジアの高齢者ケア――国・地域・家族のゆくえ』東信堂。
宮垣元 二〇一九、「市民福祉の制度化を振り返る」『福祉社会学研究』第一六巻。
宮本太郎 二〇二一、『貧困・介護・育児の政治――ベーシックアセットの福祉国家へ』朝日新聞出版。
Beck, Ulrich 1992, *Risk society: Towards a new modernity*, Sage Publications.（東廉・伊藤美登里訳『リスク社会――新しい近代への道』法政大学出版局、一九九八年）
Brudney, Jeffery 2005, Emerging areas of volunteering, ARNOVA Occasional Paper Series, 1(2).
Christensen, Tom and Lægreied, Per 2007, *Transcending new public management: The transformation of public sector reforms*, Ashgate.
Hall, Peter D. 1992, *Inventing the Nonprofit Sector and Other Essays on Philanthropy, Voluntarism, and Nonprofit Organizations*, Johns Hopkins University Press.
Handler, Joel 1995, *The poverty of welfare reform*, Yale University Press.
Harris, John 2003, *The social work business*, Routledge.

Salamon, Lester M. and Anheier K. Helmut 1998, *The Social Origins of Civil Society: Explaining the Nonprofit Sector Cross-nationality*, Voluntas, 9(3): pp. 213–248.

Suda, Yuko 2005, *Devolution and privatization proceed and centralized system maintained: A twisted reality faced by Japanese nonprofit organizations*, Nonprofit and Voluntary Sector Quarterly, 35(3): pp. 430–452.

Van Til, Jon 1988, *Mapping the Third Sector: Voluntarism in a changing social economy*, The Foundation Center.

10　包摂する社会が危機にも強い(1)

大沢真理

1　本章の課題と問題意識

西村智奈美「格差と貧困の存在をようやく認めた岸田総理には、その解決に取り組む義務がありま す。〔中略〕残念ながら先進国のなかでも高いレベルにある相対的貧困率の削減に数値目標を掲げて取り組むべきと考えますが、いかがですか」

岸田文雄「相対的貧困率は、高齢化が進めば、年金暮らし等で相対的に所得の低い高齢者層が増えることで高まることになります。このため、貧困を表す指標として、我が国の数値目標とすることにはなじまないと考えています」

これは、二〇二一年一二月八日の衆議院本会議における代表質問の一節と、それにたいする岸田文雄首相の答弁である。(2) 立憲民主党幹事長の西村議員は、首相が「格差と貧困の存在をようやく認めた」と表現している。うち「認めた」の部分は、直接には、一二月六日の所信表明演説のなかで、新自由主義の「弊害」の一つとして「格差や貧困が拡大し」と述べたことをさしている。「ようやく」の部分は、本章の第3節の(2)でやや詳しく経過を見るように、政府が久しく貧困の存在自体を把握しようとしなかったこと、それでも二〇〇九年以降は、自民党を中心とする政権のもとでも政府の部署が相対的貧困率を公表してきたことを、踏まえている。

これにたいする首相の答弁は、「相対的貧困率」が日本の貧困を表す指標として「なじまない」というのみである。いかなる指標ならば〝なじむ〟のか、そもそも削減に取り組む意図があるのか、答えていない。

日本の生活保障システムは、「自助」を基軸としつつ「男性稼ぎ主」を優遇してきたが、安倍晋三・菅義偉政権は従来以上に「自助」を強調した。政府は、貧困の削減どころか存在を把握することにも後ろ向きであり、そうした政府のもとで、金融危機や大規模感染症などの急激なショックにたいする社会の脆弱性が募っていた。そこに新型コロナウイルス感染症(コロナ禍)が襲った。ところが保健医療体制では、感染症への対応力があらかじめ削がれており、専門家が検査の拡充に後ろ向きだった(第3節の(1))。そのうえ政府の対処策は後手に回り続け、二〇二一年一二月末までの累積で、東アジア諸国で日本の死者数(人口対比)がモンゴル・フィリピンについで三番目に多いという事態を招いていた。しかも、日本の死者数の報告は大幅に過少であるという推計が、医学雑誌に発表されている(https://doi.org/10.1016/S0140-6736(21)02796-3)。

コロナ禍にたいして、政府の対処策は有効でないばかりでなく被害を増幅した面がある。行政学者の金井利之が喝破した「コロナ対策禍」である(金井 二〇二一)。コロナ対策禍には、とるべき対処策をとらないこと(ネグレクトで不作為)、判断の先送りや政策資源の不足・未調達などで必要な対処策が遅れること(遅延)、そして不適切な対処策をとること(過誤)、などが識別できるだろう。そうしたコロナ禍およびコロナ対策禍のもとで、一年余のあいだに二人の首相がその職を辞した。本章の第４節は、コロナ対策禍を、ミクロレベルの生活困窮の問題、およびマクロな財政措置の両面で、検討する。

二〇二一年一〇月四日に発足した岸田内閣は、前の政権とは異なるかのようなスタンスを「新しい資本主義」として打ち出し、一時期コロナの新規感染者数が低く推移するという好運にも恵まれて、総選挙で与党の安定多数を確保した。では、安倍首相が一段とおし進め、菅前首相が強調した「自助、共助、公助、そして絆」を旨とする社会経済運営には、終止符が打たれるのだろうか。平常時でも非常時でも、安心して未来に希望がもてるような、しなやかにして強い社会を、どのように創っていけるだろうか。本章の課題は、コロナ禍およびコロナ対策禍を、生活保障システムの比較ジェンダー分析の立場から検討することを通じて、これらの問いに答えようとすることである。

生活保障とは、人びとの生活が日々成り立ち、次世代を生み育てることができるという意味である。生活は、民間において、雇用関係が安定的で賃金もほどほど以上が支給されるといった雇用慣行、家族や非営利協同組織などに支えられる。同時に、税・社会保障制度や労働市場規制などの政府の制度・政策がかみあって、総合的に生活が保障される。私は、この総合的なかみあわせを生活保障システムと呼んでいる。

日本の生活保障システムの特徴は、〝男性が稼いで妻子を養う〟世帯を標準とする、「男性稼ぎ主」型にある。日本のシステムでは実際に、雇用慣行だけでなく税・社会保障制度が「男性稼ぎ主」を優遇することにより、ライフスタイルを誘導し、直接の現金給付は現役世代にたいして貧弱である(児童手当など)。また「専業主婦」が育児・介護をするはずなので、保育・介護などの社会サービス給付も薄い。ようするに男女の役割が偏る世帯単位の「自助」を、税・社会保障制度が前提し、「自助」に依拠している。すなわち「自助」は個人単位ではなく、性別で偏る役割を担う世帯を単位とする。これを、自助は「ジェンダー化」されていると表現しよう。本章の問いは、「新しい資本主義」は、ジェンダー化された自助頼みを終わらせるのか、といいかえられる。

ジェンダー化された自助に頼むシステムのもとで、第3節の(2)で見るように税・社会保障制度が低所得者を冷遇し、共稼ぎやひとり親の生活困難を緩和しないどころか、貧困をかえって増幅している。これは、少なくとも経済協力開発機構(OECD)メンバーの諸国には見られない、異例な機能不全、あるいは「逆機能」である。国際連合が二〇一五年九月に採択した「持続可能な開発目標(SDGs)」には、日本政府も合意している。したがってSDGsの目標1である貧困撲滅、目標10の不平等削減などは、日本政府にとっても目標であるはずだ。取り組みの機能が問われるのである。

目標1は、まずターゲット1として「究極の貧困」を二〇三〇年までに撲滅することを求める。究極の貧困とは当面、一日あたり一・二五アメリカドルに満たない生活、とされた。目標1のターゲット2は、あらゆる年齢の男性・女性・子どもについて、「国としての定義」におうじて、あらゆる次元の貧困のうちに暮らす者の比率を、二〇三〇年までに少なくとも半減するよう各国に求めている。

西村議員はこのSDG1・2を引用して、首相に取り組みの意向を尋ねた。これにたいして首相はSDGs全体について、「日本政府も当然その目標を共有」しているとと述べたものの、貧困者の比率を削減するとは言明しなかった。(3)

そしてSDGs文書によれば、目標5のジェンダー平等を進めることは、すべての目標・ターゲットの推進に「決定的に貢献する」のであり、ジェンダー平等化は「体系的に主流化」されるべきである(SDGs：第二〇段落)。とくに貧困者の多数を女性・女児が占めること、所得や資産のジェンダー格差は不平等の大きな要素であることにてらして、ジェンダー平等を進めることは、貧困・格差の削減に直結する。また、次節で見るように、ジェンダー不平等は災害被害を増幅するものでもある。

にもかかわらず日本では、税・社会保障制度がジェンダー化された自助に依拠し、貧困をかえって増幅するという逆機能を呈しているのである。そこに襲ったのがコロナ禍である。

2　ショックおよび脆弱性とジェンダー平等

国際的な災害研究が指摘してきたように、リスクは、個人や集団が抱える脆弱性／レジリエンス、自然の脅威の大きさ(ハザード)、ハザードへの曝露などが、掛け合わさった結果である。ハザードとしては病原体、とくにバクテリア・ウイルスなどにも目配りされてきた。コロナ禍で私たちが目のあたりにしてきたのは、感染症では、年齢、基礎疾患、生物学的な性別(性染色体、性ホルモン)、喫煙歴、職業、所得階層、エスニシティといった個人の諸条件もさることながら、保健医療体制こそが脆弱性

／レジリエンスを構成する、ということである。

災害研究の知見は、国連の第二回防災世界会議が採択した「兵庫行動枠組二〇〇五—二〇一五」に組み込まれた(第三段落)。さらに二〇一五年の第三回防災世界会議が採択した「仙台防災枠組二〇一五—二〇三〇」では、「潜在的な災害リスク発生要因に焦点を当てた更なる行動をとる必要があり、こうした潜在的なリスクは、貧困及び不平等、気候変動〔中略〕世界的流行病の要因が相まって、もたらされている」と提起した(第六段落)。

つまり、仙台防災枠組によれば、災厄の影響として貧困や格差が拡大するというだけでなく、貧困・格差を災厄の潜在的な発生要因と見るべきである。従来の日本政府が貧困の存在自体をネグレクトし、削減に取り組んでこなかったことは、あらかじめコロナ禍を増幅した恐れがある。そして今回のコロナ禍で貧困・格差が放置されたり、さらに拡大するなら、災厄の収束も望みにくいことになる。

では、社会的・文化的に形成された性別であるジェンダーは、自然災害の被害とどう関連するのか。エリック・ノイマイヤーとトマス・プリュンパーが二〇〇七年に発表した論文「自然災害のジェンダー化された性質」(Neumayer and Plümper 2007)は、ごく最近の国連文書でも援用されるスタンダードな分析である。一九八一年から二〇〇二年までに一四一カ国で起こった四六〇五件の災害(ボパールやチェルノブイリのような技術ハザードを除く)について、災害の大きさ(死者数の人口比)をコントロールして、災害による男女の余命格差を析出している。その結果、災害では女性の死亡が多いこと、災害が大きいほどその傾向は強いこと、女性の経済的・社会的権利の保障が低い社会ほど、災害被害の男女格差も大きいことが判明した。

ノイマイヤーたちが女性の経済的・社会的権利の指標としたのは、デビッド・チングラネッリとデビッド・リチャーズが構築した人権データベース(CIRIDB)の二〇〇四年版であり、さらにその元データはアメリカ国務省(およびアムネスティ・インターナショナル)の国別人権行使報告である。CIRIDBの最後の改定は二〇一四年で、一九八一年から二〇一一年までをカバーしている(社会的権利は二〇〇五年まで)。CIRIDB 2014のデータと指標の解説を見ると(http://www.humanrightsdata.com/p/data-documentation.html)、女性の権利保障について、経済的、政治的、社会的の各分野で、いくつもの項目について、ゼロから三の評点が与えられている。(4)

ノイマイヤーたちが使った経済的権利と社会的権利について、アメリカ、イギリス、ドイツ、フランス、イタリアおよび日本の評点を見ると、日本のスコアは一九八一年以来ほぼ毎年一点であるのにたいして、他の諸国は少なくとも二点、項目によっては満点の三点である。つまり日本の女性の権利保障は主要国よりも低い。ノイマイヤーたちの論文は日本について、一九九五年一月の阪神・淡路大震災では女性の死者数が男性の死者数の一・五倍だったと紹介しているものの、日本の女性の権利保障には触れていない(Neumayer and Plümper 2007, p. 13)。しかし、同震災の約六四〇〇人の死者のうち五七・五%が女性だったこと(https://web.pref.hyogo.lg.jp/kk42/pa20_000000016.html)は、女性の権利保障の低さという面でもノイマイヤーたちの分析にフィットする。

3 コロナ以前の脆弱性

では、コロナ禍に関連して、どのような脆弱性／レジリエンスがあらかじめ構成されていたのか。そのうえで、いかなる対策がとられたのか。保健医療体制から見ていこう。

(1) 保健医療体制

日本の保健医療体制をやや長期的にたどると(詳しくは、大沢 二〇二〇b)、まず感染症病床数は一九九八年に九二一〇床だったが、翌九九年にいっきに三三二一床に減少した。以後も減少したのち、二〇二〇年には一八八六床になっていた(二〇二一年八月にも同数)。一九九八年から二〇二〇年までの感染症病床の減少率は八〇％に迫るのにたいして、病院病床総数の低下は、同期間に五％程度と緩やかだった(二〇一七年までは社会保障統計年報各年版、以後は厚生労働省医療施設(動態)調査各年版および同調査二〇二〇年一〇月(一〇月一日)、同調査二〇二一年八月末概数)(5)。たとえば精神病床は一貫して総数の二〇％程度を維持してきたのであり、その点にてらして感染症への備えが薄くなっていたことは否定できまい。厚生(労働)白書等は、日本の疾病構造が感染症から生活習慣病へと変化したと、繰り返し述べてきた。これは事実の認識であるにしても、大蔵省＝財務省から医療費の削減への圧力があったことは想像にかたくない。

二〇一四年には医療介護総合確保推進法が制定され、「地域医療構想」を策定することを都道府県に義務づけた。二〇一九年九月二六日になると厚労省は、「急性期」の機能選択の見直しが必要な四二四の公立・公的医療機関等のリストを公開した。事実上の統廃合である。ところが二〇二〇年六月五日になって加藤勝信厚生労働大臣(当時)は、地域医療構想のなかで新型コロナウイルス感染症への対応についても議論していく必要があると述べた(閣議後記者会見)。これは、従前の地域医療構想において、大規模感染症が視野に入っていなかったことを、認めたに等しい。

地域医療構想が注目された水面の下では、地域保健の再編が進行していた。地域保健の関係機関は、保健所、地方衛生研究所、市区町村保健センターである。うち保健所は、「帰国者・接触者相談センター」や発熱等相談センターとしてコロナの相談をさばき、衛生研が行政検査を担当してきた。

コロナ禍に先立つこと一〇年の二〇一〇年には、厚労省に「地域保健対策検討会」が設置され、二〇一二年三月末に報告書を提出した。検討会では保健所について、設置数と職員数の減少が機能発揮にあたっての課題であると意識されていた。

保健所は一九九一年に最多の八五二カ所あったものが、九七年に七〇二カ所へと大幅に減少し、その後も減少を続けて二〇二〇年には四六九カ所となっている(社会保障統計年報、全国保健所長会HP)。この画期は、従来の保健所法が一九九四年に地域保健法へと改正され、九七年度から改正法が全面施行されたことである。保健所の所管区域が広域化され統廃合が促されたのである。改正により市区町村が保健センターを設置できるようになったが、その所管は母子保健と老人保健であって、感染症は保健所が担う。いっぽう地方衛生研究所は、二〇一〇年時点で全国に七七カ所(都道府県と政令指定都市、中核市、特別区の一部)あり、現在にかけて数の減少は見られない(地方衛生研究所全国協議会HP)。

社会保障統計年報データベースおよび地域保健・健康増進事業報告で保健所常勤職員数を見ると、[6]一九八九年の総数三万四六八〇人から二〇一九年の二万九三四五人へと、約五三〇〇人減少した(一五・四%の減少)。その間に保健所の薬剤師・獣医師は約三七〇〇人増加しており(二・三四倍、増えたのは主として薬剤師)、他職種の人数の減少は激しかった。とくに検査技師(臨床検査技師と衛生検査技師。大多数は臨床検査技師)は半減し、「その他」職員(主として事務職と思われる)は四五%減少している。保健師の数は減っていないが、非正規化がとくに女性で進んだ(衛生行政報告例(隔年報))。[7]

二〇一〇―一二年の地域保健対策検討会では、地方衛生研究所についても人員・予算・研究費の削減による「大幅な機能低下」が指摘されていた。やや長期的に、統計が存在する一九九七年から見ると、図10-1が示すように、職員総数は二〇〇二年の三七七二人をピークに減り続け、近年は微増して二〇一九年に二九七五人だった。うち臨床検査技師は二〇〇四年までは増加して四八三人となったものの、以後減り続け、二〇一九年には三四一人である(衛生行政報告例(各年度報))。

さて、地域保健対策検討会は二〇一〇年の新型インフルエンザ(A/H1N1)対策総括会議の報告書を参照していた。そのサーベイランスの提言Aの三は、「地方衛生研究所のPCRを含めた検査体制などについて強化するとともに、地方衛生研究所の法的位置づけについて検討が必要である」と述べた。同総括会議の最終会合の議事録を見ると、会議構成員の岡部信彦(当時は国立感染症研究所感染症情報センター長)は、この箇所で「病原体検査」で一括すればよいとの理由で、「PCR」という言葉を削除することを求めている。座長の金澤一郎(当時は日本学術会議会長)が「含めた」を加えることでPCRの語を残すことを提案し、残ったのである。[8] 岡部は地域保健対策検討会のメンバーでもあり、現下の

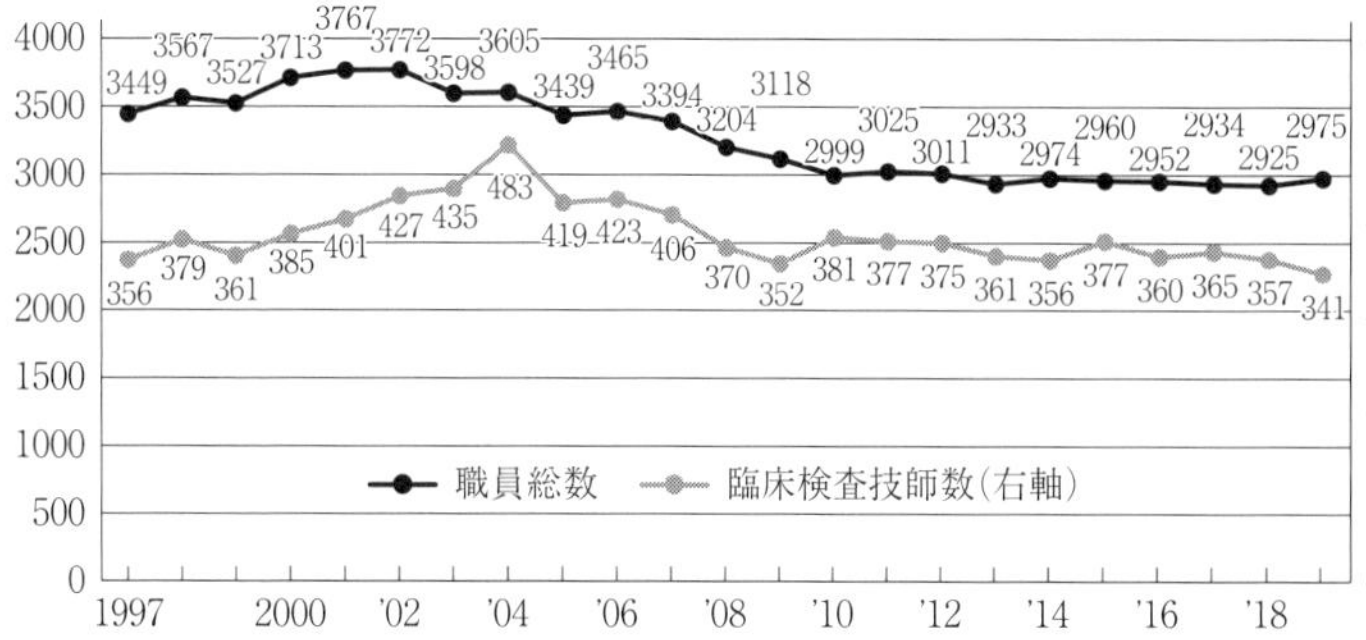

図 10-1　地方衛生研究所の職員総数と臨床検査技師数
出所：衛生行政報告例各年度報より作成.

コロナ対策についても専門家会議および対策分科会の有力メンバーかつ内閣官房参与である(現職は川崎市健康安全研究所長)。

地域保健対策検討会が二〇一二年三月末にまとめた報告書には、地方衛生研究所の充実・強化の見出しのもとに、ＰＣＲの語も検査の語も見られない(地域保健対策検討会 二〇一二、四五―四六頁)。そして地域保健の役割は、従来の「個人を対象とした公助」から今後は「自助及び共助支援としての公助」に向かうと展望された(地域保健対策検討会報告書の概要)。従来「公助」であったものを、「自助」を優先する分野に転換しようというのだ。たしかに、「自助」優先は安倍・菅内閣で始まったのではない。

コロナ禍が起こると、人びとがまず突き当たったのは、ＰＣＲをはじめとする検査が迅速に受けられないという壁だった。直近でも人口対比の日本の検査数は、世界二二二の国・領域で一三四位と少ない(https://www.worldometers.info/coronavirus/#countries)。検査陽性率はピークの二〇二〇年一月下旬と二一年八月下旬には二〇%を超え、五%を切ったのは二一年九月下旬である。そして第六波のピークには五〇％を超えた(https://ourworldindata.org/coronavirus-testing#the-positive-rate)。

陽性率の高さは、検査数が足りないことを示唆する。地方衛生研究所のＰＣＲ検査を含めた検査体制の強化、法的位置づけの検討を提言した新型インフルエンザ(A/H1N1)対策総括会議報告書について、加藤厚労相は二〇二〇年六月一五日の国会答弁で対応の遅れ(一〇年以上!)を認め、第二次安倍政権の最初の厚労相を務めた田村憲久議員も、その〝放置〟を反省した(『東京新聞』二〇二〇年六月二一日)。田村議員は菅政権でも厚労相を務めたが、かく反省した大臣のもとでも、検査の拡充が進んだといえないことは、二一年八月の検査陽性率が二〇％を超えた点が示した。実際、無症状者が無料で検査を受けられるようになったのは、二一年一二月下旬にオミクロン株の市中感染が確認されてからであり、しかも確認された都道府県に任された。

コロナのＰＣＲ検査数が日本では大幅に不足してきたという状態、新規陽性者が増えればたちまち病床が逼迫するという状態は、不測の事態というより、長年かけて相当に意図的に、構成された脆弱性と見るべきだろう。

(2) 貧困・不平等

では貧困・不平等という潜在的リスク発生要因にかんして、どのような状況だったのか。

冒頭に触れたように日本の税・社会保障制度は、「男性稼ぎ主」を標準とする世帯単位の「自助」、言いかえると「ジェンダー化された自助」に依拠する。自助頼みとはいえ、社会保障給付はおこなわれており、そのための負担(課税および社会保険料負担)もけっして軽くない。別稿で見たように、日本での公的社会給付が可処分所得に占める比率は、高所得層のほうが低所得層より高い(大沢 二〇二二)。いっぽうで負担のうち社会保険料が収入に占める比率は、低所得層により重い(逆進的)という特徴をもつ。しかも、歳入全体として低所得層を冷遇する構造は、過去三〇年間に強められてきた(大沢 二〇二〇a)。

この間に社会保障の機能にかんして、課題が意識されなかったわけではない。福田康夫内閣のもとで二〇〇八年に設置された「社会保障国民会議」は、その中間報告(同年六月)で、社会保障の「生活保障機能、所得再分配機能が十分働いていない」という「批判」に言及し、「社会保障の機能強化」に重点を置くべきだと提唱した。民主党の野田佳彦内閣の末期から第二次安倍政権の初年にかけて活動した「社会保障制度改革国民会議」は、社会保障の機能が「さらに高度に発揮されるように」することを同会議の使命と位置づけ、「二度の政権交代を超えて共有できる一連の流れがある」と述べる報告書を、二〇一三年八月に安倍首相に提出した。

しかし、安倍内閣では社会保障の機能強化はほぼ一顧だにされなくなった。第二次安倍政権で最初に二〇一三年六月一四日に決定された「経済財政運営と改革の基本方針」は、「持続可能な社会保障の実現」にむけた「基本的考え方」の第一に、「健康長寿、生涯現役、頑張る者が報われる社会の構築」を掲げ、それを「社会保障に過度に依存をしなくて済む社会」の構築と言いかえている(同基本方針、二七頁、https://www5.cao.go.jp/keizai-shimon/kaigi/cabinet/2013/2013_basicpolicies.pdf)。二〇一九年の基本方針でも、「全世代型社会保障への改革」の見出しのもとに強調されているのは、〝社会保障に頼らせない〟ことである。社会保障の全体にかんしても、「自助」の優先は菅政権で始まったのではない。

そもそも自民党を中心とする政府は、従来、貧困を量的に把握して公表することがなかった。これが転換されたのは、民主党を中心とする鳩山由紀夫内閣の発足から間もない二〇〇九年一〇月二〇日であり、長妻昭厚労相が閣議後記者会見で、同省の国民生活基礎調査に基づく「相対的貧困率」を公表したことによる。

「相対的貧困」とは、可処分所得を世帯の規模について均して「中央値」を求めたうえで、その中央値の五〇％未満の低所得をさす(六〇％や四〇％も参照される)。可処分所得は当初所得(市場所得ともいう)から直接税と社会保険料負担を差し引き、社会保障現金給付を加えた数値である。この負担と給付の加除を所得再分配という。そこには社会保障サービスの給付や消費税のような間接税の負担を含まない。世帯の規模を均す手続きを「等価にする(equivalise)」といい、OECDや欧州連合(EU)では、世帯可処分所得を世帯員の人数の平方根で除して「等価所得」を求めている。以下では、相対的貧困基準ないし貧困線を等価中位可処分所得の五〇％として議論する。なおOECD統計では、等価市場所得についても、可処分所得レベルの貧困基準を使って計測した貧困率が掲載されている。それは仮想の数値である。それでも、政府による所得再分配の〝ビフォー〟と〝アフター〟の差を示唆する指標として、EUならびに加盟国やOECDによって計測され公表されている。

国民生活基礎調査は一九八六年から毎年実施される国の重要な統計であり(二〇〇八年まで指定統計、二〇〇九年から基幹統計)、三年ごとにおこなわれる大規模調査の結果に基づいて、相対的貧困率を算出することができる。にもかかわらず、最初の公式の計測は二〇〇九年九月の政権交代を待たなければならなかったのである(その後一九八五年のデータにさかのぼって計測)。なお第二次安倍政権でも、国民生活基礎調査に基づいて相対的貧困率を算出・公表する作業は続けられている(直近は二〇一九年の大規模調査が把握した二〇一八年の所得について)。

国のもう一つの基幹統計である総務省全国消費実態調査は、一九五九年以来五年ごとに実施されてきたが、相対的貧困率が計測・公表されたのは、二〇一四年の結果からである(その後一九九九年のデータにさかのぼって計測)。同調査は内容を全面的に見直されたうえで、二〇一九年調査から「全国家計構造調査」に名称変更された。直近に二〇一九年の相対的貧困率が全人口と子どもについて公表されたのは、二〇二一年八月末である。

これらの調査が把握する「相対的貧困」を、SDG1・2が想定する貧困の「国としての定義」の一つの次元と見なすことは、非合理的ではないはずだ。だが、冒頭に見たように岸田首相は代表質問にたいして、相対的貧困率の指標が日本に「なじまない」と答弁した。この答弁は端的にお粗末である。

というのは、人口高齢化が着々と進行したこの数年間に、全人口の貧困率は若干下がったからである。すなわち、国民生活基礎調査による相対的貧困率は、一九八五年から二〇一二年まで上昇したのち、二〇一五年および二〇一八年と若干低下した。全国家計構造調査(旧・全国消費実態調査)による相対的貧困率は、一九九九年から二〇〇九年まで上昇したのち、二〇一四年および二〇一九年と若干低下した。高齢層の貧困率も一九八五年から相当に低下しており(この数年は下げ止まり)、一九八五年以降に貧困率が上昇したのは、子どもと現役層である。そもそも、高齢層の貧困率が現役層や子どもよりも低い国は、ＯＥＣＤ諸国で稀ではない。これにたいして、国民生活基礎調査に基づくＯＥＣＤ統計が示すように、日本では高齢層の貧困率が現役層および子どもよりも高い。

高齢化が全人口の貧困率をおし上げるのは、高齢層の高めの貧困率が低下しない、という条件のもとである。岸田首相の答弁は、高齢者の貧困をいっそう削減することに、取り組むつもりがないと宣言したに等しい。貧困高齢者の過半は女性である。

さて、二〇一三年の「経済財政運営と改革の基本方針」が「社会保障に過度に依存をしなくて済む社会」の構築を謳ったのと同じ六月には、「子どもの貧困対策の推進に関する法律」が超党派の議員立法で成立していた。少なくとも子どもについて国会が、貧困は存在すると認めたことになる。しかし同法は、子どもの貧困の解消を目的に掲げていなかった。同法に基づいて二〇一四年八月に閣議決定された「子供の貧困対策に関する大綱」にも、貧困削減の数値目標はない。ＳＤＧｓの合意以前に策定されたものだから、かもしれない。ただし大綱の「子供の貧困に関する指標」のなかに、国民生活基礎調査に基づく子どもの相対的貧困率とひとり親の子どもの相対的貧困率が含まれていた。

子どもの貧困対策法は、二〇一九年六月に、やはり超党派の議員立法で改正された。法改正に関わったのは「子どもの貧困対策推進議員連盟」である。同議連は二〇一六年二月に田村憲久衆議院議員（当時は元厚労大臣、現在は前厚労大臣）を会長、長島昭久自民党衆議院議員を幹事長として発足していた。

内閣府ホームページの共生社会政策（政策統括官）の欄に掲載された旧法と新法の対照表によれば、改正法で初めて第一条（目的）に、「子どもの貧困の解消に向けて」との文言が入った（https://www8

.cao.go.jp/kodomonohinkon/pdf/kaisei_shinkyu.pdf)。旧法が子どもの貧困の解消を目的に掲げていなかったと上述したのは、この対照表に基づく。

ようするに、子どもの貧困が存在することを日本の国会が認めたのは二〇一三年六月、その解消を目的とする法律を制定したのは、二〇一九年六月のことなのである。子どもの貧困の解消を目指すとは、子どもを育てる成人の貧困を解消することである。日本政府が二〇一九年に至って、子どもおよび子を育てる人に限定してではあるが、貧困解消という目標を掲げたことの意義は小さくない。

ただし、子どもの貧困対策推進議員連盟で議論されていた原案では、子どもの貧困率などについて大綱で改善目標を明示することを盛り込んでいたという。それが二〇一九年四月二五日の議連の会合で、貧困率は「可処分所得だけを基に算出することから、数値目標としてふさわしいのかという疑問が出され」、「一転して削除」されたとのことである(『東京新聞』二〇一九年四月二六日)。

可処分所得で算出することは、OECDでもEUでも標準化している方法である。OECDは二〇一六年から、SDGsを達成するまでに各国が進むべき距離を評価する方法を開発し、SDG1・2の「国としての定義」について相対的貧困率を採用している(https://www.oecd.org/wise/measuring-distance-to-the-sdgs-targets.htm)。この指標が〝ふさわしくない〟とでもいいたいなら、そしてSDG1・2を遵守するためにも、日本としての定義を明示する必要がある。

上記のように二〇一四年の「子供の貧困対策に関する大綱」は、国民生活基礎調査に基づく相対的貧困率を含んでいた。これにたいして二〇一九年一一月に閣議決定された大綱では、国民生活基礎調査に基づく相対的貧困率と並べて全国消費実態調査(現・全国家計構造調査)に基づく数値が掲げられている。全国消費実態調査の相対的貧困率も、可処分所得で算出されていることを付言しておこう。じつは、国民生活基礎調査にたいして政府は、そのサンプルが低所得層に偏り、したがって所得格差や貧困率を過大に捉えているというスタンスを従来とってきた(大沢 二〇一三、三七頁)。しかし、この問題はすでに複数の研究者によって相互に独立に検証され、むしろ全国消費実態調査において低所得層の把握が低くなっている可能性が指摘されている(大沢 二〇二〇b)。しかし、これらの検証の経過を省みることなく、「子供の貧困対策に関する大綱」二〇一九年には二系列の貧困率が併記された。そして上記のように、大綱に貧困率等の改善目標を明示するように求める規定が、子どもの貧困対策法を改正する原案から、二〇一九年四月に議論の末に削除された。あげくのはてに岸田首相は、相対的貧困率の指標が日本に「なじまない」と答弁したのである。

私自身は、研究者による検証をふまえて、国民生活基礎調査に基づくOECDのデータを使って、日本政府の所得再分配が貧困にたいして及ぼす機能(不全、逆機能)を国際比較をまじえて論じてきた。日本の相対的貧困率は、近年若干低下したとはいえ、子どもでも労働年齢層でも、また高齢層でも、OECD諸国で有数に高い。しかも、成人が働いていても貧困であるという意味の就業貧困、そして共稼ぎ貧困を特徴とする。とくに働くシングルマザーの貧困率はOECD諸国で最悪の部類である。別稿でも紹介したように近年の実証研究で、世帯の成人が全員就業する世帯(共稼ぎ世帯、就業するひとり親、就業する単身者)、就業者全般、そして子ども、などの区分で、日本では可処分所得レベルの貧困率(アフター)が市場所得レベルの貧困率(ビフォー)より高いという、重大な特徴が析出されてきた(大沢 二〇二〇b)。つまり政府による所得再分配がかえって貧困を深めるという「逆機能」である。

なお専業主婦世帯や失業者、および無業の高齢者にかんしては、値は小さいものの貧困は削減されている。最新の国民生活基礎調査による二〇一八年のデータを阿部彩が分析した結果では、女性でのみ、〇―四歳児だけでなく二五―二九歳でも、逆機能が見出された(阿部 二〇二一)。

以上は、子どもを育てること、女性が働くことに、税・社会保障が「罰」を科していると表現したい事態である。社会保障の機能不全というより「逆機能」と呼ぶゆえんである。そうした制度が、貧困・不平等という潜在的リスク発生要因を募らせた。ここでも脆弱性が構成されていたのである。

4　コロナ禍よりもコロナ対策禍

(1) 一斉休校と生活困窮

二〇二〇年二月二七日、検査もろくに受けられない状況で唐突に打ち出されたのが、小中学校・高校の一斉休校である。休校に続き四月七日に緊急事態宣言が発出され(四月一六日に全国に)、老若男女に「ステイホーム」が要請された。闇雲な一斉休校やステイホームの要請は、昼間に子どもの食事等のケアをする人が在宅することを当然のように見込んでおり、「男性稼ぎ主」と専業主婦の世帯を前提している。休校等はただちに、シングルマザーや共稼ぎの女性の稼得活動に打撃を与えた。

それ以外の対処策も、世帯主を「受給権者」とする特別定額給付金が典型であるように、「男性稼ぎ主」を前提している。病床逼迫に伴って押しつけられた「自宅療養」も、単身者以外では、炊事・洗濯・ごみの処理・家庭内防疫などを担う人がいることをあてにしている。ジェンダー化された自助に頼む対処策なのである。

二〇一九年にくらべて二〇二〇年に日本で離職しやすかったのは、産業別では、飲食・宿泊業の従業員（自営業主・家族従業員を含む）、正規・非正規の別では非正規従業員であり、いずれも女性が集中する区分である。周燕飛によれば、二〇二〇年三月初めから五月下旬にかけて、非正規およびシングルマザーで、有意に収入が減少した（周 二〇二〇a、二〇二〇b）。離職につながりやすいのは、テレワークがしにくいためでもある（周 二〇二一）。

しかも、コロナ離職者の六割が再就職後に月収低下を経験したのにたいして、一般離職者で再就職後に月収が低下したのは三四％にとどまる（高橋 二〇二一）。ここでもコロナ離職者の多数を女性が占めることに留意したい。

休校は、ジェンダー非対称な打撃を伴った対策だったが、疫学的には効果がなかったことが検証されている（Fukumoto et al. 2021）。つまり有害にして無益な対策だったのであり、まさにコロナ対策禍である。

ところで二〇二一年二月から三月にかけて、内閣府により中学二年生とその保護者を対象として「令和二年度 子供の生活状況調査」がおこなわれ、二一年一二月に報告書が出された。調査世帯の二〇一九年の等価世帯収入（税込みであり、社会保障現金給付も含む）により、その中央値以上、中央値の半分から中央値未満、中央値の半分未満の各グループに分けて分析されている（可処分所得ではないので中央値の半分は貧困基準ではない）。またふたり親、ひとり親、ひとり親のうち母子世帯に分けた集計も示されている。二〇二〇年二月以前とくらべて世帯収入が低下したとする回答は、全体では三一・五

%であり、等価世帯収入の中央値の半分未満の世帯では四七・四%、母子世帯では三五・三%だった(ふたり親世帯では三二・四%)。いっぽう支出が増えたとするのは全体の四三・四%であり、等価世帯収入の中央値の半分未満の世帯では六三・四%、母子世帯では六〇・一%だった(ふたり親世帯では四一・六%)(内閣府 二〇二一)。

ようするに、収入が低かった世帯ほど二〇二〇年三月以降に収入が減った世帯の割合が高く、またふたり親世帯よりも母子世帯で収入が減った世帯の割合が高い。かつ支出が増えた世帯の割合は、収入が低かった世帯、母子世帯でより高い。生活は明らかにより苦しくなったことだろう。つまり格差が拡大したのである。これらの少なくとも幾分かは、コロナ禍というよりコロナ対策禍と見なければならない。

そうした生活困窮について政府はどう対処したのか。広く報道されたように、二〇二一年一月二七日の参議院予算委員会で、立憲民主党の石橋通宏議員は、コロナ禍の生活困窮者に政府の施策が届いているかを質した。これにたいして菅首相は、「政府には最終的には生活保護という」仕組みがあると答弁した。ところで上記の中学二年生と保護者を対象とする「令和二年度 子供の生活状況調査」では、政府の支援制度について利用状況を尋ねている。生活保護制度を現在利用しているのは、等価世帯収入の中央値の半分未満の世帯では六・〇%、母子世帯では八・〇%に留まる。いっぽう児童扶養手当を現在受けているのは、等価世帯収入の中央値の半分未満の世帯では四六・二%、母子世帯では七一・二%だった。コロナ禍で母子世帯に政府の施策が実際に届いているかについては、生活保護だけでなく、低所得のひとり親にたいする児童扶養手当の受給状況も見ることが、適当だろう。

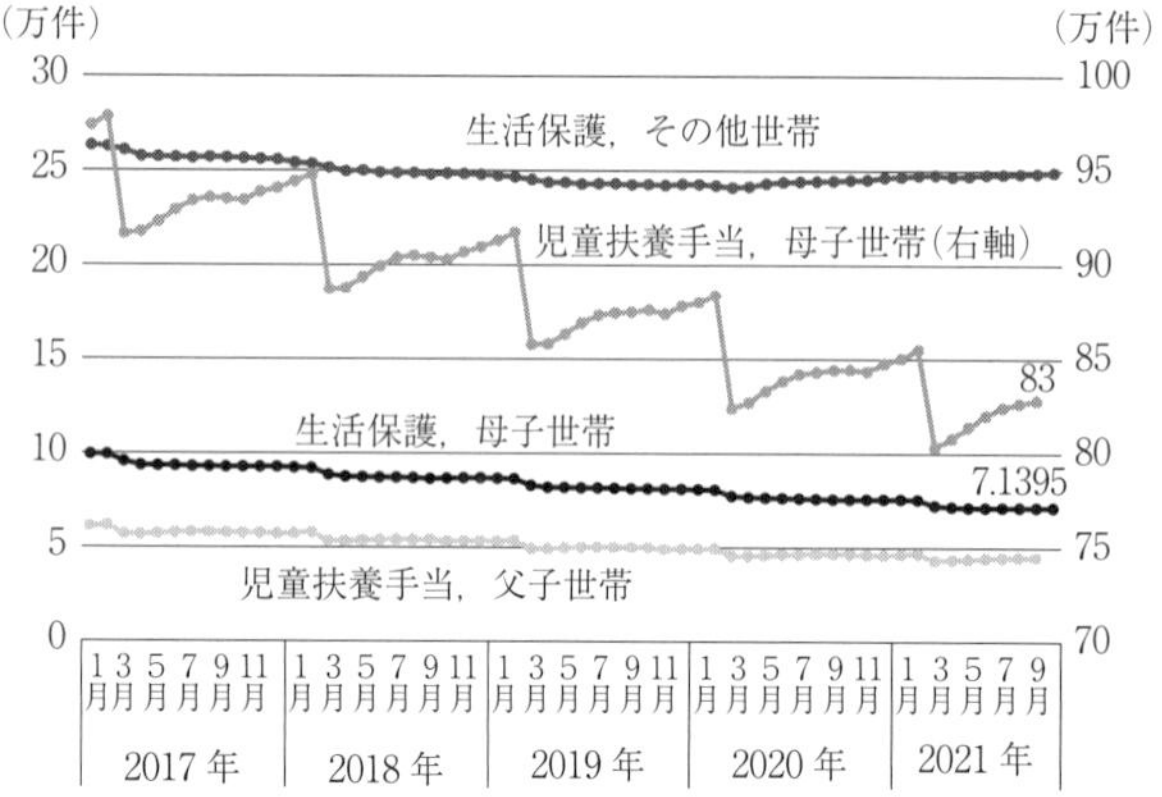

図 10‒2　児童扶養手当および生活保護の受給世帯数

注：生活保護の「その他世帯」とは，世帯主が高齢者・母子(世帯の母)・障害者・傷病者のいずれでもない世帯をさす．世帯主が労働年齢であり障害も傷病もない場合に「その他」となり，父子世帯はここに含まれることになる．

出所：厚生労働省の福祉行政報告例，および被保護者統計の各年版．

図10‒2で示されるように近年では、母子世帯の生活保護受給数七万あまりにたいして児童扶養手当は一〇倍以上の八三万という受給数である。生活保護は、基本的に居住地と世帯規模で規定される「生活扶助基準」に現下の収入が満たない者からの申請にたいして、他法による支援や扶養義務者からの仕送り、および資産状況などを勘案して、支給が決定される(収入等が扶助基準に満たない部分を支給)。

いっぽう児童扶養手当におけるひとり親の「低所得」は、扶養する子どもの数に応じ、二人世帯なら本人年収一六〇万円までが「全部支給」、本人年収三六五万円までが「一部支給」の対象となる。子どもは満一八歳に達した年度の末まで対象となる。「本人年収」と断るのは、同居の扶養義務者(子の祖父母やおじ・おば)についても、所得制限があるからだ(本人一部支給の限度額よりは高い)。これらの収入は、申請時の前年の収入をさす(一–九月の申請については前々年の収入)。また「ひとり親」が事実婚の状態にあるとみなされると支給されない。

図10‒2は、母子世帯の生活保護受給数がこの間に減少傾向にあること、二〇二〇年になって減少が加速していることを示唆する。低下は一貫して見られるので、二〇年に各種の給付金が一時的に支給されたことだけでは、低下を説明できない。また、母子世帯の児童扶養手当受給は、年ごとに前年各月より二・五万から三万件も低い。上記のように児童扶養手当の受給資格は、前々年または前年の所得で判定されるため、二〇年の収入低下には二〇年中に制度的に対応できない。しかし、二〇年には母子世帯の三割以上で収入が低下したと推測されるにもかかわらず、二一年の件数は二〇年よりも低く推移している。これらの制度がコロナ禍の生活困窮に対応したと見ることはむずかしい。

生活保護制度では、申請者の扶養義務者にたいして仕送り等の援助の可能性を問い合わせる扶養照会が、申請を抑止する機能を発揮してきた。厚労省は二〇二一年三月に扶養照会手続きを省略できるケースを通知した。しかし、超党派の地方議員らによる調査で、首都圏の自治体の九割が、この通知の主旨を「生活保護のしおり」に掲載していなかったことが判明した（『東京新聞』二〇二二年一月二二日）。低所得者に対応するはずの制度で、困窮が広がる状況のなかで利用数が低下したという事態は、ニーズにたいする制度の応答性の鈍さ、それを修正しようとしないという政府の不作為により、コロナ対策禍が生じていたことを推測させる。

(2) グロテスクな財政措置

では、コロナ対策はマクロ的にどうだったのか。図10‒3は、国際通貨基金（ＩＭＦ）のデータベースに基づき、諸国のパンデミックにたいする財政措置の規模（対ＧＤＰ比）を示す。一見して日本の財

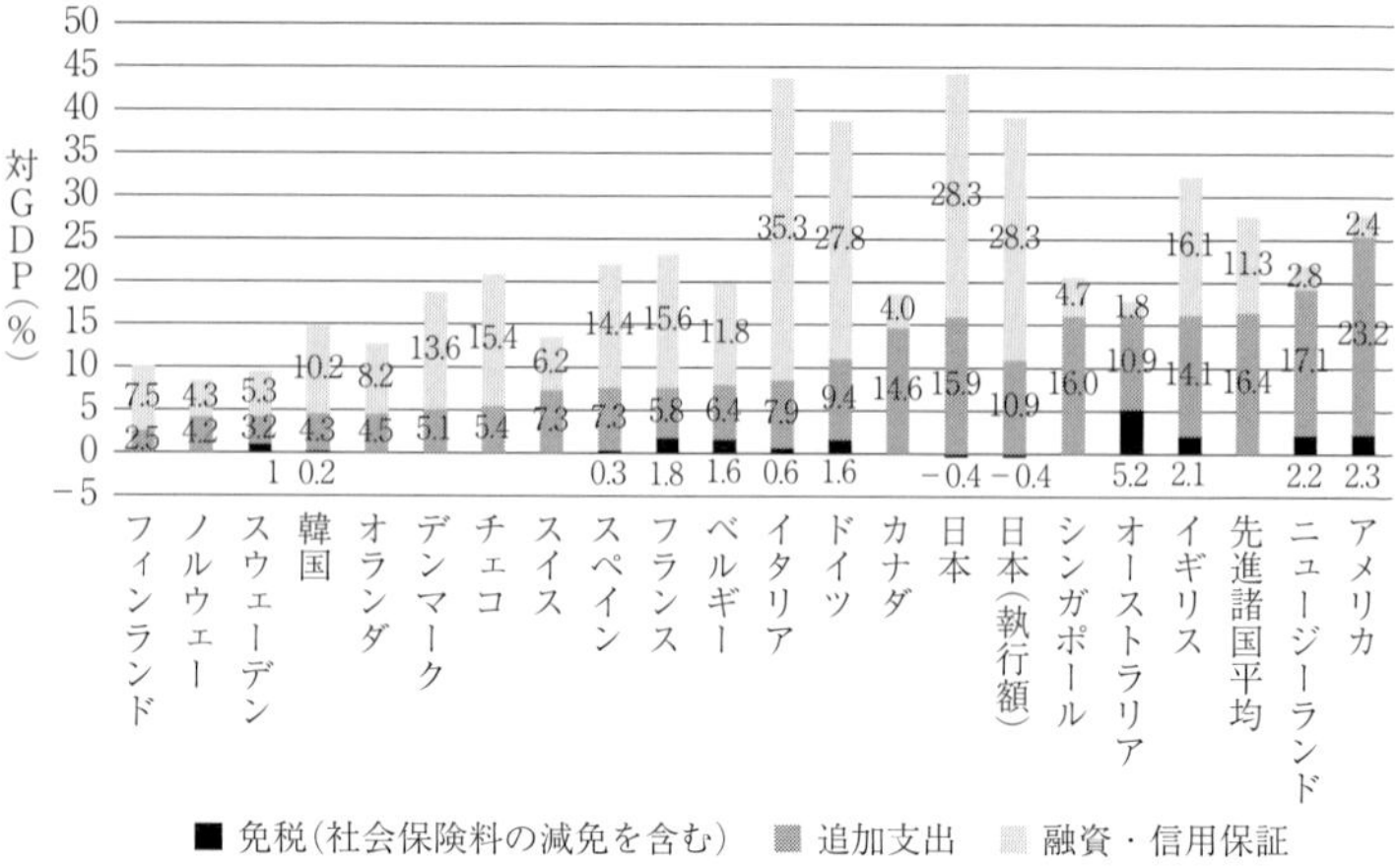

図 10-3　パンデミックへの財政措置の規模

出所：IMF, Fiscal Monitor Database of Country Fiscal Measures in Response to the COVID-19 Pandemic (April, 2021). 日本の執行額につき財務省国庫歳入歳出状況令和３年３月分，日本の「免税」につき，財務省による令和３年度国民負担率(https://www.mof.go.jp/policy/budget/topics/futanritsu/20210226.html)より計算.

政措置は世界最大級であるものの、追加支出・免税(社会保険料の減免を含む)のみに注目すると、日本は先進諸国の平均に達していない。しかも、二〇二一年六月初めに公表された歳入歳出状況の令和三年三月分によれば、総額の三二%にあたる二七兆円が使い残されており(ＩＭＦは執行残を把握していない)、後述するように免税にいたってはマイナスである。

二一年七月に財務省が公表した二〇年度決算概要では、二〇年度予算の翌年度繰越額は三〇・八兆円で、ほかに三・九兆円が「不用額」とされている。二〇年度の三回の補正予算には「不要不急」のものが三割以上あった、と解釈するべきだろうか。あるいは必要にして急を要するものだったが、届ける回路が詰まっていたのか。予算規模が大きくて二一年三月時点の執行率(財務省用語で「支出歩合」)が低いのは、国交省(七兆円残、執行率四八・二%)、経産省(六・七兆円残、七一・七%)、内閣府(三・六兆円残、四七・三%)、農水省(一・七兆円残、六二・八%)、である。

二〇二一年一一月五日に公表された会計検査院の二〇年度決算検査報告では、九件が「特徴的な案件」とされている。九件とは、「感染症対策に関連する各種施策」をはじめ、中小企業者等にたいする資金繰り支援、布製マスク配布、雇用調整助成金、GoToキャンペーン、持続化給付金などである。ここでは九件の筆頭に置かれた「感染症対策に関連する各種施策」を見よう。まずリストアップされた事業は八五四事業であり、うち予算執行を区分して管理している七七〇事業・六五・四兆円の執行状況が分析されている(期間は、二〇一九年度の二月・三月と二〇二〇年度の末までを通算)。七七〇事業全体の執行率は六五・〇%、繰越額は二二・八兆円で、一一・一兆円が「不用額」とされている。

執行率が低い項目を予算総額および執行率とともにあげると、新型コロナ対応地方創生臨時交付金の七・九兆円につき三三・一%、資金繰り対策等関係経費の一七兆円につき四七・七%、治療薬・ワクチン開発等関係経費の一・九兆円につき五八・七%、などである(https://www.jbaudit.go.jp/report/new/summary02/pdf/fy02_tokutyou_01.pdf)。なお、GoToキャンペーン二・七兆円の執行率は三四・三%だった。会計検査院は、多額の繰越と不用額が出た状況について、各府省が国民にたいして十分な情報提供をおこなうよう求めている。

しかし、グロテスクというべきは歳入だった。二〇二〇年度の国税収入は六〇・八兆円で過去最大であり、増えた筆頭は消費税収で二・六兆円、法人税・所得税も微増である。揮発油税・関税・酒税が減収で、合計二・四兆円の増収だった(財務省租税及び印紙収入決算額調の令和元年度分と令和二年度分より計算)。なお二〇二〇年度の税制改正は住宅ローン減税の拡大および私的年金制度の見直しで、平年分で合計一〇〇〇億円程度の所得税減収と見込まれた(財務省令和元年度税制改正、令和二年度税制改正)。減収を埋め合わせる以上の所得税増収だったのである。地方税収は〇・七兆円減少したが、減ったのは法人二税で個人住民税は増加した(総務省令和二年度地方税収入決算見込額)。住民税は前年の所得に基づいて課されるので、増えたのは不思議ではないとはいえ、二〇年中の所得低下について減免措置がほとんどとられなかったことを意味する。

さらに、財務省による国民負担率のデータから計算すれば、二〇二〇年度の国税収入は二・九兆円の増収で、地方税の減収〇・三兆円と合わせて二・六兆円の増、他方で社会保障負担は〇・五兆円の減収に留まる。社会保険料のうち国民健康保険料は、やはり前年の所得にたいして算定されるため、当年の所得が減少しても保険料負担は減少せず、大幅な未納が生じないかぎり政府にとっての収入も減少しない。自治体レベルでは国民健康保険料の減免(全額も)がおこなわれたようだが、マクロでは減収は小さかったのだ。

こうして、コロナ対策予算を二〇兆円以上、約三割も使い残した政府が、税・社会保険料負担を合計二一・一兆円増やした。二一・一兆円は、二〇二〇年度のGDP五三五・五兆円の〇・四%に当たる(9)。なお二〇二一年度の税収は四・二兆円増と見込まれている(https://www.mof.go.jp/policy/budget/topics/futanritsu/sy202202a.pdf)。

5 「新しい資本主義」に騙されない

岸田首相は、二〇二二年の初頭に刊行された『文藝春秋』二月号に緊急寄稿「私が目指す「新しい資本主義」のグランドデザイン」と題する文章を掲載した。資本主義に「新」を冠する岸田の提唱は二一年六月から始まっていたが、定義らしいものはこの寄稿で初めて示された。すなわち、「市場の失敗がもたらす外部不経済を是正する仕組みを、成長戦略と分配戦略の両面から、資本主義に埋め込み、資本主義がもたらす便益を最大化する」(岸田 二〇二二、九六頁)、という。

「外部不経済」とは何かというと、「たとえば公害問題」と言いかえている。「新しい資本主義」が対峙する対象は、「新自由主義」であり、「市場や競争に任せれば全てがうまくいく」という考え方、とされる。その「弊害」として、格差や貧困の拡大や自然への過度の負荷をあげるが、すぐに続けて「欧米諸国を中心に中間層の雇用が減少し、格差や貧困が拡大しました」と述べており(岸田 二〇二二、九五頁)、格差や貧困の拡大は、日本の問題ではないかのごとくである。

同寄稿では、二〇一〇年代の日本経済の成長率が一%と低迷したこと、家計消費の伸びは〇・三%にすぎなかったこと、可処分所得が伸びなかったこと、実質賃金が低迷したことなど、それ自体として誤りではない事実認識が披瀝される(岸田 二〇二二、一〇五頁)。しかし日本の格差・貧困には触れていない。

ひるがえって、ＯＥＣＤが二〇一四年頃から強調しているのは、格差の拡大が経済成長を大幅に抑制しており、成長にとってもっとも重要なのは、低所得層（貧困層を含む下位四〇％）の底上げにある、という点である。低所得層で教育への投資（進学・卒業）が鈍り、国全体の人的資本が伸びなくなるためである（OECD 2014）。とすれば、「新しい資本主義」は成長戦略として「失敗」を約束されている。もとより、「格差・貧困」の是正を打ち出していない点で、分配戦略の名に値しない。このような構想に騙されてはいけない。

〈提言〉

1　個々人の「承認」に基づく包摂を図り、社会をレジリエントにする

金融危機はもちろん「人災」であるが、災害も大規模感染症も〝自然〟ではない。被害は社会と個人の脆弱性／レジリエンスによって異なる。脆弱性は個人に固有のものではなく、ジェンダー、年齢、障害の有無、社会階層、職業などに照応しつつ、社会的に構築され、個人に賦課されている。ジェンダー平等を進め、格差・貧困を緩和することが、外生的ショックの被害も抑制し、経済成長にも資する。日本の実質賃金は、第二次安倍政権発足以来八％ポイントも低下した。その主因は、非正規労働者の比率が増えたことにある。SDG８・５は、若者・障害者を含めてすべての男女に、ディーセントワークと「同一価値労働同一賃金」を達成するように求めている。これは非正規労働者の待遇改善につながり、過労死や過労自殺という時間貧困に対処することでもある。同時に、最低賃金を着実に引き上げるべきである。

2　税・社会保障の逆機能を解消し、所得再分配機能を高める

日本では、税・社会保障を通ずる所得再分配が、子育て世帯の貧困をかえって深めており、ＯＥＣＤ諸国でも異例の事態である。この逆機能を解消するためには、所得税制の各種所得控除を税額控除に転換することで、課税ベースを広げるとともに累進性を高める必要がある。あわせて金融所得(配当所得や株の売買差益など)への課税を強めれば、財源調達力も高まる。また児童手当のような社会保障現金給付を充実する必要がある。児童扶養手当を児童手当と統合し、所得制限を撤廃しつつ、ひとり親について手当額を増額する。さらに、社会保険料負担の逆進性を緩和するためにも、社会保険料控除を所得控除から税額控除に転換し、給付付きとする。日本の低所得層の居住費用(賃貸家賃、住宅ローン返済)は、諸外国よりも重いと推測される(山田ほか 二〇一八)。居住貧困の現れであり、たしかに可処分所得だけでは貧困の全貌をつかめない。賃貸住宅の質とともに家賃を規制しながら、居住費用負担を軽減する住宅給付(家賃補助金)制度を創設するべきである。同時に、良質な賃貸住宅の供給を促すことで、低所得層が無理な住宅ローンを負担する必要を軽減する(詳しくは、大沢 二〇二〇ａ)。

3　公衆衛生を含む保健医療体制を再構築する

過去四半世紀の保健医療政策は、感染症を軽視し、健康の自助・自己責任を強調して体制を脆弱化させてきた。公衆衛生を公助として回復し、地域医療構想を抜本的に再考するべきである。特筆したいのは看護師の確保である。じつは、都道府県別に人口対比で報告されたコロナによる累積死者数と

就業看護師数を見比べると、看護師が少ない県で死者が多い、という関連が示唆される。看護師等では資格をもちながら就業していない「潜在看護職員」が、就業者の半数近くにのぼるという推計もある。潜在者が直近に離職した理由は、「妊娠・出産」が多い。看護師のワーク・ライフ・バランスの確保は急務である。また日本看護協会も、他の医療職との比較で年齢階級ごとの看護師の昇給が鈍いことを意識している(https://www.nurse.or.jp/nursing/shuroanzen/chingin/improvement/pdf/jnanews202112.pdf)。賃金水準は職業威信の高低と表裏一体で、看護師の待遇の低さが、就業継続インセンティブを損なうと考えられる。医療職の同一価値労働同一賃金も、保健医療体制の再構築の重要な一環である。

注

(1) 本稿には、大沢(二〇二〇b)でスケッチした内容を更新しつつ詳述する部分が含まれる。

(2) https://kokkai.ndl.go.jp/#/detail?minId=120705254X00220211208&current=9。

(3) なお、この質問・答弁での貧困とは、所得が低いという意味の所得貧困をさしている。SDG1・2が述べる貧困の「あらゆる次元」には、明示されていないが、居住や時間や社会関係の貧困を含むと考えられる。

(4) 評点ゼロとは、法律に権利が規定されず、体系的性差別が含まれていたりする場合をさす。評点一とは、法律には相応の権利が規定されているが、政府がそれを有効に施行していないことをさす。評点二は、法的権利を政府が有効に施行しているが、低レベルの女性差別を容認していることをさす。評点三は、法律で(ほぼ)すべての権利が保障され、十全かつ強力に実施されている、というものである(CIRI Master Coding Guide)。

（5）　社会保障統計年報は二〇一九年版をもって廃刊となり、同データベースの内容も二〇一七年までとなっている。医療施設(動態)調査は、医療施設数や病床数の元データであり、実数とともに対前年や対前月の増減を示す。中長期(一〇年、二〇年)の増減を見るためには、一〇年分や二〇年分の報告書を見る必要がある。

（6）　注5と同様の事情が保健所職員数にもある。厚労省HPにおける地域保健・健康増進事業報告の掲示は一九九九年からであり、各年度末のデータが示される。ただし、保健所で年度中に活動した非常勤職員の「延べ数」のデータも掲載。

（7）　衛生行政報告例の隔年報には、就業保健師の数が性別・雇用形態・就業場所別に示されており、保健所保健師の非正規雇用者の比率が分かる。この非正規雇用者数は、注6の年度中に活動した非常勤職員の「延べ数」とは異なると考えられる(桁違いに少ない)。

（8）　https://www.mhlw.go.jp/bunya/kenkou/kekkaku-kansenshou04/dl/infu100608-04.pdf。議事録にページ番号は振られていないが、三七―三八頁のやりとりである。

（9）　大沢(二〇二二)の図2で、日本の二〇二〇年の免税総額を社会保険料でマイナス二・六兆円としたのは、誤りである。

引用文献

阿部彩 二〇二一、「貧困の長期的動向――相対的貧困率から見えてくるもの」貧困統計HP。

大沢真理 二〇一三、『生活保障のガバナンス――ジェンダーとお金の流れで読み解く』有斐閣。

大沢真理 二〇二〇a、「蟻地獄のような税・社会保障を、どう建て替えるか」金子勝・大沢真理・山口二郎・遠藤誠治・本田由紀・猿田佐世『日本のオルタナティブ――壊れた社会を再生させる一八の提言』岩波書店、三一―六〇頁。

大沢真理 二〇二〇b、「アベノミクスがあらかじめ深めた「国難」」、『公法研究』八二号、二二〇―二三三頁。

大沢真理 二〇二一、「生き延びるためにジェンダー平等――パンデミック時代の生活保障システム」、『世界』

九五〇、一三二―一四一頁。
金井利之 二〇二一、『コロナ対策禍の国と自治体――災害行政の迷走と閉塞』ちくま新書。
岸田文雄 二〇二二、「緊急寄稿 私が目指す「新しい資本主義」のグランドデザイン」『文藝春秋』二〇二二年二月号。
周燕飛 二〇二〇a、「コロナショックの被害は女性に集中――働き方改革でピンチをチャンスに」ＪＩＬＰＴリサーチアイ、第三八回。
周燕飛 二〇二〇b、「コロナショックの被害は女性に集中(続編)――雇用回復の男女格差」ＪＩＬＰリサーチアイ、第四七回。
周燕飛 二〇二一、「コロナ禍での女性雇用――マクロ統計とミクロ統計の両面から」労働政策研究・研修機構編『新型コロナによる女性雇用・生活への影響と支援のあり方』Business labor trend 三―一〇、二〇二一―一〇。
新型インフルエンザ(A/H1N1)対策総括会議 二〇一〇、『新型インフルエンザ(A/H1N1)対策総括会議報告書』https://www.mhlw.go.jp/bunya/kenkou/kekkaku-kansenshou04/dl/infu100610-00.pdf。
高橋康二 二〇二二、「コロナ離職と収入低下」ＪＩＬＰＴリサーチアイ、第六三回。
地域保健対策検討会 二〇一二、『地域保健対策検討会報告書――今後の地域保健対策のあり方について』。
内閣府 二〇二一、政策統括官(政策調整担当)『令和三年 子供の生活状況調査の分析 報告書』。
山田篤裕・駒村康平・四方理人・田中聡一郎・丸山桂 二〇一八、『最低生活保障の実証分析――生活保護制度の課題と将来構想』有斐閣。
Fukumoto, Kentaro, Charles T. McClean, and Kuninori Nakagawa 2021, "Shut Down Schools, Knock Down the Virus? No Causal Effect of School Closures on the Spread of COVID-19", medRxiv preprint doi: https://doi.org/10.1101/2021.04.21.21255832
Neumayer, E. and T. Plümper 2007, "The Gendered Nature of Natural Disasters: The Impact of

Catastrophic Events on the Gender Gap in Life Expectancy, 1981-2002", Annals of the Association of American Geographers, 97(3). pp. 551-566.

OECD 2014, *Focus on Inequality and Growth*. https://www.oecd.org/els/soc/Focus-Inequality-and-Growth-2014.pdf

あとがき──「可能性の政治」に向かって

自助頼みの社会が、日本の地域と経済をぜい弱にしている。少子高齢化がすすむなか、社会の担い手をサバイバルゲームでどんどん切り捨ててしまう社会が、どうして活力を高めることができようか。考えてみればあたりまえのことなのだ。

より多くの人たちが社会につながるように支援をするという、社会的包摂の発想が生まれるのも当然である。だが、自助頼みの社会に単に包摂するだけでは、すぐに新たな排除が起きてしまう。ではどうするか。本書の議論は、こうした問題意識に立った二つの研究プロジェクトの成果が融合したものである。

一つは日本学術会議における「包摂的社会政策に関する多角的検討分科会」（第二四期・二〇一八―二〇二〇年）で積み重ねられてきた議論である。この分科会では主には社会的包摂政策のあるべきかたち、その刷新の仕方について検討がすすめられてきた。

もう一つは、一般社団法人生活経済政策研究所でとりくまれた「社会的包摂研究会」（二〇一九―二〇二一年）における討論である。この研究会では、新たな社会的包摂政策のビジョンをふまえつつも、自由民主主義の現状や社会民主主義的合意、地方分権など、政策の執行をめぐる政治と行政という視点を含めて討論が重ねられた。

この二つの研究プロジェクトが連携して生みだされた本書では、単に包摂的な社会についての理念を称揚するにとどまらず、政策の実現を妨げる自助社会の成り立ちを解明し、転換の道筋を展望することを目指した。本書は、社会政策学、政治学、行政学、社会福祉学、教育学、法律学などを横断する多分野の、第一線に立つ執筆陣によって書き下ろされているが、述べてきたような共通の問題意識のもと各章で具体的な問題提起がなされており、単なる学際的な論文集とは一線を画している。

本書が提起しているのは、一言でいえば、新たな包摂的社会に向けた政策と政治である。このような問題提起は、図らずも日本と世界が二重の非日常性に翻弄されるなかでなされることになった。いうまでもなく新型コロナウイルス感染拡大とロシアのウクライナ侵攻である。そしてこの二重の非日常性にゆらぐ日本社会において、本書における問題提起はさらに重要性を増している。

新型コロナウイルス禍が本書のなかでいかに位置づけられているかは比較的見やすい。コロナ禍は、自助頼みの社会からの脱却を急務とし、また新たな包摂と連帯の仕組みを強く要請している。他方でロシアのウクライナ侵攻は、本書の原稿がすでに提出され、各章間の調整をすすめている最中に起きた。この侵攻がポスト冷戦後の世界秩序の大転換につながり、ロシアへの経済制裁が日本の社会経済に大きな影響をもたらすことは必至だとしても、本書の問題提起とは直接には関連しないように思われるかもしれない。

だが独裁体制のロシアによって引き起こされた戦争と本書の問題提起は深く関わっていると思う。私たちは、民主主義が欠如し続けた果てに現れた「怪物」を目撃しているのである。

独裁体制の暴力と対決していく際には、「自らも怪物にならないよう」に気をつけるべき、というニーチェの警句が想起されよう。本書の問題提起は、私たちの体制においても、政治的には民主主義の機能不全、制度的には連帯の衰滅が相乗的にすすんでいることを前提に、これにいかに歯止めをかけ、流れを変えていくかを論じてきた。

そこに勃発した危機のなか、「怪物」に飲み込まれることのない強い社会をつくりだしていくため、連帯と民主主義を強める包摂的社会を創出することが、なおのこと大事になっている。

このことを考える時に大いに役に立つのが、イェール大学の歴史学者で、ロシアとウクライナの関係についても研究をしてきたティモシー・スナイダーの「必然性の政治」と「永遠の政治」という言葉である(ティモシー・スナイダー、池田年穂訳『自由なき世界——フェイクデモクラシーと新たなファシズム』上下、慶應義塾大学出版会、二〇二〇年)。

「必然性の政治」とは、未来をただ現在の延長であり連続であるとして選択肢を考えない政治である。スナイダーによればロシアはかつての共産主義体制のもとで、必然性の政治にどっぷり浸かっていた。共産主義への移行は歴史的必然とされた。そしてスナイダーは、この必然性の政治が頓挫する時に、体制は容易に「永遠の政治」に転換することを強調する。「永遠の政治」とは、必然的な発展が頓挫したその空隙を、繰り返される受難の物語に置き換える政治である。

「必然性の政治」において未来に向けた一本の線が引かれていたとすれば、「永遠の政治」においては、常に敵が登場し脅威が出現する円環が描かれる。ロシアでは大規模な経済格差が固定化し政策がプロパガンダにとってかわられるなかで、「永遠の政治」への移行がすすんだとされる。スナイダーによれば二〇一四年のロシアのクリミア侵攻はこの「永遠の政治」の帰結であった(そして今回の侵攻もであろう)。

他方でスナイダーは、「必然性の政治」から「永遠の政治」への転換を、ロシアと旧・現共産主義国だけの問題と考えてはいない。いわゆる西側の国々でも、とくに冷戦の終焉と資本主義の勝利が謳われた後は、(旧共産主義体制が掲げた必然性とはまったく逆に)市場原理が広がりすべてを解決していくかのごとき必然性が唱えられるようになった。その結果、アメリカやヨーロッパでも格差が広がり、政治不信が強まるなかで、過去のその国の偉大さを復興するとする「永遠の政治」への動きが窺える。

スナイダーはトランプ政権の誕生をそのような流れでみている。

つまり、もともと西側の社会にも「必然性の政治」から「永遠の政治」へという流れを生みだしかねない条件があったことになる。民主主義の劣化や政策の機能不全、格差の拡大のなかでポピュリズムが台頭し、過去の礼賛なども目立つようになっている。

本書が提起する新たな包摂的社会に向けた政策と政治は、スナイダーのいう「必然性の政治」と「永遠の政治」という構図に対比させていえば、いわば「可能性の政治」である。現実にただ絶望したり、敵をむりやりつくりだしたり、理想の社会の到来を待ち望むのではなく、現在の状況から何がどこまで可能か、そのいくつかの選択肢を検証しつつ、一歩でも前に進もうとする政治である。

不安や落胆が広がっておかしくない時代であるが、トンネルの奥に光を見出す上で、本書の問題提起が何らかの示唆をもたらすことを願ってやまない。

最後になるが、本書が成立する上で、生活経済政策研究所の大門正彦氏、そして岩波書店編集部の田中朋子氏にはたいへんお世話になった。大門氏には、「社会的包摂研究会」における活発な討論の進行のためにお気遣いいただいた。また田中氏は、一貫した問題提起の書としたいという執筆陣の希望を受けとめ、原稿間の調整から具体的な記述のあり方に至るまで、細かく配慮され有益なアドバイスをされた。改めて感謝をしたい。

二〇二二年四月

執筆者を代表して　宮本太郎

本田由紀(ほんだ ゆき) **8章**
1964年生まれ．東京大学大学院教育学研究科教授．教育社会学．『「日本」ってどんな国？——国際比較データで社会が見えてくる』(ちくまプリマー新書)，『教育は何を評価してきたのか』(岩波新書)など．

須田木綿子(すだ ゆうこ) **9章**
東洋大学社会学部教授．福祉社会学，社会政策学，対人サービス領域の非営利活動・組織論．『組織理論入門——5つのパースペクティブ』(共著，晃洋書房)，『対人サービスの民営化——行政-営利-非営利の境界線』(東信堂)など．

大沢真理(おおさわ まり) **10章**
1953年生まれ．東京大学名誉教授．社会政策．『企業中心社会を超えて——現代日本を〈ジェンダー〉で読む』(岩波現代文庫)，『生活保障のガバナンス——ジェンダーとお金の流れで読み解く』(有斐閣)など．

〈執筆者〉

阿部　彩（あべ　あや）　**1 章**

東京都立大学人文社会学部教授．貧困・格差論，社会保障論，社会政策．『子どもの貧困――日本の不公平を考える』（岩波新書），『弱者の居場所がない社会――貧困・格差と社会的包摂』（講談社現代新書）など．

千田　航（ちだ　わたる）　**2 章**

1981 年生まれ．釧路公立大学経済学部准教授．比較政治学，福祉政治学．『フランスにおける雇用と子育ての「自由選択」――家族政策の福祉政治』（ミネルヴァ書房），『ヨーロッパ・デモクラシーの論点』（共著，ナカニシヤ出版）など．

野口定久（のぐち　さだひさ）　**3 章**

1951 年生まれ．佐久大学人間福祉学部教授，日本福祉大学名誉教授．地域福祉学，居住福祉学，国際福祉比較研究．『ゼミナール　地域福祉学――図解でわかる理論と実践』（中央法規出版），『人口減少時代の地域福祉――グローバリズムとローカリズム』（ミネルヴァ書房）など．

丸谷浩介（まるたに　こうすけ）　**4 章**

1971 年生まれ．九州大学大学院法学研究院教授．社会保障法．『ライフステージと社会保障』（放送大学教育振興会），『求職者支援と社会保障――イギリスにおける労働権保障の法政策分析』（法律文化社）など．

山口二郎（やまぐち　じろう）　**5 章**

1958 年生まれ．法政大学法学部教授．行政学，政治学．『戦後政治史　第四版』（共著），『民主主義は終わるのか――瀬戸際に立つ日本』（ともに岩波新書）など．

山崎　望（やまざき　のぞむ）　**6 章**

1974 年生まれ．駒澤大学法学部教授．政治学，政治理論．『民主主義に未来はあるのか？』（編著，法政大学出版局，近刊），『ポスト代表制の政治学――デモクラシーの危機に抗して』（共編著，ナカニシヤ出版）など．

川島佑介（かわしま　ゆうすけ）　**7 章**

1983 年生まれ．茨城大学人文社会科学部准教授．行政学，比較行政論，中央地方関係論．「市区町村における危機情報管理システムの研究」共著，『季刊行政管理研究』第 170 号，「国民保護行政のなかの分権性と融合性」（『論究　日本の危機管理体制』芙蓉書房出版）など．

〈編者〉
宮本太郎(みやもと　たろう)　**序章，あとがき**
1958年生まれ．中央大学法学部教授．政治学，福祉政策論．『貧困・介護・育児の政治――ベーシックアセットの福祉国家へ』(朝日選書)，『共生保障――〈支え合い〉の戦略』(岩波新書)など．

自助社会を終わらせる
――新たな社会的包摂のための提言

2022年6月28日　第1刷発行
2023年3月6日　第2刷発行

編　者　宮本太郎《みやもとたろう》

発行者　坂本政謙

発行所　株式会社 岩波書店
〒101-8002 東京都千代田区一ツ橋2-5-5
電話案内 03-5210-4000
https://www.iwanami.co.jp/

印刷・三秀舎　カバー・半七印刷　製本・中永製本

ISBN 978-4-00-061533-4　　Printed in Japan